Christina Berndt

Zufriedenheit

Wie man sie erreicht und warum sie
lohnender ist als das flüchtige Glück

Ausführliche Informationen über
unsere Autoren und Bücher
www.dtv.de

Dieses Buch ist auch als eBook erhältlich.

Originalausgabe
© dtv Verlagsgesellschaft mbH & Co. KG, München
© 2016 Christina Berndt
Dieses Werk wurde vermittelt durch
die Literarische Agentur Michael Gaeb.
Das Werk ist urheberrechtlich geschützt.
Sämtliche, auch auszugsweise Verwertungen bleiben vorbehalten.
Umschlaggestaltung: FAVORITBUERO, München
Gesetzt aus der Stone Serif 9,5/12˙
Satz: Greiner & Reichel, Köln
Druck und Bindung: CPI – Ebner und Spiegel, Ulm
Gedruckt auf säurefreiem, chlorfrei gebleichtem Papier
Printed in Germany · ISBN 978-3-423-26112-8

Für Peter, Linn und Tessa

Inhaltsverzeichnis

Einleitung   9

1 Die aufreibende Suche nach dem Glück   15
Weshalb wir das große Glück nicht finden   17
Was uns die Glücksforschung trotzdem lehrt   25
Weshalb Zufriedenheit erstrebenswerter ist als Glück . . .   30

2 Selbsttest: Wie zufrieden bin ich?   41

3 Die Wissenschaft der Zufriedenheit   47
Zufriedenheit als Wesenszug   48
Gene fürs Wohlgefühl   61
   Die Rastlose: Wenn kein Partner gut genug ist   69
Was sich im Körper abspielt:
Die Chemie der Zufriedenheit   73
   Der Hirndoper: Wie gefährlich es ist,
   von seinem Geist immer mehr zu verlangen   77
Missmut in der Midlife-Crisis   84
   Der Downshifter: Wie klug es sein kann,
   kleinere Brötchen zu backen   89
Der weibliche Makel: Weshalb Frauen so häufig unter
   Selbstzweifeln leiden und fast nie mit sich zufrieden sind   94
   Die Perfekte: Wie eine Mutter wegen ihrer hohen
   Ansprüche beinahe zusammengeklappt wäre 106
Was zufriedene Menschen anders machen 112
   Der Genügsame: Wie man mit wenig
   zufrieden sein kann 122
Zufrieden zu sein ist gesund 127
   Die Friedvolle: Wie es einer Rheumapatientin gelingt,
   trotz Schmerzen zufrieden zu sein 140

4 Wie man Zufriedenheit lernen kann 147
  Selbsttest: Die Kluft zwischen Wunsch und Wirklichkeit . . 149
  Der offensive und der defensive Weg 155
    Die Einsichtigen: Wie erlösend es sein kann,
    einen innigen Wunsch aufzugeben 170
  Die Kunst des Loslassens 175
    Der Pfennigfuchser: Wie der Versuch finanzieller
    Optimierung den Blick vom Wesentlichen ablenkt . . . 186
  Wie wichtig es ist, eigene Ziele zu verfolgen 192
    Die Unausgelastete: Weshalb zu viel Freizeit
    unzufrieden macht 206
  Die Zutaten zum Zufriedensein 209
  Zufriedener werden – ganz konkret 214

5 Zu guter Letzt 229

Anhang 231
  Verzeichnis der genannten Fachleute 231
  Literaturverzeichnis 239
  Personenregister 249
  Sachregister 252
  Dank 255

Einleitung

Wie geht es dir? »Ich bin zufrieden.«
Kaum jemand antwortet in dieser Schlichtheit auf die gängige Frage nach dem aktuellen Wohlbefinden. Und wenn doch, dann ist dies meist keine besonders erfreuliche Äußerung. Sorgenfalten könnten sich bei dem, der gefragt hat, auf der Stirn breitmachen: Schließlich ist »Ich bin zufrieden« meist mit einem »Na ja« konnotiert. Och, es geht schon irgendwie, heißt das. Ich pass mich an. Zufrieden zu sein, sich zufriedenzugeben, das gilt weithin als eine Kapitulation vor den Ansprüchen des Lebens.

Dabei ist der Zustand der Zufriedenheit doch der beste, den man erlangen kann. Ob es einem nun, von außen betrachtet, gut geht oder schlecht: Das ist wohl nebensächlich, wenn man – ehrlich und wahrhaftig – mit dem eigenen Sein zufrieden ist. Was bedeuten die Eckdaten schon, die mit den Messinstrumenten des Erfolgs, des Finanzwesens, der ärztlichen Diagnostik bestimmt werden, wenn man sich trotz negativer Ergebnisse und gegen alle Prognosen wohlfühlt in der eigenen Haut; wenn man es sich innerhalb der äußeren Grenzen, die etwa durch spärliche Einkünfte oder eine chronische Krankheit gesteckt werden, ganz behaglich in seinem Leben einrichten kann und die Vorzüge seines Daseins erkennt und schätzt, statt den verpassten Chancen nachzutrauern und nach einem noch angenehmeren Leben mit noch besseren Möglichkeiten zu lechzen.

Unser Alltag ist geprägt davon, dass wir das Beste aus ihm und aus uns herausholen wollen. Produkte zur Selbstoptimierung finden reißenden Absatz. Ständig plagen wir uns mit dem Gedanken, wo wir noch präziser, effektiver, effizienter mit unseren Ressourcen umgehen können. Wo es noch mehr fürs Geld gibt oder mehr Glück zu finden ist. Glücksratgeber boomen seit Jahren, Apps auf dem Smartphone erinnern uns mit einiger Penetranz an unsere Vorhaben, damit wir das Streben nach Perfektion beim Sporttreiben, bei der Nahrungsaufnahme und selbst beim Kinderkriegen bloß nicht zwischendurch vergessen. Und immer mehr Arbeitnehmer greifen schon zu Neurostimulanzien, um ihre Gehirne nicht mehr nur mit Hilfe von Sudokus oder Softwareprogrammen zu trimmen, sondern auch auf chemischem Wege.

Leider ist das Ergebnis oft gar nicht so gut wie erhofft. Zwischen Ideal und Realität tut sich am Ende eine Kluft auf. Die Karriere verharrt trotz allen Einsatzes und trotz akribischer Pläne auf der gleichen Stufe; das Gewicht will nicht weniger werden – oder zumindest nicht auf die Tiefstmarke absinken, die man sich vorgenommen hat. Nicht einmal das Wohlbefinden wächst.

Das Streben nach Glück, es kann paradoxerweise ganz schön unglücklich machen.

Zeit also, sich auf das Wesentliche zu besinnen: sich über das zu freuen, was das Leben einem bietet, statt ihm ständig mehr und mehr abtrotzen zu wollen. Pläne zu schmieden, die ohne zerstörerischen Ehrgeiz realisierbar sind und die deshalb am Ende wirklich ein Erfolgsgefühl bescheren und das Selbstbewusstsein stärken. Nicht immer die ganz großen Träume zu träumen, die letztlich wie Seifenblasen zerplatzen, sondern solche, die sich erfüllen lassen – und an denen man sich dann unbeschwert freuen kann. Realistische Pläne, lebbare Träume – sie machen nicht nur zufrieden, sondern in der Folge auch stark. Stark, um neue Pläne zu entwerfen und umzusetzen.

Zufriedenheit mag auf den ersten Blick die weniger attraktive, die weniger glamouröse Stiefschwester des Glücks sein. Aber sie ist verlässlich und auf Dauer erfüllend: Im Gegensatz zum großen Glück ist Zufriedenheit ein lang anhaltendes Gefühl, weniger aufjauchzend, weniger euphorisierend, aber ruhig und stabil. Anders als das stolze, sich stets nach vorne drängelnde Glücksgefühl wirkt die Zufriedenheit eher im Hintergrund. Dabei ist sie ein Quell der Kreativität. Sie basiert auf einer positiven Grundstimmung, auf einer grundlegenden Lebensbejahung – und sie ist weniger vom Herzen oder, wissenschaftlicher ausgedrückt, von den für die Gefühle zuständigen Regionen im Gehirn gesteuert und dafür umso mehr vom Verstand. »Zufriedenheit ist das Ergebnis von Denkprozessen«, sagt der Psychologe Philipp Mayring von der Alpen-Adria-Universität in Klagenfurt. Daraus ergibt sich ein unschlagbarer Vorteil: Jeder Mensch kann seine Zufriedenheit erheblich stärker beeinflussen als das flüchtige Glück.

Wie zufrieden ein Mensch ist, hängt im Großen und Ganzen davon ab, in welchem Maße seine Ansprüche an sich selbst und an das eigene Leben erfüllt werden. Zufriedenheit ist also das Ergebnis eines Vergleichs: Wir setzen unsere tatsächliche Situation in Beziehung zu unserer Idealvorstellung von unserem Leben. »Je kleiner die Kluft ist, desto zufriedener sind wir«, sagt Jochen Brandtstädter, emeritierter Professor für Psychologie an der Universität Trier.

Das bedeutet aber auch, dass es zwei Stellschrauben für die Zufriedenheit gibt: Man kann versuchen, einen größeren Teil der eigenen Ansprüche zu erfüllen. Man kann aber auch seine Ansprüche herunterschrauben und lernen, sich stärker mit den Gegebenheiten abzufinden, damit im positiven Sinne zufrieden zu sein und das Dürsten nach dem immer Besseren, Höheren, Weiteren zu beenden.

Der erste Weg ist der offensive Weg zur Zufriedenheit, für den wir uns anstrengen müssen und an dessen Ende die Belohnung lockt. Der zweite Weg ist eher defensiv: Wir stecken zurück, wir lassen Dinge geschehen, wir passen unsere Vorstellungen der Wirklichkeit an. Dieser defensive Weg fällt den meisten Menschen schwerer. In unserer Biologie, unserem Menschsein sind wir so angelegt, dass wir stets auf Anerkennung und neue Errungenschaften abzielen und auch bereit sind, uns dafür zu engagieren. Schließlich haben im Laufe der Evolution nur jene biologischen Arten überlebt, die etwas dafür getan haben, genügend zu fressen zu finden, und die trotz aller Mühen Nachkommen großgezogen haben. Uns Ziele zu setzen, gehört für uns zum Alltag. Der defensive Weg erscheint uns deshalb häufig als Niederlage.

Zweifellos ist der offensive Weg in vielen Lebenssituationen der richtige. Er treibt uns dazu an, Höchstleistungen zu bringen, am Ende Erfolge einzufahren und uns darüber zu freuen. Allerdings ist die Freude oft nur kurzlebig, bald schon bemühen wir uns um das nächste Projekt. Dauerhaftes Glück erreichen wir auf diese Weise nicht.

Das unaufhaltsame Streben nach Mehr kann sogar zu einer schlechten Strategie werden, wenn wir ständig an unseren Vorstellungen scheitern. Dann ist quälende Unzufriedenheit das Ergebnis. Das Selbstwertgefühl wird in Mitleidenschaft gezogen. Unsere Optimierungsphantasien ziehen uns in einen Strudel, der immer weiter abwärtsführt. Burn-out und Depressionen drohen.

Dabei brachte schon in der Antike die philosophische Schule der Stoa den Menschen bei: Besitz ist wertlos; der Königsweg zur stoischen Weisheit besteht darin, jene Dinge, die nicht der eigenen Verfügung unterliegen, so sein zu lassen, wie sie sind. Gelassenheit und Seelenruhe – sie sind die wichtigsten Eigenschaften, die sich ein Stoiker erarbeiten sollte. Ganz ähnliche Ziele verfolgen vor allem östliche Religionen und Meditationslehren, die helfen, Ruhe zu finden in einer gehetzten Welt.

Darum geht es auch bei der Zufriedenheit: Gelassenheit üben, Loslassen lernen, Wünsche und Träume kommen und einfach wieder ziehen lassen, sich Fehler und Unvollkommenheit verzeihen – das sind die Schlüsselstrategien. Dazu gehört es, nicht über ungenutzte Möglichkeiten zu klagen, sondern zu akzeptieren, dass diese Vergangenheit sind: In dem Moment, in dem sie sich boten, sprachen ganz offensichtlich Gründe dafür, diese Möglichkeiten nicht als Chancen zu sehen oder sie trotz ihrer Attraktivität eben nicht zu ergreifen. Zufriedenheit bedeutet schließlich auch, Frieden zu schließen mit sich, den eigenen Versäumnissen und selbst mit unangenehmen Personen und Situationen, mit denen jeder Mensch in seinem Leben immer wieder konfrontiert ist und vor denen es kein Ausreißen gibt.

Zufriedenheit meint hingegen nicht, den Kopf in den Sand zu stecken, sich zu bescheiden, zu resignieren oder gar antriebslos zu sein. Um sie zu erlangen, muss man durchaus etwas tun. Auch kann sich, wer nach Zufriedenheit strebt, weiterhin für eine bessere Welt engagieren, sich für Menschen in Not einsetzen und Karriere machen. Es geht um die eigene Lebenswirklichkeit und um eine Lebenseinstellung, die zu einem besseren Umgang mit Problemen und dadurch auch zu mehr Gesundheit beiträgt.

Das Schöne daran ist: Zufriedenheit kann man lernen. Letztlich geht es darum, das Machbare vom Nichtmachbaren zu unterscheiden. Es gilt, seine Vorhaben immer wieder kritisch zu überprüfen und in der Folge auch einmal ein Ziel aufzugeben oder nach den gerade aktuellen, ganz persönlichen Vorlieben abzuändern: Was ist mir jetzt eigentlich wichtig? Wie man das herausfinden und an der eigenen Zufriedenheit arbeiten kann, davon erzählen die folgenden Seiten.

Um die eigenen Wege zur Zufriedenheit zu erkennen und umzusetzen, ist der Blick auf die Erfahrungen anderer Menschen hilfreich. Deshalb sind neun wahre Geschichten in dieses Buch eingestreut. Die Beispiele veranschaulichen, wie zerstörerisch eine andauernde Unzufriedenheit und stetes Dürsten nach noch mehr Glück sind – gleich, ob man dieses Glück im beruflichen Erfolg, in finanzieller Optimierung, beim perfekten Partner oder im Alltag seiner Familie erwartet. Und sie zeigen, wie Menschen, die sich in einer solchen zermürbenden Situation befanden, für sich eine Lösung gefunden haben: wie sie, ohne gleich sämtliche Vorstellungen und Ziele über den Haufen zu werfen, zufrieden geworden sind.

1 Die aufreibende Suche nach dem Glück

Das Verlangen nach Glück ist so groß geworden, dass es schon den Philosophen Sorgen bereitet: »Viele Menschen sind plötzlich so verrückt nach Glück, dass zu befürchten ist, sie könnten sich unglücklich machen, nur weil sie glauben, ohne Glück nicht mehr leben zu können.« So läutet Wilhelm Schmid, wohl einer der bekanntesten deutschen Glücksphilosophen der Gegenwart, sein Büchlein ›Glück‹ ein. Es sei dringend eine »kleine Atempause inmitten der Glückshysterie nötig, die um sich greift«, stellt Schmid fest.

Fakt ist: Glück liegt absolut im Trend. Gut 2000 Jahre nachdem Philosophen erstmals eine Definition dieses abstrakten Bestzustands vorgelegt haben, ist das Streben nach dem großen Glück zur Normalität geworden. Jahrhundertelang haben Menschen, unterbrochen von kürzeren Episoden der lebenstollen Ekstase, das Leben für etwas gehalten, was zunächst einmal zu bewältigen sei. Die eigene Existenz galt als eine Herausforderung, die möglichst unbeschadet zu bestehen war. Nur wenige kannten den Luxus, mehr als nur das Beste aus ihrem Dasein machen zu können. Diese Wenigen waren von äußeren Zwängen so befreit, das Leben gelang so nebenbei, dass sie genügend Geld, Zeit und Energie hatten, um nach mehr zu verlangen: nach einem glücklichen Leben.

Inzwischen haben viele Menschen diese Möglichkeiten. Obwohl Stress und Leistungsdruck zunehmen und in der Folge auch die Zahl psychischer Erkrankungen, haben die meisten Menschen neben der Bewältigung ihres Alltags noch genügend Muße für die Suche nach dem ultimativ guten Gefühl. Vorbilder im Kino wie in der Ratgeber-Literatur suggerieren, dass Glück der anzustrebende Zustand ist und man sich mit weniger nicht zufriedenzugeben hat. Überbordende Gefühle sind gefragt. Im Mittelmaß tut man es nicht mehr. Der Anspruch ist das Maximum.

Bei all dem steht es gar nicht gut ums Glück. Denn Glück wird durch diese Haltung zum Stress. Seine Abwesenheit gilt am Ende nicht mehr als Normalzustand, sondern wird als Defizit empfunden, für das es Lösungen zu suchen gilt. Dabei weiß jeder Mensch in seinem Inneren genau, dass die Momente des Jauchzens und Frohlockens vergänglich sind. Glück lässt sich nicht festhalten. Deshalb ist das Glücksgefühl oft mit einem schalen Beigeschmack verbunden – nämlich der Sorge, dass es bald wieder verloren geht Und wenn das Glück abgeflaut ist, schmerzt das Verlangen, es möge sich doch rasch wieder einstellen. Für den ersehnten Zustand ist man immer mehr zu tun bereit. Gerade weil dem Glück etwas Ekstatisches anhaftet, macht es süchtig. Im Gehirn wirkt es wie eine Droge. Der Genuss, er verwandelt sich bald in ein Muss.

Es geht uns ja gar nicht so schlecht: Viele Deutsche, so sagen sie selbst, begegnen dem Glück recht regelmäßig. Auf die Frage, ob sie in den vergangenen vier Wochen glücklich waren, geben immerhin acht Prozent »sehr oft« zur Antwort, und 45 Prozent sagen, das sei »oft« der Fall gewesen. So erlebt also mehr als jeder Zweite häufig Glücksmomente. Allerdings sagen auch 35 Prozent der Deutschen, sie seien nur »manchmal« glücklich gewesen, neun Prozent geben »selten« an und drei Prozent sprechen sogar nur von »sehr selten«.

Die Daten hat das Deutsche Institut für Wirtschaftsforschung im Sozio-oekonomischen Panel erhoben. Dafür stellen Wissenschaftler alljährlich in denselben 11 000 Haushalten mit ihren inzwischen rund 30 000 Personen Fragen nach der Lebenssituation. Seit 2007 erkundigen sie sich auch, dem Zeitgeist folgend, nach dem Glück.

Die Daten des Panels zeigen: Momente des Glücks sind keine Rarität, aber inflationär verbreitet sind sie auch nicht gerade. Seit das ›Sozio-oekonomische Panel‹ das Glück erfasst, antworten die Befragten mit erstaunlichem Gleichklang: Der Anteil der Menschen, die »sehr oft« oder »oft« glücklich sind, ist sehr konstant geblieben.

Weshalb also wächst das Glück der Deutschen nicht? Weshalb nimmt die Zahl der Glücklichen in diesem nach Glück strebenden Land nicht zu? Die Antwort liegt wohl letztlich in der Natur der Sache: Glück ist außergewöhnlich. Der Mensch empfindet Glück nun einmal nur, wenn etwas Mitreißendes, durch und durch Besonderes, unglaublich Faszinierendes geschieht. Das muss so sein; es wäre absurd, wenn unser Körper mit diesem überwältigenden Gefühl auf Alltägliches reagieren würde. Glück ist eines der besten Gefühle, das der Mensch haben kann. Sein ganzer Körper legt sich dafür ins Zeug (siehe *Was sich im Körper abspielt,* S. 73). Deshalb sind die überschäumenden Reaktionen aber auch nur dann möglich, wenn dem Menschen etwas Einzigartiges widerfährt. Glück kann weder zum Normalzustand werden, noch ist es auf Dauer angelegt. Wer anderes erhofft, hat schlicht zu hohe Ansprüche. »Irdisches Glück heißt: Das Unglück besucht uns nicht zu regelmäßig«, notierte der Schriftsteller Karl Gutzkow abgeklärt. Wer glaubt, jemand könne »glücklich bis ans Ende seiner Tage« sein, der glaubt wohl noch an Märchen – oder er meint mit dem Wort »glücklich« eigentlich »zufrieden«.

»Wir sind nicht dafür gemacht, ständig glücklich zu sein«, sagt der Hirnforscher Manfred Spitzer, der sich viele Jahre mit der Entstehung von Glückszuständen beschäftigt hat. Demnach ist Glück vor allem eine Reaktion des Gehirns. In einem Augenblick des Glücks ist die Schaltzentrale unter unserer Schädeldecke überzeugt: wow! Dies ist ein richtig guter Moment, er ist besser als alles, was ich erwartet habe. Und das signalisiere ich jetzt dem ganzen Körper, damit er merkt, wie gut sich das Leben anfühlen kann und wonach er streben soll.

Am stärksten ist das Glücksempfinden, wenn uns überraschend etwas Gutes widerfährt; Glücksgefühle sind aber auch die Belohnung, wenn wir am Ende einer großen Anstrengung ein Ziel erreicht haben. In beiden Situationen setzt das Gehirn in großer Menge Glückshormone wie Dopamin, Endorphine und Oxytocin frei. Vor allem das Dopamin motiviert uns und steigert unseren Antrieb, damit wir weiterhin Leistung bringen. Und noch etwas macht uns glücklich: Neben Überraschung und Erfolg empfinden wir es auch als ausgesprochen angenehm, wenn eine stressige, fordernde oder gar bedrohliche Situation zu Ende gegangen ist. Dann sinken die Spiegel der Stresshormone Adrenalin und Cortisol in unserem Blut, Entspannung stellt sich ein, und ein wohliges, oft euphorisches Glücksgefühl breitet sich in uns aus.

Glück ist also Chemie – auch wenn das wenig romantisch klingt. Es sind biochemische Veränderungen, die die guten Gefühle aufkommen lassen. Das hat aber eine unausweichliche Folge: Damit Glückshormone den Körper überfluten können, müssen ihre Spiegel vorher zwangsläufig niedrig gewesen sein, das Lebensgefühl muss auf niedrigem Niveau dahinplätschern, bevor Raum für den nächsten hormonellen Glücksschub ist. Und wenn uns umgekehrt absinkende Spiegel von Stresshormonen gute Gefühle bereiten, dann müssen diese unangenehmen Hormone zuvor im Körper getanzt haben. Wohltuende Entspannung kann nur eintreten, wenn wir vorher unter Stress standen, Erfolge erleben wir nur, wenn wir uns angestrengt haben. Und freudige Überraschungen gibt es nur, wenn wir nicht sowieso schon auf Wolke sieben unterwegs sind.

Momente des Glücks entstehen somit nicht, ohne dass es davor unangenehm oder zumindest mäßig war. »Ohne Anstrengung und schwierige, sogar leidvolle Zeiten gibt es keine Zeiten des Wohlgefühls«, sagt der Philosoph Wilhelm Schmid. »Das Wohlgefühl bleibt leer, wenn es nur für sich steht.« Je unerfreulicher eine Phase war, umso größer ist an ihrem Ende meist das Glücksgefühl. Und je mehr man sich nach dem Erreichen eines Ziels gesehnt hat, desto erfüllender ist es, wenn man endlich angekommen ist.

Ständige Glückszustände funktionieren also schon aus biologischen Gründen nicht. Die Botenstoffe, die das Gehirn in seiner Euphorie ausschüttet und die die wohligen Gefühle erzeugen, werden vom Körper wieder abgebaut. Es wird Platz geschaffen für neue Momente des Glücks. »Glück lässt sich nicht festhalten«, sagt die Soziologin Hilke Brockmann von der Happiness Research Group an der Jacobs University Bremen. Aber man sollte ihm auch eine Chance geben zurückzukehren: »Stellen Sie sich vor, Sie selbst wären das Glück«, formuliert der Arzt und Komiker Eckart von Hirschhausen das ironisch, »würden Sie dann gern bei sich vorbeikommen?«

Andauerndes Glück könnten wir wohl nicht einmal ertragen: Es war Mitte der 1950er-Jahre, als Ratten in Versuchslabors erstmals vor Glück zusammenbrachen. Der US-amerikanische Psychologe James Olds forschte an der Harvard University mit Laborratten. Er wollte eigentlich etwas über das Lernen herausfinden. Doch dabei entdeckte er, dass bei der Aktivierung einer bestimmten Region im Gehirn so ausgesprochen angenehme Gefühle entstanden, dass für die Ratten kein Halten mehr war.

Aktivität im Gehirn ist immer elektrisch. Auch wenn Hormone dort wirken, lösen sie letztlich elektrische Impulse aus. Deshalb hatte James Olds eine Apparatur entwickelt, bei der die elektrischen Impulse von außen kamen. Auf Knopfdruck wurden über kleine Elektroden in den Köpfen der Ratten jene Gegenden des Gehirns aktiviert, die heute »Belohnungszentrum« heißen und von dessen erdrückender Macht auf den Willen und die Lebenslust James Olds zu Beginn seines Versuchs noch gar nichts wusste.

Das Besondere an seinem Versuchsaufbau war: Die Ratten konnten selbst den Knopf betätigen, der ihnen Glücksgefühle verschaffte. Die Tiere nutzten das redlich. Bis zu achttausend Mal pro Stunde belohnten die Ratten sich und das tagelang – bis sie erschöpft zusammenbrachen. Vor lauter Lust auf Glück hatten sie vergessen zu fressen und zu schlafen. Nicht einmal für Sex interessierten sie sich noch. Es zählte nichts anderes mehr als der nächste kurze Moment der Euphorie.

Olds wies mit seinen Experimenten nicht nur das Belohnungszentrum im Gehirn nach. Er zeigte auch unmittelbar: Glück macht süchtig und das Streben danach kann zerstörerisch sein. Wer nur auf der Suche nach dem nächsten Kick ist, vergisst, seine Grundbedürfnisse zu stillen. Auch deshalb ist im Gehirn von Menschen und Tieren wohl ein Ende des Glücks vorprogrammiert. »Unser Organismus ist darauf ausgerichtet, ein körperliches und seelisches Gleichgewicht herzustellen«, sagt Inga Neumann, Leiterin des Instituts für Neurobiologie und Tierphysiologie an der Universität Regensburg. »Deshalb beruhigen sich die Schaltkreise im Kopf schnell wieder.«

Rein biologisch betrachtet, sollen Glücksgefühle das Überleben sichern: Wer etwas Nahrhaftes isst, Sex hat oder sich der Nähe liebender Personen erfreut, erlebt Glück. Aber dieses Gefühl muss wieder abflauen, sonst würde dem Menschen wohl der Antrieb fehlen, er würde sich schlicht nicht mehr weiterentwickeln. Es gäbe keine Motivation, etwas auf die Beine zu stellen, einen Plan zu entwickeln und umzusetzen – auf welchem Gebiet auch immer. Auch deshalb ist die Lust auf Glück so übermächtig: Sie ist ein evolutionärer Ansporn, eine Triebkraft, nach Mehr und nach Besserem zu trachten, ohne die wir auf der Stelle treten und am Ende verhungern würden.

Der Nachteil an dieser Triebfeder der Evolution aber ist: Wenn Glück relativ leicht zu bekommen ist, wird das Streben danach schnell zur Sucht. Das gilt nicht nur für das Glück auf Knopfdruck in einem Rattenexperiment und das vermeintliche Glück, das Drogen uns verschaffen, sondern auch für Glücksmomente, wie sie in einer reichen Welt kontinuierlich verfügbar sind. »In unserer Konsumgesellschaft sind wir ständig auf der Suche nach Reizen, die ein Euphoriegefühl auslösen«, sagt Tagrid Leménager von der Klinik für Abhängiges Verhalten und Suchtmedizin am Zentralinstitut für Seelische Gesundheit in Mannheim: Allzu leicht sei Euphorie zu bekommen, beim Kaufen eines neuen Outfits, beim Buchen einer schönen Reise, beim nächsten Erlebnisevent. Doch schnell gewöhnen wir uns auch an das, was uns eben noch berauscht hat. »Um das gleiche gute Gefühl zu erzeugen, braucht man dann mehr«, so Leménager. »Mehr Geld, mehr Partys, mehr Urlaub.« Wie bei einer Drogensucht muss die Dosis ständig erhöht werden. So ist das zunehmende, zum Teil haltlose Streben nach Glück in unserer Gesellschaft wohl eine Folge ihres Wohlstands.

Jeder weiß aus Erfahrung: Ihren Reiz verlieren nicht nur neue Gegenstände bald. Auch die schönsten Erlebnisse verblassen. Selbst wenn sie sich in derselben Form wiederholen, die uns eben noch so überwältigt hat – oder gerade dann: Körper und Geist finden etwas, das noch einmal geschieht, nicht mehr so berauschend wie beim ersten Mal. Sie reagieren gedämpfter, und bei jeder Wiederkehr fällt die Begeisterung geringer aus. Das Überraschende des Glücksempfindens fehlt. Wahres Glück hat immer etwas Schicksalhaftes.

Karrierestufen, die wie in vielen Beamtenpositionen nach einer von vornherein festgelegten Anzahl von Jahren automatisch erklommen werden, bereiten vielleicht Freude, weil ein neues Türschild angebracht wird und sich auf dem Konto höhere Beträge einfinden. Aber so große Glücksgefühle wie eine mühsam herbeigeschuftete oder eine unerwartet ausgesprochene Beförderung lösen sie nicht aus. Denn zutiefst beglückt fühlt sich nur, wer sich als begünstigt empfindet.

Auch hierin liegt der Grund dafür, weshalb der Mensch bei Glückswiederholungen schnell abstumpft. Das Unerwartete ist nun einmal nicht mehr unerwartet, wenn es wiederholt eintritt. Körper und Geist beginnen mit der Belohnung zu rechnen, sie spekulieren auf das gute Gefühl. In diesem Moment ist für den, der nicht nach Zufriedenheit, sondern nach dem großen Dauerglück strebt, nur noch Enttäuschung möglich. Es ist das Schicksal jeder Liebe, dass der tausendste Kuss nicht mehr das Kribbeln im Bauch auslöst, wie es der zehnte noch tat.

»Jeden Tag Kaviar essen wird nun einmal langweilig«, sagt Willibald Ruch, Professor für Persönlichkeitspsychologie an der Universität Zürich. Das Gehirn braucht die Abwechslung, um sich erfreuen zu können. Der Mann, der beim ersten gemeinsamen Einkauf auf dem Markt die Vorliebe seiner neuen Partnerin für Serrano-Schinken und Trüffelleberwurst entdeckt und diese fortan an jedem Wochenende erneut mit genau diesen Einkäufen beglücken möchte, erntet spätestens ab Woche vier nur noch mitleidiges statt beseeltes Lächeln.

Schon Ende der 1970er-Jahre überraschten Psychologen um den Amerikaner Philip Brickman mit der Entdeckung, dass selbst einschneidende Ereignisse auf lange Sicht wenig an den Glücksgefühlen der Menschen ändern. 18 Monate nach einem hohen Lottogewinn waren Menschen nicht glücklicher als solche, die nichts gewonnen hatten. Seither bestätigten unzählige Studien, dass sich die glücklichen Ausschläge im Leben bald wieder auf Normalmaß einpendeln (während die unglücklichen durchaus empfindliche Nachwirkungen haben können, siehe S. 50). »Wir Menschen sind außerordentlich anpassungsfähig. Wir gewöhnen uns sehr schnell an neue Lebensumstände, zum Beispiel auch an eine Verdopplung des Gehalts«, sagt der französische Wirtschaftsprofessor Daniel Cohen. »Zunächst freuen wir uns vielleicht, dass wir uns künftig zwei Wochen mehr Urlaub im Jahr leisten können. Doch schon nach ein paar Monaten erscheint uns diese Veränderung als nichts Besonderes mehr.«

So währt Glück stets nur kurz. Es immer wieder spüren zu wollen, bedeutet deshalb eine große Herausforderung, ihm nachzujagen eine Last. Ständig müssen überraschend positive Veränderungen eintreten, um wieder Glück erleben zu können. Schon seit Brickmans Forschungen zu den Lottogewin-

nern sprechen Wissenschaftler von der »hedonistischen Tretmühle«, der Tretmühle des Glücks, in der wir uns befinden.
Wir strampeln uns ab, aber wir bleiben am selben Ort. Am
Ende, nach kurzen Höhenflügen der Euphorie, pendelt sich
unser Glückslevel doch in etwa wieder auf dem Niveau ein,
wo es sich die ganze Zeit befunden hat.

Das Paradoxe dabei ist: Je mehr wir nach Glück streben,
desto weniger glückliche Momente werden wir erleben. Je
kalkulierter der Erfolg ist, desto weniger Euphorie löst er aus.
Schon aus diesem Grund kann Selbstoptimierung, wie sie inzwischen in allen Bereichen des Lebens Einzug gehalten hat,
nicht glücklich machen. Es bleibt immer der schale Beigeschmack, nur das erreicht zu haben, was man längst schon
erreicht haben wollte. Und wenn dies endlich eingetreten ist,
ist das nächste Ziel bereits gesteckt. »Das Glück ist ein Schmetterling. Jag ihm nach und er entwischt dir, setz dich hin, und
er lässt sich auf deiner Schulter nieder«, lässt der Jesuitenpriester Anthony de Mello in seinem Buch ›Gib deiner Seele Zeit‹
einen Meister zu seinen Schülern sagen.

Weil der Mensch im Grunde seines Herzens um die Kurz-
lebigkeit des Glücks weiß, ist jeder schöne Augenblick mit der
Angst verbunden, das angenehme Gefühl bald wieder zu verlieren. Schon in den Moment des Glücks mischt sich also die
böse Ahnung, dass es wohl bald wieder vorbei sein muss. Nur
kurze Zeit kann man sich dem guten Gefühl hingeben, und
gleichzeitig zittert man und ruft, verachtet vom Doktor Faus-
tus: »Verweile doch! Du bist so schön!«

Wer zu sehr nach Glück strebt, der bekommt somit zunehmend Angst vor den Widrigkeiten des Lebens. Sie stören seinen Plan, sie bringen die guten, sorgenfreien Momente in Gefahr. Wer auf Teufel komm raus glücklich sein will, muss sich
vorm Teufel gut verstecken.

»Einfach glücklich sein« antworten viele Menschen heute
auf die Frage nach dem Sinn ihres Lebens. Was zunächst wie
eine positive Weiterentwicklung klingt – weg von so äußer-
lichen, wenig nachhaltigen Zielen wie Karriere und Status,
hin zu einem erfüllten Leben –, ist in Wahrheit zu einem
neuen Götzenkult geworden. Nun rennt man vielleicht nicht

mehr dem Geld und dem nächsten Pöstchen hinterher, dafür aber dem Glück. Statt nach dem »Wozu« sollte man lieber nach dem »Wofür« fragen, empfiehlt daher der Philosoph Robert Pfaller von der Universität für angewandte Kunst in Wien. Nicht: Wozu lohnt es sich zu leben? Sondern: Wofür lohnt es sich zu leben? Auch wenn die Formulierungen sehr ähnlich klingen, sind die Antworten darauf fundamental unterschiedlich: Es geht beim Wofür eben nicht um die großen Ideen und bedeutenden Aufgaben, denen man das Leben unterordnen könnte – und deren Umsetzungen noch dazu alle in der Zukunft liegen. »Wenn die Frage, wofür es sich zu leben lohnt, zunächst als anspruchsvolle philosophische Herausforderung erscheinen mag, so fallen doch die Antworten gar nicht schwer: mit Freunden ein Gespräch beim Kaffee führen; eine Aussicht genießen; eine Runde schwimmen; in angenehmer Gesellschaft ein Glas Wein trinken; Momente der Zärtlichkeit oder der Liebe«, sagt Pfaller. »Solche Momente geben uns Gelegenheit, zu bemerken, dass sich das Leben lohnt; möglicherweise auch in vielen seiner übrigen Momente. Aber nur, wenn wir das bemerken können, lohnt sich das Leben.«

»Unsere vornehmste Aufgabe ist zu leben«, hat der französische Philosoph Michel de Montaigne im 16. Jahrhundert geschrieben. Laut Robert Pfaller gehört es deshalb dazu, im Leben selbst »etwas Behauptendes zu erblicken« – und nicht nur in Projekten wie »Hochzeit«, »Karriere«, »zweites Kind«, die die herrliche Profanität des Lebens maskieren sollen.

Die Liebe zu den einfachen Momenten aber ist für viele Menschen schwierig in einer Welt, in der alles machbar erscheint. Der Zeitgeist vermittelt die Überzeugung, jeder Mensch könne alles erreichen, wenn er sich nur genügend anstrengt. »Jeder ist seines Glückes Schmied« heißt es schon seit der Zeit der römischen Kaiser. Aber in der heutigen Welt sind die Möglichkeiten, dem Glück nachzuhelfen, unüberschaubar geworden. Ob in der Werbung, bei Karrierechancen oder in den eifrig genutzten Flirt-Apps auf dem Handy: Ständig sehen wir neue Möglichkeiten, unser Lebensglück zu optimieren. Wer aufs Glück aus ist, der lebt dauerhaft in der Zukunft, der bastelt und schmiedet und wehrt zugleich Gegenläufiges ab. Das Wohlfühlen im Augenblick verkümmert, der Genuss des Vergangenen, bereits Erreichten auch. Die Lustmomente der Gegenwart und die Hoffnungen auf ein Glück in der Zukunft tragen aber längst nicht so viel zu einem guten Lebensgefühl bei, wie dies viele Menschen annehmen. Sich entspannt zurückzulehnen, sich des eigenen, in der Vergangenheit erlebten Glücks auch in der Rückschau immer wieder zu erfreuen, kann dagegen auf zwanglose Weise bereichernd sein. »Lerne schätzen, was du (gehabt) hast!«, sagt deshalb der Psychologe und Nobelpreisträger Daniel Kahneman. Das ist zwar weniger euphorisierend, macht aber enorm zufrieden.

Was uns die Glücksforschung trotzdem lehrt

Die Sehnsucht nach Glück macht süchtig, krank und bleibt – abgesehen von kurzen Momenten – unerfüllt. So könnte man die Ergebnisse der Glücksforschung zusammenfassen, das Thema Glück dem Zufall überlassen und sich der Zufriedenheit zuwenden. Doch die Glücksforschung lehrt uns nicht nur unangenehme Einsichten in das Thema Glück. Auch wer in Sachen Zufriedenheit dazulernen will, kann einige Erkenntnisse aus ihr ziehen.

In Wirklichkeit beschäftigt sich die Glücksforschung nämlich zu einem großen Teil mit der Zufriedenheit. Die Wissenschaftler sprechen nur so gerne vom Glück, weil sich das in den Ohren der Menschen so besonders gut anhört. Und das gilt nicht nur für Leser und Studenten, sondern auch für jene Leute, die Forschungsgelder vergeben. Dabei wird in den Happiness Research Groups und Happiness Laboratories dieser Welt häufig gar nicht das Glück (»Happiness«) studiert, sondern oft genug die Lebenszufriedenheit (»Life Satisfaction«) oder das »Subjective Well-Being« (SWB): Dieses subjektive Wohlbefinden umfasst vor allem die Zufriedenheit, die durch Momente des Hochgefühls und der Freude bereichert und durch negative Emotionen in Mitleidenschaft gezogen wird. Das subjektive Wohlbefinden einer Person ist demnach dann besonders groß, wenn sie mit ihrem Leben insgesamt (und mit so wichtigen Teilbereichen wie ihrer Arbeit und ihren Beziehungen) zufrieden ist und wenn ihre Stimmungen und Gefühle in der Summe eher positiv als negativ sind, sie also häufiger Freude, Zuneigung und Begeisterung erlebt als Schuld, Wut oder Scham. Auch Glückserlebnisse tragen natürlich zum Wohlbefinden und zur Zufriedenheit bei.

Glücklich ist, wer sich als begünstigt empfindet, davon war bereits die Rede. Das gilt aber nicht nur für den inneren Abgleich – wenn also Erwartungen, die man an einen Augenblick oder eine Situation hatte, übererfüllt werden. Glück empfindet ein Mensch auch dann, wenn er im Vergleich mit anderen Menschen gut wegkommt. »Wir vergleichen uns stets mit anderen. Wir wollen immer mehr haben als unsere Freunde, Nachbarn und Kollegen«, sagt der Ökonom Daniel Cohen. »Mehr Ansehen, mehr Erfolg, mehr Geld.« Glück bedeutet also Wettbewerb, glücklich ist, wer bei den Olympischen Spielen des Lebens siegt, egal ob durch Schicksal oder eigene Leistung. Der amerikanische Journalist und Satiriker Ambrose Bierce definierte Glück schon in seinem 1911 erschienenen ›Des Teufels Wörterbuch‹ treffend als »angenehmes Gefühl; erblüht aus der Betrachtung fremden Elends«.

Bei dieser Erkenntnis muss man nicht »Katastrophe!« rufen, wie Daniel Cohen das tut. Man kann auch durchaus seinen Nutzen daraus ziehen – zum Beispiel, indem man ganz bewusst und freiwillig in einer niedrigeren Liga mitspielt. Denn Wettbewerbe machen vor allem die Sieger glücklich – und nur unter bestimmten Umständen auch noch manche Unterlegene: zum Beispiel jene, die es gerade noch ins Rampenlicht geschafft haben. Wer Gold gewinnt, jubelt am allermeisten, das ist keine Frage. Die Gewinner von Silbermedaillen aber freuen sich keineswegs am zweitmeisten, wie Studien gezeigt haben. Sie sind vielmehr unglücklicher als jene Sportler, bei denen es nur zur Bronzemedaille gereicht hat. Diese sind froh, dass sie überhaupt auf dem Treppchen stehen; sie fühlen sich begünstigt im Vergleich mit all jenen Sportlern, die leer ausgegangen sind, während die Silbermedaillengewinner an das verpasste Gold denken.

Übertragen auf das Leben des Einzelnen heißt das: Statt sich in der ersten Liga aufzureiben und dort immer nur Letzter zu sein, kann es sich erheblich besser anfühlen, in der zweiten Liga auf einem der vorderen Plätze zu landen. Für Glücksmomente zählt eben der direkte Vergleich.

Das Prinzip lässt sich auch auf andere Lebensbereiche übertragen – etwa auf die Wahl des Wohnviertels in einer Stadt. Wer sein Leben lang davon träumte, einmal im reichen Grünwald bei München zu residieren und dies dann unter Aufbringung all seiner Ressourcen umsetzt, der wird dort am Ende wohl weniger zu Hause sein als in einer einfacheren Gegend. Denn der ständige Vergleich mit den richtig Reichen, die ihre Villa in Grünwald lässig finanzieren, dafür nicht jeden Euro umdrehen müssen und nebenher immer noch die dickeren Autos fahren und die besseren Kleider tragen als man selbst, versetzt demjenigen, der nicht so richtig dazugehört, ständige Stiche ins Herz. In einer weniger betuchten Wohngegend wird man dagegen für sein Auftreten, seine Kleidung, seinen interessanten Beruf bewundert, statt stets selbst bewundernde Blicke auf andere zu werfen und dies womöglich auch noch verheimlichen zu müssen.

Gerade beim Geld zählt der prüfende Blick auf die Menschen in der direkten Umgebung, wie die Soziologen Glenn Firebaugh und Matthew Schroeder von der Pennsylvania State University mit Hilfe des ›General Social Survey‹ herausgefunden haben. Für den Survey werden regelmäßig mehr als 23 000 Amerikaner befragt, ob sie »glücklich«, »ziemlich glücklich« oder »nicht so glücklich« sind; er ist dem deutschen Sozio-oekonomischen Panel vergleichbar. Demnach sind zwar die reichen Menschen tendenziell glücklicher als die armen. Viel wichtiger aber ist der Vergleich mit den Menschen in nächster Nähe. Und ein besonderes Augenmerk richten die Menschen darauf, wie es jenen geht, die so alt sind wie sie selbst und deshalb nach ihrer inneren Überzeugung im Leben auch Ähnliches erreicht haben sollten. »Die eigene Generation gilt offenbar intuitiv als die beste Vergleichsgruppe«, sagt Firebaugh. Nahezu unerheblich für das Glück sei es dagegen, ob man in einem reichen oder armen Land lebt und ob dort eine buddhistische Religion verbreitet ist, in der materieller Wohlstand weniger wichtig sein soll als etwa in christlich geprägten Gesellschaften. Wer mehr Geld hat als seine gleichaltrigen Kollegen oder Nachbarn, dem geht es gut. Dass es natürlich immer viel wohlhabendere Menschen in der Ferne gibt, ist dabei unerheblich.

Doch das Schielen auf die Nächsten wirkt sich letztlich auch auf die Zufriedenheit aus. Denn auch diese ist vor allem ein Ergebnis des Vergleichs – des inneren wie des äußeren: Menschen sind dann zufrieden, wenn ihr reales Leben möglichst viele ihrer Ansprüche und Vorstellungen erfüllt. Aber auch der Vergleich mit den anderen hat einen großen Einfluss: Wie viele Reisen unternehmen sie? Wie ist ihre Wohnsituation? Führen sie eine bessere Ehe? Welchen Erfolg haben sie bei der Arbeit? Wenn wir bei diesen Vergleichen schlecht wegkommen, zehrt das an unserem seelischen Wohlbefinden. Daniel Cohen rät deshalb zur Mäßigung: »Es wird immer Menschen geben, die reicher, erfolgreicher und schöner sind als wir«, sagt er. »Wenn wir uns nur an ihnen orientieren, werden wir stets unzufrieden sein.«

Zur Frustration trägt auch bei, wenn Menschen das Gefühl haben, nur noch Spielball der Gesellschaft zu sein, nicht mehr über Wohl und Wehe entscheiden zu können. »Es ist eminent wichtig, über das eigene Leben selbst bestimmen zu können«, sagt Daniel Kahneman. Denn wer selbst über sein Handeln entscheidet, kann bei Gelingen den Erfolg stärker genießen als jemand, der ohnehin nur ein Gehilfe beim Umsetzen der Idee eines anderen war.

Fremdbestimmung wirkt sich sogar auf die Gesundheit aus. Wer in einer Behörde auf einer niedrigen Hierarchiestufe arbeitet, hat im Vergleich zu seinen Vorgesetzten ein erhöhtes Krankheitsrisiko – und stirbt sogar früher. In der Hierarchie oben zu stehen, hält dagegen fit. Das zeigt auch eine Studie über US-Präsidenten. Diesen Posten innezuhaben, bedeutet, so sollte man meinen, einen mörderischen Stress. Bei Bill Clinton und Barack Obama konnte man schließlich zusehen, wie ihre Haare während ihrer Amtszeit rapide ergrauten. Doch schwerkrank werden die Staatsoberhäupter im Allgemeinen nicht. Sie leben genauso lang wie andere Menschen. Der Demograph Stuart Jay Olshansky verglich das durchschnittliche Sterbealter aller bislang verstorbenen US-Präsidenten seit George Washington mit der für ihre Geburtsjahrgänge üblichen Lebenserwartung von Männern. (Jene vier Staatsmänner, die ermordet worden waren, bezog er natürlich nicht mit ein.) So zeigte sich, dass die Strapazen der Präsidentschaft die Gesundheit nicht beeinträchtigten: Die Präsidenten wurden im Durchschnitt 73,0 Jahre alt, während die Normalsterblichen 73,3 Jahre erreichten.

Man muss aber nicht gleich Macht über Atomwaffen haben, um das Gefühl von Kontrolle ausleben zu können. Wenn man nur ein bisschen was zu entscheiden hat, trägt das schon zur Ausgeglichenheit und zur Gesundheit bei: So sind Bewohner in einem Altenheim weniger gestresst, wenn sie zumindest ihr Essen aussuchen oder über das Ziel ihres nächsten Ausflugs mitentscheiden dürfen. In solchen Altenheimen sinkt sogar die Sterblichkeit.

Was für kleine Gemeinschaften gilt, zeigt auch bei großen Zusammenschlüssen Wirkung: In einer Leistungsgesellschaft bekommt vor allem derjenige die Anerkennung, der vornedran steht, wie die Soziologin Hilke Brockmann sagt. Das hat eine unangenehme Folge: »Auf diese Weise werden die meisten Menschen immer wieder enttäuscht.« So besteht die Gefahr, dass Gesellschaften, die auf Leistungssteigerung, Gewinnmaximierung und Effizienz ausgerichtet sind, zu einem Hort von Frustrierten werden – auch wenn das Klagen letztlich auf hohem Niveau stattfindet.

Ein Staat, der seinen Bürgern politische Freiheiten, ein Mitspracherecht, das Recht auf freie Meinungsäußerung und die Möglichkeit zur gestalterischen Beteiligung gibt, fördert dagegen das Wohlergehen der Menschen. Insofern ist es nicht zum Lachen, dass im Königreich Bhutan schon seit einigen Jahren weniger Wert auf das Bruttosozialprodukt gelegt wird als auf das »Bruttonationalglück«. Eine staatliche Kommission für das »BNG« ermittelt regelmäßig die Befindlichkeit der Bevölkerung in neun Bereichen, nämlich Kultur, Gemeinschaft, Regierung, Bildung, Gesundheit, Zeitnutzung,

Umwelt, Spiritualität und psychisches Wohlergehen. Eine sozial gerechte Gesellschafts- und Wirtschaftsentwicklung sind dabei ein ebenso erklärtes Ziel wie die Förderung kultureller Werte, der Umweltschutz sowie gute Verwaltungsstrukturen.

Neben den persönlichen Faktoren spielen also eine Reihe äußerer Zutaten für das Wohl und Wehe der Menschen eine Rolle. Jeder Mensch braucht ein gewisses Maß an finanzieller Sicherheit, Menschen, die er liebt – und auch einen Sinn im Leben. Wer sich im Beruf verwirklichen kann, empfindet das als besonders erfüllend, aber auch eine ehrenamtliche Tätigkeit, ein Hobby, die Religion oder die Familie können beseelen.

Hinter der Jagd nach Glück steht ohnehin meist nichts anderes als die Suche nach einem Sinn im Leben. Deshalb ist es so wichtig, sich um jemanden zu sorgen oder sich für etwas zu engagieren. Man muss ja nicht gleich die Welt retten.

Weshalb Zufriedenheit erstrebenswerter ist als Glück

Die Suche nach dem großen Glück ist zum Scheitern verurteilt. Und trotzdem bleibt der Wunsch, ein möglichst erfülltes Leben zu führen. Aus dem Dilemma gibt es einen Ausweg – nämlich das Streben nach einer anderen Art von Glück; nach einem Zustand, in dem man auch die unangenehmen Seiten des Lebens akzeptiert, in dem ein »gut« gut genug ist und in dem es nicht immer »supergut« zugehen muss. Das Leben ist nun einmal voll von besseren und schlechteren Erlebnissen, auf glückliche Momente folgen Enttäuschungen und eher laue Zeiten, bevor dann wieder etwas Schönes passiert. Jeder Tag aber bietet Begebenheiten, die man bei liebevoller Betrachtung durchaus als beglückend beschreiben kann. Und dazu gehören so kleine Dinge wie der köstliche Morgenkaffee, die nette Begegnung auf dem Weg zur Arbeit, der Zuspruch von Kollegen und der Sonnenstrahl, der ab und zu durchs Fenster hereinscheint. Wenn man diese Momente genießt, darf es zwischendurch ruhig einmal regnen, die Einkaufstüte darf auf dem Weg nach Hause reißen und der Chef darf schlechte Laune haben.

Zufriedenheit beinhaltet das alles. Wer das Leben in seiner ganzen Bandbreite akzeptiert, möglichst auch die schlechten Momente willkommen heißt, der erfährt einen Zustand, der erheblich erstrebenswerter, anhaltender und grundlegender ist als das flüchtige Glück. Nur gemeinsam vermitteln die schönen und weniger schönen Erlebnisse des Alltags den starken, erfüllenden Eindruck, wirklich zu leben. Nur wer alles kennt, das Gute wie das Schlechte, wer mal himmelhochjauchzend ist und manchmal eben auch zu Tode betrübt, der steht mitten im Leben, spürt es in seiner ganzen Intensität und Faszination.

Man muss sich nur darauf einlassen können. Aber das ist gar nicht so schwierig, der Anfang ist längst gemacht: Schließlich wissen wir alle in unserem Inneren, dass ein Leben ohne Unglück nicht zu haben ist. Noch unangenehmer als das Unglück selbst ist daher oft die Angst davor – die Angst, dass etwas womöglich nicht so gut ausgeht wie gehofft. Wer sein Glück nicht gefährden will, verzichtet am Ende auf Wagnisse, Abenteuer, Experimente. Doch Glück nach Plan kann nicht funktionieren. Dann werden im Gehirn allenfalls Erwartungen erfüllt, aber keine Freudenhormone frei. Mit überraschenden Momenten wird nur der konfrontiert, der die Herausforderungen, das ganze Drama des Lebens annimmt.

Lernen wir also, mit dem Unglück zu leben. Es kann doch sowieso niemand vorhersehen, ob sich eine Sache am Ende als gut oder schlecht erweisen wird. Etwas kann noch so verheißungsvoll erscheinen und trotzdem eine Kaskade wenig erfreulicher Ereignisse einleiten. Und umgekehrt entwickeln sich aus den unglückseligsten Begebenheiten mitunter völlig unerwartete Chancen. Deshalb sind Frust und Traurigkeit in manchen Momenten reichlich ungerechte Gefühle, wie die Parabel ›Glück im Unglück – Unglück im Glück‹ so überzeugend zeigt.

Die kleine Weisheit aus dem Daoismus handelt von einem rechtschaffenen Mann, dem eines Tages sein Pferd weglief. »Was für ein Unglück!«, riefen die Leute. »Wer weiß«, sagte der Mann. Bald kam sein Pferd zurück – gemeinsam mit einigen sehr edlen Pferden. »Was für ein Glück!«, riefen die Leute. »Wer weiß«, sagte der Mann. Wenige Tage darauf fiel sein Sohn von einem der edlen Pferde herunter und brach sich ein Bein. »Was für ein Unglück!«, riefen die Leute. »Wer weiß«, sagte der Mann. Und als die Armee alle jungen Männer der Gegend für den Krieg einzog, verzichtete sie auf den Sohn mit dem gebrochenen Bein. »Was für ein Glück!«, riefen die Leute. »Wer weiß.«

Ob Glück oder Pech – wer weiß das schon. Nun schadet es nicht besonders, sich über schöne Überraschungen zu freuen. Aber es kann helfen, sich in einer weniger erfreulichen Situation daran zu erinnern, dass etwas, das zunächst wie Pech aussieht, eine erfreuliche Wendung nehmen kann. »Wer weiß, wofür es gut ist!«, sagen Großmütter oder Großväter häufig zu ihren Enkeln, weil sie im Laufe ihres Lebens ebendiese Erfahrung gemacht haben. Wer heute zutiefst gekränkt und in seinem Selbstverständnis bedroht ist, weil sein Arbeitgeber ihm gekündigt hat, der denkt in fünf Jahren womöglich, dass es das Beste war, was ihm passieren konnte – weil er einen wesentlich attraktiveren Job gefunden hat, eine Stelle, in der er sich viel mehr verwirklichen kann als an seinem alten Arbeitsplatz.

Das heißt aber nicht, dass man bei jedem Unglück frohlocken oder gar alle unangenehmen Gefühle schnell wieder wegdrücken sollte – in der tiefen Überzeugung, sie seien gar nicht angebracht. Auch Momente der Traurigkeit und der Melancholie haben ihre Berechtigung für ein gelingendes, sogar für ein glückliches Leben. Es lohnt sich, sie anzunehmen.

Heute meint ja jeder, der einmal traurig ist, gleich, er befinde sich am Rande einer Depression. Dabei hat momentane Unzufriedenheit, Unglücklich- oder Traurigsein so gar nichts mit einer echten klinischen Depression zu tun, bei der die ganze Welt grau wird und keine Hoffnung mehr möglich scheint. Im Gegenteil, vorübergehende Melancholie bringt einen Strauß intensivster Gefühle mit sich, die nicht zu verachten sind: Wer melancholisch ist, ist sensibel für die Welt, er erfährt sie in all ihrer Sinnlichkeit, denkt über das Leben nach und besinnt sich auf sich selbst. Er fördert die Weite seiner Seele und seines Empfindens. Anders als bei einer echten Depression gibt es an der Melancholie rein gar nichts zu heilen. Es kann sehr guttun, sich ihr hinzugeben, sich selbst für Traurigkeit einmal richtig Zeit zu nehmen.

Auch Trübsinn hat also seinen Sinn. Und zwar nicht nur, um das Leben in all seiner Reichhaltigkeit zu erfahren. Unter dem süffisanten Titel ›Don't Worry, Be Sad!‹ hat der Psychologe Joseph Forgas von der University of New South Wales in Sydney die aktuelle Trübsinns-Forschung zusammengefasst. »Die heutige Zeit konzentriert sich einseitig auf die Vorteile des Wohlgefühls«, schreibt der Psychologieprofessor in seinem Melancholie-Plädoyer. Dabei gehört die miese Laune, die »Dysphorie«, nicht nur zum Alltag des Menschen hinzu, sondern ist eminent wichtig.

Schließlich hat die Evolution uns solche Verstimmung nicht umsonst mitgegeben: Immer wieder haben Wissenschaftler in den vergangenen Jahren festgestellt, dass mürrische Zeitgenossen geistig flexibler reagieren. Wenn sie in eine unerwartete Situation geraten oder ein Problem lösen müssen, gelingt ihnen das eher als den beseelten Menschen in ihrer Umgebung. »Viele Menschen tragen ein Skript mit sich herum, wie sie auf ein Problem reagieren«, sagt Forgas, »aber wenn sie mies drauf sind, lassen sie diesen Fahrplan auch mal links liegen und denken sich etwas Neues aus.« Denn die schlechte Laune trägt dazu bei, dass Menschen den eigenen Vorstellungen und Stereotypen misstrauen – nicht nur solchen im Hinblick auf andere Menschen, sondern auch auf sich selbst. »Glaubenssätze« nennen Psychologen jene tiefen, häufig negativen Überzeugungen, die wir von uns selbst haben. »Einparken kann ich sowieso nicht«, ist ein weit verbreiteter Glaubenssatz, »Ich bin total unmusikalisch«, ein anderer. Allzu oft sagen wir uns so etwas – und versuchen es dann erst gar nicht mit dem Einparken und dem Mitsingen oder scheitern prompt. Sind wir aber mies gelaunt, weckt das unseren Trotz. Plötzlich packen wir die alten Überzeugungen beiseite. »Wir sind einfach offener«, sagt Joseph Forgas. »Wer gut gelaunt ist, glaubt hingegen an das Klischee.«

Das liegt offenbar auch daran, dass unser Körper unsere schlechte Laune als ein biologisches Warnsignal wahrnimmt: Achtung, die Situation, in der du dich gerade befindest, ist nicht kommod! Du solltest auf der Hut sein, dies ist eine Herausforderung!, könnten die Miese-Laune-Hormone uns zu verstehen geben. »In einer solchen Stimmung achtet man stärker auf Signale von außen, damit man sich der Situation anpassen kann«, sagt der Psychologe Klaus Fiedler von der Universität Heidelberg. »Wer fröhlich und ausgeglichen ist, muss sich dagegen nicht so sehr um die Geschehnisse in seiner Umgebung scheren.« So orientiert sich der traurige, missgestimmte Mensch eher nach außen, während der fröhliche seine Sinne nach innen richtet. Auf diese Weise scheint Trübsinn und Melancholie tatsächlich eine schöpferische Kraft innezuwohnen.

Die Biologie des Trübsinns hat noch eine weitere, zunächst überraschende Folge: Nörgler und Melancholiker sind sogar sozialere Menschen als jene, die ständig gute Laune verbreiten. Zumindest erweisen sie sich in Studien, bei denen Großzügigkeit und Gerechtigkeit getestet werden, als diejenigen, auf die man sich im Zweifel lieber verlassen möchte.

Und dabei sind miesgelaunte Menschen nicht einmal schlechter zu ertragen. Sie zeigen sogar mehr Höflichkeit, wenn sie andere um etwas bitten sollen, wie Joseph Forgas schon 1999 nachgewiesen hat. Wer gut drauf ist, stößt andere dagegen leichter vor den Kopf, weil er mit seiner positiven Energie mitunter nicht so gut hauszuhalten weiß. In seinen Studien hat Joseph Forgas Studenten aufgefordert, ein Plädoyer für ein kontroverses Thema abzufassen. Dabei waren jene Studenten, die sich zum Beispiel für höhere Studiengebühren einsetzten, überzeugender, wenn sie beim Schreiben schlecht aufgelegt waren. Sie wählten nicht nur einen sanfteren Ton, sondern auch die besseren Argumente, weil ihre Missstimmung ihre Kreativität offenbar beförderte. Viele bedeutende Erfindungen und künstlerische Höchstleistungen sind aus einem Zustand der Trauer oder Depression entstanden.

Selbst das Gedächtnis wird durch Trübsinn besser: In manchen Studien ließen Psychologen ihre Teilnehmer traurige Filme gucken oder baten sie, von einer Situation zu erzählen, in der es ihnen nicht gut ging. Danach sollten sie möglichst wachen Auges durch ein Geschäft bummeln. Das Ergebnis war eindeutig: Wer traurig oder wütend war, merkte sich erheblich mehr Details. Das könnte daran liegen, dass ein emotional belastetes Gehirn mehr Stresshormonen ausgesetzt ist. Und diese scheinen im Gehirn molekulare Prozesse in Gang zu setzen, die zu stärkeren Bindungen zwischen Nervenzellen führen – und damit zu intensiveren Erinnerungen, wie Forscher um den Neurowissenschaftler Robert Malinow von der University of California in San Diego herausfanden.

Auch fielen Studenten in schlechter Gemütslage mehr Unstimmigkeiten auf, wenn sie Zeuge einer Auseinandersetzung zwischen zwei Menschen wurden. Miesepeter gehen kritischer mit den Eindrücken von außen um; sie sind ja auf der Hut und strengen sich an. In Hochstimmung hingegen sind Menschen geneigt, fast alles zu glauben, was sie hören und sehen. »Kognitive Leichtigkeit« nennen Psychologen dieses Phänomen: Wer gut drauf ist, dem fällt vieles leicht. Und »leicht« signalisiert dem Gehirn: Hier läuft alles richtig.

Deshalb lassen sich trübsinnige Zeitgenossen auch nicht so schnell blenden. Während Menschen im Allgemeinen geneigt sind, große Leute für besonders durchsetzungsfähig und Brillenträger für klüger zu halten, sind schlecht gelaunte Menschen auch hier kritischer: Sie schauen genauer hin.

Dies soll jetzt kein Plädoyer für ein Leben in Schwermut sein. Im Gegenteil. Auch bei den Vorzügen des Trübsinns zeigt sich wieder, wie wichtig die ganze Fülle des Lebens für unser Wohlbefinden ist. Das präzise Denken, der Skeptizismus, die soziale Ader, die Fehleranalyse – seine guten Effekte hat der Trübsinn nur dann, wenn er für kurze Phasen auftritt. Der Mensch stumpft gegen die Schwermut nach ebenso kurzer Zeit genauso ab wie gegen das beglückendste Hochgefühl.

Also her mit der Abwechslung! Dabei sollten wir die schwierigen Momente aber nicht nur deshalb in unser Leben lassen, weil wir sie ohnehin nicht komplett draußen halten können, weil sie das Leben um wichtige Gefühle bereichern oder weil sie uns mitunter aufmerksamer und sozial kompatibler machen. Schwierige Momente sollten uns auch deshalb willkommen sein, weil wir gestärkt daraus hervorgehen. »Die Kunst besteht darin, die Herausforderungen, Aufgaben und Krisen des Lebens zu akzeptieren und als Einladung zur persönlichen Weiterentwicklung zu verstehen«, sagt die Psychologin Katja Schwab.

Denn gerade das Überwinden von Hindernissen festigt unser Selbstwertgefühl. Sei es, dass wir eine Krise bewältigt, ein schwieriges Ziel erreicht oder ein Problem gelöst haben: Das gute Gefühl am Ende gibt uns Kraft für die nächste Herausforderung. Wenn wir etwas besonders Schlimmes erlebt haben, empfinden wir unser Leben danach oft sogar als lebenswerter, wertvoller, bereichernder.

Schon der Erfinder des Wortes Stress, der ungarisch-österreichische Arzt Hans Selye, hat gewusst, dass Beanspruchung und Druck auch etwas Gutes sein können. Als er im Jahr 1936 das Wort Stress erfand, um ein Zeitgeistphänomen zu beschreiben, das er in seiner Umgebung und bei seinen Patienten immer häufiger feststellte, da fügte er dem Wort vom bösen Stress, dem »Disstress«, auch gleich den guten, förderlichen, positiven »Eustress« hinzu: »Im täglichen Leben muss man jedoch zwei Arten von Stress unterscheiden, nämlich Eustress (von griechisch eu oder gut – wie in Euphonie, Euphorie, Eulogie) und Disstress (von lateinisch dis oder schlecht – wie in Dissonanz, ›disease‹, ›dissatisfaction‹«, schrieb Hans Selye. »In Abhängigkeit von den jeweils vorliegenden Bedingungen ist Stress mit erwünschten oder unerwünschten Folgen verbunden.«

Besonders gut geht es uns nämlich, wenn wir Aufgaben zu bewältigen haben, denen wir uns gewachsen fühlen, für die wir uns aber zugleich anstrengen müssen. Geschenke zu bekommen oder faul in der Hängematte zu liegen, ist sehr angenehm. Am angenehmsten ist es jedoch, wenn wir etwas tun, bei dem wir unsere Fähigkeiten optimal einsetzen können. Und damit sind nicht nur berufliches Können gemeint oder technisches Geschick, sondern all unsere körperlichen und geistigen Kräfte: unsere Motivation, unsere Persönlichkeitseigenschaften und unsere Leistungsfähigkeit.

»Flow« nennt der Psychologe Mihaly Csikszentmihalyi, der lange an der University of Chicago lehrte, diesen Zustand, wenn wir uns einer Sache so konzentriert widmen, dass sämtliches Zeitgefühl verlorengeht. »Während diese Phase andauert, arbeitet das Bewusstsein geschmeidig, nahtlos folgen die Tätigkeiten aufeinander«, so Csikszentmihalyi. In diesem versunkenen Tun stellt sich ein angenehmes Gefühl der Selbstvergessenheit ein, in dem man sich ganz der Sache widmet, mit der man sich beschäftigt. Flow ist kein Zustand des euphorischen Glücks, sondern eines der beständigsten guten Gefühle. Ein Gefühl des Einsseins mit sich und der Welt. Pure Zufriedenheit.

Menschen sind also dann am glücklichsten, wenn sie gar nicht darüber nachdenken und auch nicht alles daransetzen, unbedingt glücklich sein zu wollen. Schon vor mehr als 2500 Jahren, lange bevor man über solche psychologischen Experimente nachdachte, wie sie zum Beispiel Mihaly Csikszentmihalyi ersann, soll der chinesische Philosoph Laotse gesagt haben: »Vollkommenes Glück ist das Nichtvorhandensein des Strebens nach Glück.« Nur wenn der Mensch damit aufhört, nach dem Glück zu schielen, ist er demnach wirklich glücklich. Dieses Glück Laotses ist im Grunde nichts anderes als Zufriedenheit.

Natürlich geht es nicht darum, sich mit allem abzufinden. Ziel ist es vielmehr, die eigenen Ansprüche zu mäßigen, sie der momentanen Lage anzupassen und zu akzeptieren, dass es verführerische Dinge gibt, die sich nicht oder nur mit zerstörerischem Kraftaufwand erreichen lassen. Dabei muss der Blick für die Probleme der Welt nicht verlorengehen. Denn zweifelsohne geben die Verhältnisse in der Welt derzeit allzu oft keinen Anlass für Zufriedenheit.

Echte Zufriedenheit bedeutet, dass man sich nach dem Erreichen eines Ziels erholt und wieder Kraft sammelt – um Neues zu erleben und zu leisten. Produktive Unruhe ist ein sinnvoller Teil des Lebens, die aber auch Ablösung braucht und an deren Ende einmal ein Erreichen stehen muss, auf dem man sich eine Zeitlang ausruhen kann.

Es hat unschlagbare Vorteile, nach Zufriedenheit zu trachten statt auf das große Glück abzuzielen – und zwar nicht nur, weil Glücksgefühle nicht von Dauer sein können und das Streben nach Glück dieses eher verhindert als erreichbar macht. Glück ist noch dazu fast immer eine Reaktion auf Reize von außen, es ist damit wenig kalkulierbar und auch nicht so leicht zu beeinflussen. Man kann sogar »grundlos glücklich« sein, weil die Hormone tanzen.

Zufriedenheit dagegen kommt aus dem Inneren, sie hat viel mit dem Verstand zu tun und lässt sich deshalb erheblich besser steuern als das Glück, auf das man immer auch hoffen muss. Sie tritt vor allem dadurch ein, dass man lernt, die kleinen, glückseligen Momente im Leben wieder wertzuschätzen und die großen Visionen freundlich aus der Ferne zu betrachten, während man die realisierbaren Träume umzusetzen versucht. Dazu kann man schlecht immer auf der faulen Haut liegen, aber Zufriedenheit ist am ehesten zu spüren, wenn das Abenteuer einmal Pause macht.

So wurzelt Zufriedenheit stärker in der Persönlichkeit eines Menschen als das Glück. Sich wohl und behaglich zu fühlen, ist Ausdruck seines Wesens, das Ergebnis einer grundsätzlichen Haltung dem Leben gegenüber. Auch deshalb bleibt die Zufriedenheit viel länger bestehen als das Glück, das doch so leicht zerrinnt: Sie gründet auf einem stabileren Fundament und ist unabhängiger von äußeren Ereignissen. Nicht zufällig kommt das Wort »Zufriedenheit« von »Frieden«. Es ist ein innerer Frieden, ein Seelenfrieden.

Zufriedenheit und Glück – die beiden verhalten sich so ähnlich wie die Liebe und die akute Verliebtheit, die uns auf Wolke sieben katapultiert. Verliebtsein ist eines der größten Glücksgefühle, mindestens so gut wie ein Lottogewinn, aber, wie das Glück, gemeinhin von sehr überschaubarer Dauer. Eine langjährige Liebe dagegen ist auf dauerhafte Zuwendung angelegt, auch wenn sie sich dann – wie die Zufriedenheit es tut – auf einem geringeren Euphorienniveau bewegt.

In der Liebe ist das Streben nach dem Dauerrausch ebenso zum Scheitern verurteilt wie die Suche nach dem Dauerglück im Leben. Eine Ehe, die nicht in der ersten Krise zerbrechen soll, braucht die Einsicht und das Einverständnis, dass nicht jeder Tag ein Honiglecken ist. Dass zum gemeinsamen Glück auch negative Erlebnisse dazugehören, die die schönen Momente dann umso leuchtender und intensiver erscheinen lassen. Wie unangenehm ist es, sich mit vollem Bauch an einen reichhaltig gedeckten Tisch zu setzen. Genauso schmeckt die kontinuierliche Erfüllung von Wünschen mit der Zeit reichlich schal. So wie das Streben nach Zufriedenheit der einzige Weg ist, nachhaltig einen Zustand des Wohlbefindens zu erreichen, ist die Liebe auf »Wolke 4«, die der Berliner Sänger und Songwriter Philipp Dittberner in seinem Hit aus dem Jahr 2015 so schön besungen hat, die einzige Chance für eine dauerhafte Ehe.

Dazu muss man aber nicht nur einmal »Ja« vorm Traualtar beziehungsweise in den glückseligsten Momenten sagen, in denen wir größte Anerkennung genießen und ein Ziel erreicht haben. Man muss auch in den schwierigen Zeiten Ja sagen können – zum Partner, zur Ehe, zur Liebe oder eben zum Leben, wie es ist. Strategie muss es also sein, das eigene Leben so zu gestalten, dass man es immer wieder bejahen und deshalb auch zufrieden damit sein kann. Dabei sind für verschiedene Menschen ganz unterschiedliche Dinge von Belang. Hört man sich um, dann sagt eine junge Mutter: Glück ist, meine Kinder lachen zu hören. Eine Rentnerin ist froh, weil sie gebraucht wird. Ein Kind freut sich über die Zeit, die sein Vater mit ihm spielt. Einem alten Mann reicht es, wenn er genug zum Essen hat und die Heizung funktioniert. Eine Frau sagt, sie sei mit sich im Reinen, wenn sie sich gerade nichts wünscht. Und ein junger Mann will vor allem lieb gehabt werden.

Um zufrieden sein zu können, muss sich deshalb jeder Mensch zunächst einmal fragen, was ihm persönlich wichtig ist – und dann sein Augenmerk darauf legen. Das hat noch einen Vorteil: Wenn man weiß, worauf man achten will, kann man die guten Momente im Leben, die einen nicht mit der Hormonflut geballten Glücks übermannen, leichter erkennen. Man kann innehalten und sich von diesen ruhig dahinfließenden Augenblicken erfüllen lassen, dem Schmetterling die Schulter anbieten, auf die er sich setzen kann. So lässt sich

Zufriedenheit sogar trainieren (siehe *Wie man Zufriedenheit lernen kann,* S. 147).

Wem es gelingt, sich dieses Lebensgefühl mehr und mehr zu erschließen, auch in den schmerzvollen, melancholischen und zweifelnden Momenten im Einklang mit sich und der Welt zu sein, der wird auf die Frage nach dem Wohlergehen aus tiefer Überzeugung »Ich bin zufrieden« antworten, statt dies gedanklich mit einem »Na ja« zu verbinden, weil er weiß, dass ihm nichts Besseres passieren kann, als zufrieden zu sein. Glück? Das wird doch völlig überschätzt.

2 Selbsttest: Wie zufrieden bin ich?

Die ganz persönliche Sicht auf sich selbst und das eigene Dasein: Das ist ein wesentlicher Parameter für Zufriedenheit. Natürlich kann ein ehrlich gemeintes Lob den Blick auf sich selbst sehr viel positiver machen. Und wenn es das Leben gerade nicht besonders gut mit einem meint, dann leidet auch die Zufriedenheit darunter. Doch stärker noch als durch äußere Umstände wird die Zufriedenheit dadurch bestimmt, welche mentale Einstellung ein Mensch zu sich und seinem Leben hat.

Wer herausfinden will, wie es wirklich um seine Zufriedenheit bestellt ist, muss deshalb nach seinem ureigenen, subjektiven Wohlbefinden fragen – und nicht etwa nach dem objektiven Wohlbefinden, wie es sich in der Lebensqualität ausdrückt, die Außenstehende einem Leben nach messbaren Faktoren zuordnen. Lebensqualität wird zum Beispiel durch eine gute Gesundheit, einen gewissen Wohlstand und einen gesicherten Arbeitsplatz bestimmt. Zufrieden aber kann man auch ohne all das sein, denn Zufriedenheit ist das Ergebnis eines kognitiven Urteils über das eigene Leben. Deshalb lässt sich Zufriedenheit auch nicht messen – etwa durch die Bestimmung von Glückshormonen oder durch einen Blick ins Gehirn. Um die eigene Zufriedenheit zu ergründen, muss man allerdings eines tun: die Fragen danach ernsthaft und ehrlich beantworten.

Das gilt auch für den folgenden Selbsttest der Zufriedenheit. Er ist eine Weiterentwicklung der ›Satisfaction With Life Scale‹ (SWLS), welche Mitte der 1980er-Jahre der Psychologieprofessor Ed Diener an der University of Illinois in Urbana-Champaign entwickelt hat. Der Diener-Test gilt als der wissenschaftlich am besten belegte Test, um die Zufriedenheit eines Menschen zu erfassen – gleich, welchem Bildungsstand, welchem Geschlecht oder welcher ethnischen Gruppe dieser Mensch angehört. (Allerdings wächst die

Zufriedenheit leicht mit dem Alter.) Da aber auch das psychische und geistige Wohlbefinden einen erheblichen Einfluss auf die Zufriedenheit hat, wurde der Diener-Test hier um die an britischen Universitäten erstellte ›Warwick-Edinburgh Mental Well-Being Scale‹ (WEMWBS) erweitert.

Unten finden Sie 20 Aussagen, denen Sie zustimmen mögen oder mit denen Sie vielleicht auch nicht einverstanden sind.

Nutzen Sie die Skala von 1 bis 7, um den Grad Ihrer Zustimmung oder Ablehnung auszudrücken, und schreiben Sie die zutreffende Zahl auf die Linie vor die entsprechende Aussage.

Seien Sie offen und ehrlich in Ihren Antworten.

Die 7-Punkte-Skala:
1 = Ich stimme überhaupt nicht zu.
2 = Ich stimme nicht zu.
3 = Ich bin nicht ganz dieser Meinung.
4 = Ich stimme weder zu noch bin ich anderer Meinung.
5 = Ich stimme in etwa zu.
6 = Ich stimme zu.
7 = Ich stimme stark zu.

Die 20 Aussagen:
_ Ich blicke optimistisch in die Zukunft.
_ Ich werde gebraucht.
_ Meine aktuellen Lebensumstände sind ausgezeichnet.*
_ Ich kann mich gut entspannen.
_ Ich bin an anderen Menschen interessiert.
_ Mein Leben ist nahe an meiner Idealvorstellung.*
_ Ich habe noch Energie übrig.
_ Morgens nach dem Aufwachen freue ich mich auf den Tag.
_ Das Leben meint es gut mit mir.
_ Ich kann gut mit Problemen umgehen.
_ Ich habe die wichtigen Dinge so weit erreicht, die ich in meinem Leben erreichen möchte.*
_ Ich fühle mich gut, wenn ich an mich selbst denke.
_ Ich fühle mich anderen Menschen nah.
_ Ich bin selbstsicher.

_ Ich bin zufrieden mit meinem Leben.*
_ Ich bilde mir meine eigene Meinung.
_ Ich fühle mich geliebt.
_ Ich interessiere mich für neue Dinge.
_ Ich bin fröhlich.
_ Wenn ich mein Leben noch einmal leben könnte, würde ich fast nichts ändern.*

* Dies sind die Fragen aus dem Diener-Test

Addieren Sie nun die Punkte.

Auflösung:

120 bis 140 Punkte: Sie sind sehr zufrieden.
Wer eine so hohe Punktzahl erreicht, liebt sein Leben und findet, dass die Dinge sehr gut laufen. Ihr Leben ist nicht perfekt, aber Sie sind der Meinung, dass es so gut ist, wie es nur sein kann. Dass Sie sehr zufrieden sind, bedeutet nicht, dass Sie selbstgefällig sind. Vielmehr tragen die Herausforderungen und die Wachstumsmöglichkeiten, die Sie in Ihrem Leben erkennen, zu Ihrer Zufriedenheit bei. Sie genießen Ihr Leben in allen wesentlichen Bereichen, wie Arbeit oder Schule, Familie, Freunde, Freizeit und persönliche Entwicklung.

100 bis 119 Punkte: Sie sind zufrieden.
Sie mögen Ihr Leben und sind der Meinung, dass die Dinge gut laufen. Natürlich ist Ihr Leben nicht perfekt, aber Sie empfinden es meistens als gut. Dass Sie zufrieden sind, bedeutet nicht, dass Sie selbstgefällig sind. In den meisten wichtigen Bereichen – wie Arbeit oder Schule, Familie, Freunde, Freizeit und persönliche Entwicklung – empfinden Sie Ihr Leben als angenehm. Aus den Bereichen, mit denen Sie unzufrieden sind, ziehen Sie Motivation.

80 bis 99 Punkte: Sie sind durchschnittlich zufrieden.
Mit diesem Ergebnis liegen Sie im Durchschnitt. Sie sind insgesamt zufrieden. Aber es gibt auch einige Bereiche in Ihrem Leben – wie

Arbeit oder Schule, Familie, Freunde, Freizeit und persönliche Entwicklung –, in denen Sie sich Verbesserung wünschen. Es könnte auch sein, dass Sie in weiten Teilen Ihres Lebens ausgesprochen zufrieden sind und sich nur in einzelnen Aspekten nach starker Verbesserung sehnen.

60 bis 79 Punkte: Sie sind etwas weniger zufrieden als der Durchschnitt.

Menschen mit diesem Ergebnis haben kleine, aber eindeutige Probleme in verschiedenen Lebensbereichen. Oder es gibt vieles, wo es gut läuft – wie Arbeit oder Schule, Familie, Freunde, Freizeit und persönliche Entwicklung –, während einer dieser Bereiche ein substanzielles Problem für sie bedeutet. Wenn Sie wegen eines akuten Ereignisses von einem höheren Level an Zufriedenheit auf diesen Wert abgerutscht sind, dann wird sich Ihre Zufriedenheit voraussichtlich bald wieder verbessern. Wenn Sie aber dauerhaft unzufrieden mit manchen Lebensbereichen sind, sollten Sie Veränderungen anstreben. Es könnte auch sein, dass Sie einfach zu viel erwarten.

40 bis 59 Punkte: Sie sind unzufrieden.

Menschen mit diesem Ergebnis sind substanziell unzufrieden. Womöglich finden sie, dass es in vielen Lebensbereichen – wie Arbeit oder Schule, Familie, Freunde, Freizeit und persönliche Entwicklung – nicht gut läuft. Oder es gibt ein oder zwei Bereiche, mit denen sie erhebliche Probleme haben. Wenn Sie infolge eines schwerwiegenden Ereignisses, etwa eines Trauerfalls, einer Scheidung oder eines gravierenden Problems in der Arbeit, auf dieses Zufriedenheitslevel abgerutscht sind, werden Sie vermutlich in absehbarer Zeit wieder zufriedener sein. Bleibt Ihre Zufriedenheit aber anhaltend niedrig, dann sind Veränderungen in Ihrem Leben angebracht. Das kann eine andere Haltung bedeuten, ein neues Denkmuster oder auch eine neue Aktivität. Womöglich brauchen Sie professionelle Hilfe, um dies umzusetzen.

20 bis 39 Punkte: Sie sind extrem unzufrieden.

Menschen mit diesem Ergebnis sind in hohem Maß unzufrieden. In manchen Fällen ist dies eine Reaktion auf ein schwerwiegendes

Ereignis. Womöglich haben Sie vor Kurzem Ihren Arbeitsplatz verloren oder Ihren Partner. Dann werden Sie mit großer Wahrscheinlichkeit aus Ihrem Tief auch wieder herausfinden. Wenn Ihre extreme Unzufriedenheit aber chronisch ist, brauchen Sie vermutlich die Hilfe eines Arztes oder Therapeuten. Eine deutliche Veränderung in Ihrem Leben ist nötig.

3 Die Wissenschaft der Zufriedenheit

Zur eigenen Zufriedenheit trägt man am meisten selbst bei. Gerade weil sie so stark vom Verstand beeinflusst wird, kann der Mensch dafür sorgen, dass seine Zufriedenheit mit seinem Leben wächst. Aber selbstverständlich wirken sich auch äußere Faktoren darauf aus, wie wir unser Dasein bewerten. Seit Tausenden von Jahren beschäftigen sich Philosophen schon mit der Frage, was zu einem Leben gehört, in dem man sich wohl und behaglich fühlt. Und seit einigen Jahrzehnten befasst sich auch die moderne Wissenschaft damit, die Faktoren für ein solches Leben herauszuarbeiten. Wie viel Zufriedenheit ist dem Menschen mitgegeben? Ist sie ein Teil seiner Persönlichkeit oder ist sie gar ausschließlich in seinen Genen verankert? Was passiert im Gehirn, wenn ein Mensch zufrieden ist? Und wie viel steuern die Lebensumstände dazu bei? Dieses Kapitel liefert einen Überblick über den aktuellen Stand der Wissenschaft vom Zufriedensein.

Zufriedenheit als Wesenszug

Manche Dinge können einem wirklich die Laune verderben. Kein Mensch ist zufrieden, wenn er nach einem langen Arbeitstag, einem mühsam vorbereiteten Projekt oder einer nett gemeinten Einladung zum selbstgekochten Abendessen gesagt bekommt, dass das Ergebnis suboptimal war. Aber während der eine schon einen triftigen Grund braucht, um das aktuelle Weltgeschehen als wenig erfreulich einzustufen, kommt der andere ohne Nörgeln kaum aus. Das kann man tagtäglich in jedem Straßencafé, im Bus, in der Kantine oder, wenn man Pech hat, auch beim familiären Frühstück verfolgen: Für manche Zeitgenossen gehört Kritteln ganz offensichtlich zum Leben. Man könnte fast den Eindruck haben, engagierte Grantler seien gerade dann besonders zufrieden, wenn sie ihren Unmut äußern.

Oder haben die Dauernörgler, ganz objektiv betrachtet, einfach mehr Grund zum Meckern? Wissenschaftler wollen schon seit vielen Jahren wissen, ob zufriedene Menschen wohl immer noch zufrieden wären, wenn sie mit dem Leben der Unzufriedenen tauschen müssten. Vielleicht verginge manchem dann seine wohlige Ausgeglichenheit, wenn er die womöglich viel härteren Bedingungen im Leben des anderen einmal selbst ertragen müsste.

Das haben Psychologen vor einigen Jahren jedenfalls so erwartet. Zu Zeiten, als man noch nicht über Selbstverwirklichung, Freizeitgestaltung und Work-Life-Balance nachdachte, waren Wissenschaftler davon überzeugt, dass ein hohes Einkommen, eine stabile Partnerschaft, gute Gesundheit und ein erfüllender Job ganz erheblich dazu beitragen müssten, wie zufrieden ein Mensch ist. Doch bald schon kamen erste Zweifel daran auf: Staunend blickten die Fachleute auf die Untersuchungen, die ihnen Saul Feinman von der University of Wyoming in Laramie Ende der 1970er-Jahre präsentierte. Feinman hatte blinde Menschen nach ihrem Wohlbefinden gefragt und war wohl selbst von den Ergebnissen überrascht. Dass ihm bei seiner Datenanalyse der Mund weit offenstand, lässt bereits der Titel vermuten, unter dem Feinman seine Arbeit präsentierte: ›Die Blinden als ganz normale Leute‹. Kurz und knapp fasste er seine Ergebnisse so zusammen: »Im Vergleich mit Sehenden sind blinde Menschen ärmer, weniger gut ausgebildet und seltener verheiratet. Und dennoch berichten blinde Menschen von mehr Glücksgefühlen.« Die Vorstellung vom glücklichen Gesunden und vom beklagenswerten Kranken wackelte ganz gehörig.

Auch die Überzeugung, dass Geld glücklich oder gar zufrieden mache, erledigte sich bald: Ganz offensichtlich steigt das Wohlbefinden der Menschen nur so lange mit ihrem Wohlstand an, bis sie finanziell so abgesichert sind, dass sie nicht mehr unter ihrer Armut leiden. Zusätzlicher Reichtum aber mehrt die Zufriedenheit nicht, wie der Ökonom Richard Easterlin von der University of Pennsylvania 1974 in seinem berühmten Aufsatz ›Verbessert ökonomisches Wachstum das menschliche Schicksal?‹ feststellte. In den vergangenen 50 Jahren, schrieb Easterlin, sei das durchschnittliche Einkommen in den westlichen Gesellschaften um ein Vielfaches angestiegen, die Menschen lebten in erheblich größerem Wohlstand als ihre Vorfahren, könnten sich viel mehr Dinge leisten, die das Leben angenehmer machen – und doch seien sie in dieser Zeit weder glücklicher noch zufriedener geworden. Die Bewohner reicher Länder seien nicht einmal glücklicher als jene armer Länder. Und auch der Aufstieg von der Mittel- in die Oberschicht wirke sich kaum noch auf das Wohlgefühl aus. Ab einer gewissen Höhe mache Geld sogar unglücklicher. Die Beobachtungen erstaunten die Fachwelt und die Öffentlichkeit in den 1970er-Jahren dermaßen, dass das Phänomen als »Wohlstandsparadox« bekannt wurde. Vielfach sind Easterlins Beobachtungen seither wiederholt und vertieft analysiert worden. Das Fazit bleibt: Man kann Glück und Zufriedenheit nicht kaufen.

Vollends fiel der Glaube an die Macht der Umstände schließlich zusammen, als sich auch noch zeigte, dass es Menschen langfristig nicht einmal zufriedener macht, wenn sie heiraten, von einer schweren Krankheit genesen oder eine Sprosse auf der Karriereleiter nach oben klettern. Ähnlich wie das Glück der Lottogewinner (siehe S. 22) ist auch ein Zuwachs an Zufriedenheit oftmals nur von kurzer Dauer. So scheint jeder Mensch sein persönliches Zufriedenheitsniveau zu haben, auf dem er es sich eingerichtet hat. Zwar führen schöne oder unangenehme Erlebnisse zu Ausschlägen nach oben oder nach unten. Aber nach einiger Zeit pendelt sich die Zufriedenheit – ebenso wie das Glück – wieder auf dem persönlichen Sollwert ein, wie zuerst der US-amerikanische Psychologe David Lykken in seiner »Set-Point-Theorie« beschrieben hat. Das gilt selbst für extreme Ereignisse wie eine Ehescheidung oder eine finanzielle Pleite. Solche gewaltigen Erlebnisse lösen zunächst zwar extreme Emotionen aus und lassen einen Menschen eine Zeit lang besonders beschwingt oder tief gebückt durchs Leben gehen. Aber gerade die Euphorie verfliegt meist bald wieder.

Negative Erlebnisse können sich dagegen stärker und nachhaltiger einbrennen. Lange Zeit haben Wissenschaftler gedacht, ein Mensch sei nach einer Krise oder einem Glücksfall gemeinhin schon nach drei Monaten wieder ganz der Alte, sein Zufriedenheitspegel wieder erreicht. Aber mehr und mehr zeigt sich: Wie lange das im Einzelfall dauert, hängt zum einen von der Art des Ereignisses ab, das da angetreten ist, das Leben durcheinanderzuwirbeln. Während eine Hochzeit tatsächlich relativ schnell an Bedeutung für das subjektive Wohlbefinden verliert, hängen andere, vor allem unangenehme Ereignisse einem Menschen oft auch viele Jahre nach. Besonders schwer zu verkraften sind demnach Ehescheidungen, der Tod des Ehepartners und das Auftreten einer körperlichen Behinderung, wie die Psychologen Michael Eid und Maike Luhmann von der Freien Universität Berlin anhand von 188 Studien mit insgesamt 65 000 Teilnehmern herausgearbeitet haben. Und ein regelrechter Anschlag auf die Lebenszufriedenheit wird verübt, wenn man seinen Job verliert. Arbeitslosigkeit scheint ein so starker Angriff auf das Selbstwertgefühl zu sein, dass sie nicht ohne Weiteres verarbeitet werden kann und die Zufriedenheit auf Jahre senkt. Das gilt auch für Deutschland mit seinem starken Sozialsystem.

Seinen Zufriedenheits-Sollwert nachhaltig heraufzusetzen scheint demnach weniger leicht möglich zu sein als eine dauerhafte Absenkung. »Und trotzdem«, sagt die Psychologie-professorin Sonja Lyubomirsky von der University of California in Riverside: »Man kann seine Zufriedenheit steigern.« Das passiere aber nicht einfach durch glückliche Umstände, dazu seien gezielte Aktivitäten nötig (siehe *Die Zutaten zum Zufriedensein*, S. 209). Auch der Wirtschafts- und Sozialwissenschaftler Gert Georg Wagner von der TU Berlin und seine Kollegen Ruud Muffels von der Universität Tilburg und Bruce Headey von der University of Melbourne betonen: Die Lebenszufriedenheit lässt sich aktiv mehren – wenn man privat oder beruflich die richtigen Entscheidungen trifft.

Im Laufe eines Lebens mäandert die Zufriedenheit jedenfalls erheblich stärker hin und her, als die Wissenschaft dies lange erwartet hat. Das haben Wagner, Muffels und Headey anhand des Sozio-oekonomischen Panels belegt, für das die Deutschen seit mehr als 25 Jahren ihre Zufriedenheit auf einer Skala von 0 bis 10 bemessen. Die individuellen Angaben variierten im Laufe der Zeit deutlich: Bei fast 40 Prozent der Befragten veränderte sich der Zufriedenheitswert binnen 20 Jahren um 25 Prozent. »Bei 10 Prozent der Menschen schwankte der Wert über gut 20 Jahre sogar um 50 Prozent«, so Wagner.

Wie ein Mensch mit einem einschneidenden Ereignis umgeht, ist ohnehin von Individuum zu Individuum sehr unterschiedlich. Dabei spielt die seelische Widerstandskraft, die Resilienz, eine große Rolle. Auch brauchen Menschen, die eine nicht so stabile Persönlichkeit haben, tendenziell mehr Zeit, um Schicksalsschläge zu verdauen. Umgekehrt, wenn genügend günstige Eigenschaften zusammenkommen, kann es sein, dass selbst unvorstellbar schreckliche Ereignisse auf Dauer kaum am Wohlbefinden eines Menschen rütteln, wie der belgische Neurologe Steven Laureys in einer besonders eindrucksvollen Studie gezeigt hat.

Laureys arbeitet am Universitätskrankenhaus in Lüttich mit Locked-in-Patienten. Bei diesen Patienten ist ein wacher Geist in einem gefühllosen und fast vollständig gelähmten Körper eingeschlossen, weil sie zum Beispiel einen schweren Schlaganfall erlitten haben oder weil ihr Gehirn infolge eines Unfalls geschädigt wurde. Oft ist ihnen lediglich die Möglichkeit geblieben, ihre Augen zu bewegen. Deshalb können Locked-in-Patienten sich nur verständlich machen, indem sie blinzeln oder ihre Augen zur Seite wandern lassen: Wenn ihnen ein Pfleger oder ein Computer das Alphabet vorliest, stoppen sie es per Lidschlag an beliebiger Stelle und diktieren so, Buchstabe um Buchstabe, unter größten Mühen einen Text. »Und doch sind die allermeisten Locked-in-Patienten zufrieden mit ihrem Leben«, sagt Laureys. Während Beobachter denken mögen, dass sie wohl lieber tot wären, sollten sie je in eine solche Situation geraten, so möchte doch kaum einer der 65 Patienten sterben, die Steven Laureys im Rahmen seiner Studie befragt hat. 72 Prozent von ihnen bezeichneten sich selbst als zufrieden – und damit in etwa so viele wie in der Normalbevölkerung.

Eine Frage des Charakters

Wenn sich schon einschneidende Ereignisse in vielen Fällen so wenig auf die Zufriedenheit auswirken: Spielen die ganz normalen Lebensumstände dann womöglich gar keine Rolle? »Einen Einfluss haben sie natürlich, aber der ist oft ganz schön klein«, sagt die Psychologin Elisabeth Hahn. Seit fast 50 Jahren forschen Wissenschaftler nun schon am Wohlsein der Menschen. Und wenn man all ihre Ergebnisse zusammenfasst, dann tragen Einkommen, Bildungsgrad, Familienstand, Geschlecht und Religionszugehörigkeit zusammen gerade mal ein paar Prozent zum subjektiven Wohlbefinden bei. Drei Prozent könnten es sein. Oder fünf.

Es müssen also andere Faktoren sein, die die großen Unterschiede zwischen den Menschen in Sachen Wohlbefinden verursachen. Denn die gibt es zweifelsohne. Wer nach 25 Jahren zum Klassentreffen fährt, wird mit ebenso viel Erstaunen wie heimlicher Freude feststellen, dass nicht nur er oder sie selbst außer Frisur und Kleidungsstil kaum etwas an sich verändert hat. Auch die anderen sind sich größtenteils treu geblieben. Der Nörgler von damals mag einige Kilo zugelegt und manches Haar verloren haben, aber er setzt sein Klagen so unverdrossen fort wie schon zu Schulzeiten. Und die immer verständnisvolle, in sich ruhende Klassenälteste hat immer noch diese wohlig-genügsame Ausstrahlung.

Ist Zufriedenheit also Charaktersache? Ed Diener ließ die Frage keine Ruhe. Der Psychologe hatte als erster Wissenschaftler einen kurzen, nur fünf Fragen umfassenden Test entwickelt, mit dem er die Zufriedenheit messen konnte (siehe *Selbsttest: Wie zufrieden bin ich?*, S. 41). Nun wollte er ihn anwenden, um den Einfluss der Persönlichkeit auf das subjektive Wohlbefinden zu erforschen. Gemeinsam mit Martin Seligman von der University of Pennsylvania suchte er sich dazu die Personen, auf die er den leichtesten Zugriff hatte: seine Studenten. Die Zufriedenheit der 222 jungen Leute mit ihrem Dasein war, wie erwartet, höchst unterschiedlich. Dabei gehörten sie doch alle zu den Privilegierten, die an einer Universität ein so wenig auf finanzielle Sicherheit ausgerichtetes Fach wie Psychologie studieren durften. Geldsorgen und Zukunftsängste spielten in ihrem Leben offenbar keine große Rolle. Äußerlich ging es ihnen also ohne Zweifel gut. Und doch waren manche extrem unzufriedene und andere besonders zufriedene Zeitgenossen.

Um herauszufinden, ob das an ihrer Persönlichkeit lag, nutzte Ed Diener Werkzeuge, mit denen Psychologen seit Langem die Persönlichkeit von Menschen beschreiben. Dazu reicht nämlich die Analyse von fünf wichtigen Eigenschaften aus, den »Big Five«. Diese fünf Dimensionen der Persönlichkeit sagen das Entscheidende über das Wesen eines Menschen aus: Wie groß ist seine Offenheit für Erfahrungen, wie groß sind seine Gewissenhaftigkeit und seine Verträglichkeit? Verfügt er über Begeisterungsfähigkeit (Extraversion)? Oder zeichnet er sich durch emotionale Labilität (Neurotizismus) aus? Alle Big Five gelten als Merkmale, die durch den Lebenswandel eines Menschen nicht so leicht zu beeinflussen sind. Natürlich sind das längst nicht alle Wesenszüge, die ein Mensch haben kann. Grundsätzlich beschreiben sämtliche Eigenschaften, die sich auf das Denken, Fühlen und Verhalten von Menschen beziehen, auch deren Persönlichkeit. Doch das sind schon in der englischen Sprache fast 18 000 Wörter, wie die Psychologen Gordon Allport und Henry Odbert in den 1930er-Jahren resigniert feststellten. »Ein semantischer Alptraum« schrieben sie – und reduzierten die Liste, indem sie ähnliche Begriffe aussortierten, auf 4504 Adjektive.

Nach und nach stellten Generationen von Psychologen aber fest: Die immer noch stattliche Anzahl von Eigenschaften lässt sich weiter zusammenschmelzen. So blieben am Ende die fünf übergeordneten Persönlichkeitsfaktoren übrig, die »Big Five«. Sie bilden den Charakter eines Menschen gut ab, wie international inzwischen mehr als 3000 Studien belegt haben. Schließlich ist, wer gewissenhaft ist, zugleich genau, akribisch, verlässlich und noch vieles mehr. Und wer extrovertiert ist, ist aufgeschlossen, kontaktfreudig und fröhlich.

Was sich hinter den »Big Five« verbirgt

	Ist die Eigenschaft ausgeprägt, sind Menschen …	Ist die Eigenschaft wenig ausgeprägt, sind Menschen …
Neurotizismus	labil, verletzlich, ängstlich, nervös, häufig traurig, angespannt, verlegen, unsicher, sorgenvoll, gestresst; sie neigen zu Hypochondrie und Hirngespinsten	selbstsicher, ruhig, stabil, entspannt, zufrieden
Extraversion	gesellig, begeisterungsfähig, heiter, optimistisch, gesprächig, aktiv; sie nehmen Anregungen gerne wahr	zurückhaltend, reserviert, ruhig, unabhängig, gern allein

Offenheit für Erfahrungen	offen, erfinderisch, neugierig, intellektuell, fantasievoll, gefühlvoll, wissbegierig, experimentierfreudig, vielfältig interessiert; sie mögen die Abwechslung	konventionell, konservativ, konsistent, vorsichtig, realistisch, sachlich, bodenständig
Gewissenhaftigkeit	genau, effektiv, organisiert, planvoll, zielstrebig, verantwortungsvoll, zuverlässig, diszipliniert, sorgfältig, im Extremfall pedantisch	spontan, schlampig, locker, unbeständig, unordentlich, unbekümmert, nachlässig
Verträglichkeit	freundlich, kooperativ, mitfühlend, sozial, verständnis- und vertrauensvoll, hilfsbereit, gutmütig, nachgiebig	egozentrisch, kompetitiv, misstrauisch, verständnislos

Tatsächlich haben diese fünf Persönlichkeitsfaktoren ganz erhebliche Auswirkung auf die Zufriedenheit. Das haben nach Diener und Seligman noch viele weitere Wissenschaftler untersucht – immer mit einem ähnlichen Ergebnis. Demnach sind besonders zufriedene Menschen auch besonders begeisterungsfähig, verträglich, gewissenhaft und ganz klar weniger labil, gehemmt oder ängstlich als die unzufriedenen. Die Zufriedenen haben zudem gefestigtere soziale Bindungen, leben häufiger in stabilen Liebesbeziehungen und sind insgesamt geselliger. So verbrachten diejenigen Studenten, die in der Studie von Diener und Seligman am zufriedensten waren, auch mit Abstand die meiste Zeit mit anderen.

Besonders günstig wirken sich offenbar Extraversion und Gewissenhaftigkeit aus. Weshalb das so ist, darüber lasse sich nur spekulieren, betonen Elisabeth Hahn und Frank Spinath von der Universität des Saarlandes. Allerdings liegt der Mechanismus nahe: Wer nach außen gewandt ist, erwartet vom Leben und von seinen Mitmenschen zunächst einmal Gutes; dadurch erlebt er auch mehr Positives und wird so insgesamt zufriedener. Gewissenhaftigkeit wiederum, so Hahn und Spinath, sei meist mit hoher Strukturiertheit gepaart, »was bei der Bewältigung der Anforderungen des täglichen Lebens hilft und so zu einem höheren Wohlbefinden beitragen könnte.« Auch Offenheit für Erfahrungen wirkt sich positiv auf die Lebenszufriedenheit aus – wenngleich nicht so stark wie Extraversion und Gewissenhaftigkeit. Offenheit bedeutet schließlich, dass man sich gerne neuen Herausforderungen stellt und intellektuell Probleme löst. Auftretende Schwierigkeiten werden dabei nicht gleich als Anschlag auf das eigene Wohlbefinden wahrgenommen.

Emotionale Labilität und Zufriedenheit gehen hingegen nicht zusammen. »Neurotizismus erfasst die hochgeneralisierte Tendenz, über alles Mögliche besorgt zu sein«, sagt der Persönlichkeitspsychologe Jens Asendorpf, der bis vor Kurzem an der Humboldt-Universität in Berlin gelehrt hat. Neurotische Personen fühlen sich schneller belastet und leiden stärker unter Stress. Das macht sie, man kann es sich leicht vorstellen, unzufriedener.

Objektiv betrachtet begegneten Ed Dieners sonnigsten Studenten jedenfalls nicht mehr positive Dinge als denjenigen, die überproportional oft im Stimmungstief dahinvegetierten. Trotzdem meinten die sonnigen Gemüter, besonders häufig Gutes erlebt zu haben, und die anderen waren davon überzeugt, dass sie in der Lotterie der schönen Erfahrungen schlecht wegkamen. »Dieses Muster des positiven Erlebens bleibt ein Leben lang gleich«, sagt Diener. Er glaubt, dass offene, extrovertierte Menschen die positiven Eindrücke besonders intensiv wahrnehmen, während neurotische Menschen das Schlechte anziehen, weil sie es erwarten und sich auch deshalb besonders eindringlich daran erinnern.

Zu etwa 50 Prozent beeinflussen die Persönlichkeitsfaktoren alles in allem die Zufriedenheit. Doch sie bestimmen nicht nur, wie zufrieden ein Mensch insgesamt ist. Mit derselben Kraft nehmen sie auch Einfluss auf die Zufriedenheit mit Teilbereichen des Lebens: mit der Arbeit zum Beispiel oder mit der Partnerschaft. So ist einer Ehe mit einem emotional labilen Partner eher keine lange Dauer beschieden. »Wenn ein Partner neurotische Züge aufweist, ist das ein besonders starkes Anzeichen für eine spätere Trennung«, sagt Jens Asendorpf. Aber auch am Arbeitsplatz, der vielen Menschen ähnliche Bedingungen bietet, wirken sich die charakterlichen Unterschiede oft besonders deutlich aus. Während der eine Mitarbeiter mit Freude zur Arbeit geht und jeden Tag wieder das Beste daraus macht, ächzt der andere im gleichen Job unter der Arbeitslast und beklagt sich regelmäßig beim Betriebsrat über die miesen Arbeitsbedingungen. Oder, wie Asendorpf es ausdrückt: »Menschen unterscheiden sich ganz unabhängig von der realen Arbeitssituation in ihrer Tendenz, mit der Arbeit zufrieden oder unzufrieden zu sein.«

So deutlich ist der Einfluss der Persönlichkeit, dass man schon bei Studenten vorhersagen kann, ob sie ihre Arbeit einmal gerne machen werden. Die beiden Psychologen Avshalom Caspi und Phil Silva, damals an der University of Wisconsin, haben eine solche Prognose 1995 für Collegestudenten im letzten Studienjahr gewagt – und in erstaunlich hohem Maße recht behalten. Wer schon im College ständig mit seinen Aufgaben haderte, labil wirkte und wenig gewissenhaft, der war auch im Berufsleben später eher frustriert. Ed Diener zeigte, dass sich die Prognose sogar über Jahrzehnte bewahrheitet.

Die Persönlichkeit ist stark, aber formbar

Auch wenn die Big Five die wesentlichen Faktoren der Persönlichkeit sind: Der Psychologieprofessor Willibald Ruch von der ETH Zürich wollte es doch etwas genauer wissen. Deshalb hat er um einiges detaillierter ermittelt, über welche Charakterstärken Menschen verfügen, die sich besonders wohl fühlen. Seine ersten Ergebnisse aus der Schweiz hat er später mit Hilfe von Martin Seligman an fast 13 000 Probanden bestätigt. Seither steht fest, welchen Charakter die Zufriedenheit hat. Demnach machen Hoffnung, Enthusiasmus (Tatendrang), Bindungsfähigkeit (Fähigkeit zu lieben), Neugier und Dankbarkeit einen Menschen besonders zufrieden. Dagegen wirken sich andere – ebenfalls positive Charaktereigenschaften – wie Aufgeschlossenheit, Sinn für das Schöne, Authentizität, Kreativität und Bescheidenheit kaum aus (siehe Abbildung).

Stärken und Lebenszufriedenheit

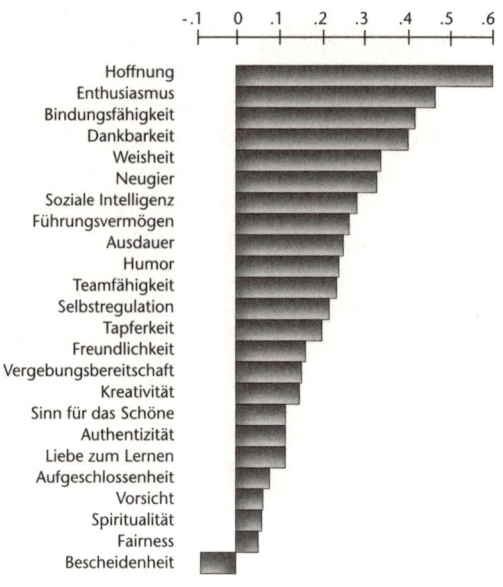

Zusammenhang zwischen Charakterstärken und Lebenszufriedenheit (nach Willibald Ruch)

Erheblichen Einfluss hat auch das Selbstwertgefühl. Es begleitet uns unser ganzes Leben lang in so stabiler Weise, dass es mitunter schon als Persönlichkeitsmerkmal gilt. Zumindest in individualistischen Kulturen wie der unseren ist die Zufriedenheit in starkem Maße vom Selbstwertgefühl abhängig.

In Bangladesch ist dieses dagegen nicht so wichtig, um ein zufriedenes Leben zu führen, wie Ed Dieners Team 1995 herausfand. In armen Kulturen zählt Geld mehr – wohl auch deshalb, weil Menschen mit niedrigem Einkommen dort erheblich stärker leiden als sozial schlechtgestellte Menschen in der westlichen Welt. Nur weil die Lebenszufriedenheit so deutlich von der Persönlichkeit abhängt, heißt das aber nicht, dass sie unveränderlich wäre. Denn auch die Persönlichkeit ist nicht in Stein gemeißelt. Wenngleich wir uns in vielen Eigenschaften treu bleiben, wie schon der Besuch des Klassentreffens zeigt, ist die Persönlichkeit doch keineswegs so stabil, wie Wissenschaftler lange Zeit gedacht haben.

»Früher hieß es, ein Mensch ändere sich ab dem 30. Lebensjahr kaum noch«, sagt Jens Asendorpf. Aber das haben zahlreiche Forschungsarbeiten inzwischen widerlegt. »Mittlerweile wissen wir, dass sich die Persönlichkeit über die gesamte Lebensspanne hinweg systematisch verändert«, ergänzt die Berliner Juniorprofessorin Jule Specht. Sie konnte es selbst kaum glauben, als sie bei ihrer Analyse der Daten des deutschen Sozio-oekonomischen Panels sogar bei Rentnern noch deutliche Änderungen des Charakters fand: »Ich saß vor den Ergebnissen und dachte: Das ist ja Wahnsinn, was passiert denn da?«, erzählt sie. Selbst über 70-Jährige krempelten ihr Leben zum Teil noch einmal um. Aus einem Karrieristen kann im Alter noch ein fürsorglicher Opa werden, aus der Angriffslustigen ein umgänglicher Mensch und aus der stets gewissenhaften Mutter eine freiheitsliebende Frau, die sich nicht um Konventionen schert. Auch das Gegenteil ist möglich. Die Persönlichkeit wird also nicht automatisch umso stabiler, je älter wir werden, aber Veränderungen sind möglich – vor allem dann, wenn einschneidende Ereignisse uns und unsere Einstellungen zum Leben verändern.

Allerdings sind nicht alle Persönlichkeitsfaktoren gleichermaßen veränderlich. Die Extraversion ändert sich offenbar am wenigsten. Zwar sind junge Menschen gemeinhin besonders gesellig und gesprächig und werden als Erwachsene dann etwas ruhiger. Aber groß ist der Unterschied nicht. Deutlich nimmt dagegen die Gewissenhaftigkeit mit dem Alter zu. Junge Menschen können ihre Emotionen meist nicht so gut kontrollieren und sind nicht besonders ordentlich, zuverlässig und verantwortungsbewusst. Im Verlauf der Jahre aber wachsen sie in diesen Dingen. »Bis 40 ändert sich das rasant«, sagt Specht, »sodass Personen ab diesem Alter im Durchschnitt ein stabiles, deutlich höheres Level in der Gewissenhaftigkeit erreichen.«

Verträglicher werden unverträgliche Zeitgenossen dagegen erst ab etwa 60 Jahren. Alles zusammen macht dann die gutmütige, wohlwollende Oma aus und den herzlichen, bescheidenen Opa. »Der nörgelnde Alte ist gar nicht so häufig, wie das Stereotyp uns glauben lässt«, sagt Jule Specht. »Im Durchschnitt scheint Altersmilde deutlich verbreiteter zu sein.«

Besonders offen sind Rentner dagegen nicht mehr. »Mit steigendem Alter nimmt diese Persönlichkeitseigenschaft immer weiter ab«, sagt die Psychologin. »Ältere Menschen halten dementsprechend deutlich stärker an bisherigen Meinungen fest und interessieren sich im Durchschnitt weniger für neue oder andere Denkweisen als noch in jüngeren Jahren.« Auch der Hang zum Neurotischen nimmt mit der Zeit zu. »Wie selbstsicher und gelassen jemand in Stresssituationen bleibt, wächst im Durchschnitt leicht im jungen Erwachsenenalter«, sagt Jule Specht. Ab 30 aber schmilzt diese Eigenschaft dann langsam dahin.

»Es klingt ein bisschen so, als könnten Leoparden ihre Flecken verändern, aber es funktioniert wirklich«, sagt Chris Boyce von der University of Manchester, der gemeinsam mit Kollegen von der London School of Economics and Political Science zu ähnlichen Schlüssen gekommen ist wie Jule Specht. »Unsere Persönlichkeit kann sich mit der Zeit ändern, und sie tut es auch.«

Das Wichtigste dabei ist: Weil die Persönlichkeit einen so großen Einfluss auf das Wohlbefinden hat, »wirken sich diese kleinen Persönlichkeitsveränderungen stark auf unsere Zufriedenheit aus«, wie Boyce betont. Das sollten Regierungen viel stärker im Auge haben, meint der Psychologe. »Sie sollten sich lieber darauf konzentrieren, jene Bedingungen zu befördern, unter denen Persönlichkeitswachstum geschieht –

Schulunterricht, das Gemeinwesen, die Kindererziehung. Das könnte sehr viel effektiver sein, um das nationale Wohlbefinden zu fördern, als das Wachstum des Bruttosozialprodukts.«

Offenbar bleibt also noch Handlungsspielraum für jeden von uns. Aber weshalb ändern sich die Menschen dann so selten? »Meist scheitern Menschen daran, dass sie sich eine Veränderung nicht vorstellen können, denn man hat doch schon immer so gelebt und ist immer so gewesen«, sagt Werner Stangl, Psychologe an der Universität Linz. »Da Menschen ihre Zukunft aus ihren Erfahrungen der Vergangenheit berechnen, haben nur wenige ein Modell dafür, wie ein Leben anders sein könnte. Erst in dem Augenblick, in dem man selbst an die Möglichkeit einer Veränderung glaubt, findet man auch die passenden Schritte für persönliche Veränderungen.«

Auch Jule Specht betont: »Die Entwicklung der Persönlichkeit und des Selbstwertgefühls und die dadurch erreichte höhere Zufriedenheit kommen nicht von selbst.« Man muss schon etwas dafür tun. Specht empfiehlt, sich aktiv mit dem eigenen gelebten Leben auseinanderzusetzen – und mit den Zielen und Visionen, die man noch hat: »Eine wichtige Fähigkeit kann es zum Beispiel sein, sich mit den negativen Eigenschaften seiner Persönlichkeit zu versöhnen und gnädiger mit sich selbst umzugehen.«

Gene fürs Wohlgefühl

Etwa zur Hälfte trägt also die Persönlichkeit dazu bei, wie zufrieden ein Mensch ist. Ein paar lächerliche Prozent macht es aus, wie reich man ist und wie gesund. Und was ist mit dem Rest? Ist die Zufriedenheit womöglich doch zum großen Teil einfach in den Genen verankert?

Die meisten Menschen können sich das gar nicht vorstellen. Das legt zumindest eine ältere Studie nahe, die psychologische Laien nach den Ursachen des Glücklichseins fragte: Im Jahr 2000 haben Adrian Furnham vom University College London und Helen Cheng von der University of London

233 Testpersonen gefragt, woher es kommen könnte, wenn ein Mensch glücklich ist. Sie präsentierten ihren Probanden insgesamt 38 Aussagen, die mögliche Gründe für ein Leben im Glück lieferten. Die Befragten sollten auf einer siebenstufigen Skala angeben, für wie bedeutsam sie diese Angaben jeweils hielten. Am überzeugendsten fanden die Testpersonen folgende Gründe: enge Freunde, viele Freunde oder liebende Eltern zu haben oder von anderen Menschen geliebt und akzeptiert zu werden. Besonders unwichtig fanden sie es hingegen, intelligent zu sein, einen hohen Schulabschluss zu haben oder besonders gut auszusehen. Am allerwenigsten aber stimmten sie der Aussage zu, dass »glückliche Gene« eine Rolle spielten. Wohlgefühl war für sie also keine Veranlagung.

Was für ein Irrtum! Schon der Einfluss der Persönlichkeit zeigt nämlich, dass die Gene durchaus eine Rolle für Glück und Zufriedenheit spielen. Schließlich ist die Persönlichkeit selbst zu einem erheblichen Anteil durch unsere Erbanlagen vorherbestimmt. Etwa fifty-fifty scheinen sich Umwelt und Gene ihren Einfluss auf die Big Five zu teilen, wobei die Offenheit für neue Erfahrungen mit einer geschätzten Erblichkeit von 57 Prozent den größten genetischen Anteil hat und Verträglichkeit mit 42 Prozent den kleinsten. Extraversion gilt zu 54 Prozent als erblich, Gewissenhaftigkeit zu 49 Prozent und Neurotizismus zu 48 Prozent. Aber über die Persönlichkeit hinaus scheint es weitere Gene zu geben, die besonders zufrieden machen.

Um herauszufinden, wie groß die Bedeutung der Erbanlagen fürs Wohlgefühl ist, blicken Wissenschaftler wie bei jeder Beurteilung genetischer Einflüsse gerne auf Zwillinge. Eineiige Zwillinge bringen nun einmal zu fast 100 Prozent dieselben Gene mit. Wenn sie sich in ihrem Verhalten unterscheiden, kann das also nur an äußeren Einflüssen liegen – etwa dem Umfeld, in dem sie sich bewegen. Deshalb gelten eineiige Zwillinge, die nicht in derselben Familie aufwachsen, sondern schon früh getrennt wurden, als besonders geeignete Testpersonen für den Einfluss von Umwelt und Genen.

Der amerikanische Psychologe Auke Tellegen und sein inzwischen verstorbener Kollege David Lykken hatten einen großartigen Fundus, auf den sie zugreifen konnten. An der University of Minnesota werden seit Jahrzehnten Daten von Zwillingen für Forschungszwecke gehortet. Die ›Minnesota Twin Family Study‹ umfasst heute mehr als 8000 Zwillingspaare. Die ältesten Teilnehmer wurden 1936 geboren; manche sind eineiig, andere zweieiig; manche wuchsen bei ihren genetischen Eltern auf, andere wurden schon früh getrennt. Mit Hilfe dieser gigantischen Zwillingssammlung haben Lykken und Tellegen die unterschiedlichsten Fragen untersucht. Und eine davon war die nach den Ursachen der Zufriedenheit und des subjektiven Wohlbefindens.

Dabei zeigte sich deutlich: Die Gene eines Menschen haben einen erheblichen Einfluss auf sein Gemüt und die Zufriedenheit mit dem Leben. Schon 1988 hatte sich Auke Tellegen jene 71 eineiigen Zwillingspaare in seiner Datensammlung genauer angesehen, die getrennt voneinander aufgewachsen waren. Trotz der unterschiedlichen Bedingungen, unter denen diese Kinder groß wurden, waren sie sich in ihrer Lebenszufriedenheit erstaunlich ähnlich. Diese getrennten eineiigen Zwillingspaare aus Minnesota ähnelten einander in ihrem Wohlbefinden sogar erheblich stärker als die zweieiigen Zwillinge, die gemeinsam bei ihren Eltern aufwuchsen und somit denselben sozioökonomischen Status hatten, demselben Erziehungsstil ausgesetzt waren und – hoffentlich – ähnlich viel Liebe bekamen. Die Erblichkeit lag bei 48 Prozent, rechneten Tellegen und Lykken aus und schrieben: »Unser Wohlgefühl wird zur Hälfte von der großen genetischen Lotterie beeinflusst, die zur Zeit der Befruchtung stattfindet.«

Das scheint sogar für Affen zu gelten: Der Psychologe Alexander Weiss von der University of Edinburgh erhielt nämlich ganz ähnliche Ergebnisse, als er gemeinsam mit japanischen Kollegen die Zufriedenheit von Schimpansen erforschte. Er nahm Kontakte zu Zoos, Forschungsinstituten und Altersheimen für Forschungsaffen in Australien, Japan und den USA auf, um herauszufinden, weshalb manche Schimpansen griesgrämige Zeitgenossen sind, die die kleinen Schimpansenkinder wegjagen und schnell genervt sind, wenn sie nicht gleich an ihr Essen kommen, während andere ein haariger Ausbund an Ausgeglichenheit sind. 146 Tiere durfte Alexander Weiss am Ende erforschen. Natürlich konnten die Affen im Gegensatz zu den menschlichen Zwillingen keine Fragebögen zu ihrem subjektiven Wohlbefinden ausfüllen. Dafür ließ Weiss ihre Pfleger einschätzen, für wie zufrieden sie die Tiere hielten. Die Pfleger hatten die Schimpansen über Jahre begleitet, sie kannten jeden einzelnen genau. Was sie über die Affen jeweils zu sagen hatten, glichen die Biologen noch damit ab, wo die Affen lebten (mit der Umwelt also) und mit ihrer genetischen Verwandtschaft: Dazu mussten sie den Tieren nicht einmal Blut für Tests abnehmen. Denn Zoos führen – schon allein, um Inzucht zu vermeiden – präzise Register darüber, welcher ihrer Schimpansen mit welchem wie verwandt ist. Das Ergebnis: Wie zufrieden ein Schimpanse ist, hängt ebenso wie beim Menschen etwa zur Hälfte von seinen Genen ab.

Doch mit dieser Erkenntnis war längst nicht alles über den Einfluss der Gene auf die Zufriedenheit erforscht. Bald zeigte sich, dass sich die Macht der Erbanlagen noch präziser berechnen ließ. Wissenschaftlern fiel nämlich etwas Ungewöhnliches auf, als sie sich die Ähnlichkeit von zweieiigen Zwillingen ansahen, die getrennt aufwuchsen. Auch zweieiige Zwillinge sind einander genetisch ähnlich, aber sie teilen nur die Hälfte ihrer Gene miteinander. Von ihren Erbanlagen her sind sie nichts anderes als gleichzeitig geborene Geschwister. So ist es – eine angeborene Zufriedenheits-Veranlagung vorausgesetzt – nicht überraschend, dass selbst getrennt aufgewachsene zweieiige Zwillinge noch ähnlich zufrieden sind. Allerdings ist die Ähnlichkeit nicht so groß, wie man vermuten könnte. Da zweieiige Zwillinge halb so viele Gene teilen wie eineiige Zwillinge, sollte ihre Ähnlichkeit, was ihre Zufriedenheit mit dem Leben betrifft, zu einem Viertel ererbt sein. Doch aufwändige Analysen ergaben lediglich eine Erblichkeit von 18 statt der erwarteten 25 Prozent für die Zufriedenheit zweieiiger Zwillinge. Die Verhaltensgenetikerin Elisabeth Hahn hat dafür nur eine Erklärung: »Das muss daran liegen, dass sich die Gene, die für die Zufriedenheit zuständig sind, in ihrer Wirkung verstärken«, sagt sie. Wenn zwei zusammenkommen, ist ihr Beitrag für die Zufriedenheit eines Menschen größer als die Summe ihrer einzelnen Wirkungen.

Was es damit auf sich hat, wollte Hahn genauer wissen. Sie hat aus den Daten des deutschen Sozio-oekonomischen Panels alles extrahiert, was über Zwillinge verfügbar war. So fand sie insgesamt 1308 Paare im Alter zwischen 17 und 70 Jahren. Deren Angaben zur Zufriedenheit verglich sie nicht nur untereinander, sondern auch mit der Zufriedenheit von Nicht-Zwillings-Geschwistern, Eltern und Großeltern. »Dadurch konnten wir die Einflüsse von Genen und Umwelt differenzierter erfassen«, sagt Hahn. So zeigte sich, dass die Gene nicht, wie bislang gedacht, für die Hälfte der Zufriedenheit verantwortlich sind, sondern für etwas weniger: Sie machen wohl nur zwischen 30 und 37 Prozent dessen aus, wie sehr wir unser Leben mögen.

Offenbar ist die Zufriedenheit eines Menschen weniger ererbt als seine Persönlichkeit, sagt Elisabeth Hahn. Und offenbar beeinflusst die Persönlichkeit eines Menschen seine Zufriedenheit stärker, als es seine Erbanlagen tun. Die Gene scheinen aber besonders in einem Punkt eine bedeutende Rolle zu spielen – beim Set-Point der Lebenszufriedenheit, jenem persönlichen Niveau an Zufriedenheit also, auf das sich das Wohlbefinden bald wieder einpendelt, wenn es zwischendrin wegen einer Hochzeit oder einer Beförderung kurzzeitig nach oben geschnellt war.

Auch wenn der Einfluss der Gene auf die Zufriedenheit inzwischen sehr genau erforscht ist: Welche speziellen Erbanlagen dabei eine Rolle spielen, ist noch unbekannt. In den vergangenen Jahren haben Wissenschaftler sich die Gene genauer angesehen, die für Glückshormone wie Dopamin oder die Endorphine im Körper zuständig sind, auch haben sie vermutet, dass jene Moleküle fürs Wohlgefühl wichtig sein könnten, die beim Verarbeiten von Stress eine Rolle spielen. Doch ein überzeugendes »Zufriedenheitsgen« konnten sie dabei nicht ausmachen. »Ein Hauptgrund dürfte sein, dass wohl viele verschiedene Gene mit darüber bestimmen, ob wir tendenziell eher zufrieden oder unzufrieden sind«, sagt Elisabeth Hahn. »Sie alle sind jeweils mit nur kleinen Beiträgen für die vielfach abgestuften individuellen Ausprägungen der Zufriedenheit verantwortlich.« Deshalb ist es technisch einfach schwierig, einzelne Gene zu entdecken.

Einen guten Kandidaten aber stellten jüngst Ökonomen von der University of Warwick vor. Sie interessierten sich dafür, weshalb manche Völker so unglaublich zufrieden sind. Schließlich ist es durchaus wahrscheinlich, dass dies mit ihren Genen zusammenhängt. So fällt auf, dass immer dieselben Völker Spitzenpositionen in Sachen Zufriedenheit einnehmen. Ob beim ›Eurobarometer‹ der Europäischen Kommission oder dem ›World Happiness Report‹ (der eigentlich ein Bericht über das subjektive Wohlbefinden ist, wie die Autoren selbst einräumen): In allen Zufriedenheitsranglisten sind neben den Schweden, Norwegern und Niederländern auch die Dänen oben mit dabei. Die Italiener hingegen sind stets furchtbare Nörgler, während die Deutschen immerhin im Mittelfeld liegen.

Dabei lassen sich etwa zwei Drittel der großen dänischen Zufriedenheit mit dem – im Vergleich zu den anderen Ländern der Erde – besonders großen Wohlstand erklären, dem guten sozialen Sicherungssystem, der hohen Erwartung gesunder Lebensjahre, der großen Freiheit und der geringen Korruption im Land. Beitragen könnte aber auch die Art von Erwartungen, die die Dänen haben. Sie setzen vor allem auf eine intakte Gemeinschaft, die gute Versorgung durch den Staat. Anders als US-Bürger, die immer die Geschichte vom Tellerwäscher hören, der es zum Millionär schaffen kann, haben die Dänen womöglich realistischere Lebenserwartungen. Aber bei all diesen Erklärungsmodellen für die große Zufriedenheit der Skandinavier bleibt ein Drittel Raum für Fragezeichen: Was nur macht die Dänen so zufrieden?

Es könnte an einem Gen liegen, das unseren Hormonhaushalt beeinflusst, haben Eugenio Proto und Andrew Oswald von der University of Warwick vorgeschlagen: Sie vermuten in der Erbanlage für das Hormon Serotonin eines der lang gesuchten Zufriedenheitsgene. Serotonin gibt uns das Gefühl der Gelassenheit, der inneren Ruhe und der emotionalen Ausgeglichenheit. Im Volksmund wird Serotonin deshalb häufig fälschlicherweise als »Glückshormon« bezeichnet, in Wahrheit ist es das »Zufriedenheitshormon«, denn es macht ruhig und nicht euphorisch. Für Völker aus 131 Ländern berechneten Proto und Oswald, wie groß ihre Zufriedenheit ist, wenn man Einflussfaktoren wie das Sozialsystem, das Bruttosozialprodukt und die geographische Lage mit zum Beispiel besonders wenig Sonnenstunden berücksichtigt. Dann ermittelten sie, wie sehr diese Völker den Dänen genetisch ähneln. Tatsächlich zeigte sich, dass die Menschen aus Ländern, in denen besonders große Unzufriedenheit herrscht, evolutionär bedingt einen besonders großen genetischen Abstand zu den Dänen haben.

Ein Gen haben Proto und Oswald dann genauer betrachtet – und zwar das für den Serotonintransporter 5-HTTLPR. Dieses Molekül sorgt für den Abtransport von Serotonin im Gehirn und beeinflusst damit, wie lange das Zufriedenheitshormon wirken kann. Von 5-HTTLPR gibt es aber zwei Formen – eine kürzere und eine längere. Und wer in der Genlotterie die kürzere Form erwischt hat, scheint unter anderem anfälliger für Depressionen und für Gewaltausbrüche zu sein.

Proto und Oswald fanden heraus, wie häufig welche 5-HTTLPR-Form in welchem Volk vorkommt – und tatsächlich zeigte sich dabei ein Zusammenhang mit der Zufriedenheit der Menschen. Dort, wo viele Bürger besonders unzufrieden sind, gibt es auch besonders viele Menschen mit dem kurzen Gen für den Serotonintransporter. In Dänemark dagegen haben nur gut 40 Prozent der Einwohner die kurze Variante. Am großen Einfluss eines kleinen Gens könnte es deshalb auch liegen, dass US-Amerikaner mit italienischen Vorfahren auf einem ähnlichen Zufriedenheitsniveau dahindümpeln wie Italiener, die in Italien leben. »Es gibt bis heute eine überraschend enge und bisher ungeklärte Korrelation zwischen der Zufriedenheit dieser Menschen, selbst wenn man das persönliche Einkommen und die Religion herausrechnet«, sagen Oswald und Proto.

Womöglich haben sie mit dem Gen für den Serotonintransporter nun doch ein erstes Zufriedenheitsgen entdeckt. Dass es nicht das einzige bleiben wird, sondern dass die Zufriedenheit eines jeden Menschen von einem ganzen Potpourri an Genen mitbestimmt wird, da sind sich Wissenschaftler schon jetzt sicher.

Des Glückes Schmied

Gut 50 Prozent Persönlichkeit, mehr als 30 Prozent Erbgut und maximal 10 Prozent Umwelt: So teilt sich der Einfluss auf die Zufriedenheit nach heutigem Stand also in etwa auf. Aber die Aufteilung ist nicht so klar, wie es klingt. Denn letztlich spielen alle Bereiche in alle hinein: Umwelt und Gene sind nicht die einfachen Gegenspieler, wie sich Soziologen und Genetiker das in der Anfangszeit der Genforschung vorgestellt haben. Zunehmend wird klar: Sie beeinflussen einander gegenseitig stark. Wer Nörglergene hat, den mag ein besonders liebevolles Umfeld zufriedener machen, als es seine Erbanlagen allein vermögen. Außerdem liegt ja auch die Persönlichkeit in den Genen, und die Umwelt ist nicht einfach gottgegeben. »Sämtliche genetischen Einflüsse auf die Lebenszufriedenheit wirken sich zugleich auf die Persönlichkeit aus«, sagt Elisabeth Hahn. »Unsere Analyse zeigt aber auch, dass es Umweltfaktoren gibt, die gleichermaßen die Zufriedenheit wie die Persönlichkeit beeinflussen.«

Natürlich steuern die Bedingungen den Menschen, aber wir sollten nicht vergessen: Umgekehrt steuert der Mensch auch seine Umwelt. Schließlich suchen wir uns aktiv die sozialen Nischen, in denen wir uns wohlfühlen und die unsere Persönlichkeit oft noch verstärken. Wer gesellig ist, geht gerne unter Leute. Dort bekommt er positives Feedback, weil die anderen seine Zugewandtheit so mögen, und schon wird diese Person umso geselliger. Zwar wird jedes Kind in eine Familie hineingeboren und ist dem Charakter und dem Erziehungsstil seiner Eltern ein Stück weit ausgeliefert. Aber es beeinflusst diesen Erziehungsstil und den Umgang der Eltern mit dem Kind selbst auch in erheblichem Maße – durch die Persönlichkeit, mit der es auf die Welt kommt.

»Es gibt ohne Zweifel eine stabile genetische Komponente der Zufriedenheit«, sagt Elisabeth Hahn. »Für jeden Menschen existiert somit eine Art Grundtendenz, in seinem Leben eher zufrieden oder unzufrieden zu sein.« Aber das bedeutet nicht, dass ein Mensch von seinen Genen quasi dazu verdammt ist, die Dinge immer nur positiv oder negativ zu sehen. »Ein angeborener Hang zum Schwarzsehen bedeutet für die Betroffenen jedoch, dass sie sich wahrscheinlich mehr anstrengen müssen, um dennoch in ihrem Leben zufrieden zu sein.«

Die Rastlose:
Wenn kein Partner gut genug ist

Drei Jahre. Viel länger ging es fast nie gut. Wenn sie ein paar gemeinsame Jahre mit einem Mann verbracht hatte, den sie anfänglich noch für ein besonders anziehendes Exemplar seiner Art gehalten hatte, reichte es Luise Braun*. Aus voller Überzeugung beendete sie die Beziehung. Bis sie 34 war, fiel der Anwältin aus Kiel dieser merkwürdige Rhythmus aus inniger Zuneigung, kritischer Überprüfung und beherzter Trennung selbst gar nicht auf. Sie glaubte an Zufall, wenn sie nach etwa dieser Zeit wieder auf einen neuen Traummann traf. Jedes Mal war sie fest davon überzeugt, mit diesem Menschen nun wirklich bis ans Ende ihrer Tage zusammenleben zu wollen. Aber spätestens nach dem ersten Streit beschlichen sie Zweifel. Jede weitere unwillkommene Verhaltensweise beäugte sie kritisch. Luise Braun achtete fast nur noch auf das, was sie störte. Die guten Seiten an ihrem Partner nahm sie kaum noch wahr. Und wenn sie dann eines Tages auf einen anderen attraktiven Mann stieß, sprang sie ab.

Erst mit Mitte dreißig dämmerte es Luise Braun: »Das war ja gar kein Zufall, was hier geschah, das war Prinzip!«, erinnert sich die 41-Jährige. »Ich konnte zwar in jedem Einzelfall jede Menge Gründe dafür nennen, weshalb ich diesen Mann verlassen habe«, sagt sie. Aber in ihrem Inneren wusste sie, dass mehr dahintersteckte. Gewiss: Der

---

* Name geändert

eine war ziemlich ehrgeizig, der andere einigermaßen spießig, der nächste hat ihr nicht genügend Freiheiten gelassen, ein weiterer war manchmal ganz schön langweilig. Und natürlich waren sie alle nach ein paar Monaten nicht mehr so aufregend, gepflegt und liebenswürdig wie in der ersten hochverliebten Phase. Aber obwohl sich das alles in Grenzen hielt, waren die jungen Männer in Luise Brauns Augen »zu ambitioniert«, »zu kleinbürgerlich«, »zu eifersüchtig« und »zu lasch«. Sie genügten den Ansprüchen nicht.

Irgendetwas oder irgendwer hatte offenbar in Luise Braun die Meinung gestärkt, dass sie mit einem Mann hundertprozentig zufrieden sein müsste. »Na ja, ein paar ganz winzige, ausgesprochen liebenswürdige Macken durfte er vielleicht haben«, witzelt sie. »Also sagen wir: Ich wollte ihn zu neunundneunzigkommafünf Prozent perfekt finden.«

Woher diese fixe Idee von »Mr. Perfect« kam, wusste sie nicht: Hatte sie ihren Ursprung in der ›Bravo‹ genommen, bei RTL oder bei ihrer Mutter? »Ich war jedenfalls nie mehr ganz zufrieden, wenn die erste Phase der Verliebtheit erst einmal abgeklungen war«, sagt Braun. »Mir fehlte dann die anfängliche Euphorie, die feste Überzeugung, den tollsten Mann der Welt gefunden zu haben, dem keiner das Wasser reichen konnte. Und ich kam gar nicht auf die Idee, dass das normal sein könnte. Für mich war klar: Ich will immer auf Händen getragen werden, mein Herz muss klopfen, der Himmel muss voller Geigen hängen. Und Streit war sowieso verboten.«

Die Abschiede von den Männern taten ihr deshalb auch kaum weh. Einen »Mr. Imperfect« wollte sie schließlich nicht, und meist hatte sie bei ihrem Abgang ja sowieso schon einen neuen. Attraktiv war sie, zugewandt, freundlich – und bereit, für ihren Traum von der rosaroten Liebe alles zu geben.

Der Schmerz kam erst, als ihre Eltern und Geschwister eines Tages sagten, sie hätten keine Lust mehr. Sie wolle ihren neuen Freund an Weihnachten mitbringen? Schon wieder einen neuen? Ach, bitte nicht, sagte die Mutter kurz vor den Feiertagen 2009. Sie wolle nicht immer mit Fremden zusammen Weihnachten feiern. Außerdem tue es ihr jedesmal so leid, wenn sie sich an einen dieser netten jungen Männer gewöhnt habe und er dann eben nicht mehr dabei sei.

Das saß. Luise Braun traute sich jetzt selbst nicht mehr. »Plötzlich hatte ich Angst vor meiner eigenen Unzufriedenheit«, sagt sie. Als ihr damaliger Freund an einen attraktiven Arbeitsplatz im Ausland verschwand, war sie zum ersten Mal seit Jahren allein. Und vor lauter Sehnsucht nach der perfekten Beziehung mochte sie sich, stets die enttäuschten Worte der Mutter im Ohr, nun gar nicht mehr so richtig auf einen Mann einlassen. Die Beziehungen wurden immer kürzer, das Rad drehte sich immer schneller, bis sie maximal noch zu einem Flirt bereit war. »Ich hatte bei jeder Begegnung das Ablaufdatum im Kopf, als wäre irgendwo unterm Hemd dieses Mannes der Stempel mit seinem Mindesthaltbarkeitsdatum versteckt.«

»Die Erwartung, dass irgendwann der perfekte Mann vorbeikommt, macht einsam«, sagt die Hamburger Paar- und Familientherapeutin Sandra Konrad. Das habe einen einfachen Grund: Den Mann ohne Macken gibt es nun mal nicht. »Wer sich einredet, dass er nur endlich ›den Richtigen‹ finden müsse, wird scheitern«, so Konrad, die über falsche Erwartungen an die Liebe auch ein Buch geschrieben hat. Dabei gebe es doch für jeden Menschen nicht den einen richtigen, sondern viele passende Partner. »Wir müssen es nur wagen, uns auf sie einzulassen«, sagt die Therapeutin.

Luise Braun ahnte längst, dass sie etwas an ihren Erwartungen ändern musste. »Ich wollte schließlich nicht noch mit 60 von Mann zu Mann wechseln oder, sobald mein Kind zwei Jahre alt ist, seinen Vater verlassen«, erzählt sie. Auch in anderen Lebensbereichen erging es ihr ähnlich: Der Wintermantel, den sie gerade gekauft hatte, erschien ihr schon bald nicht mehr gut genug, ihre Wohnung wechselte sie ähnlich häufig wie ihre Partner und auch im Beruf war sie deutlich flexibler als ihre Bekannten, weil sie immer glaubte, noch mehr erreichen zu müssen. »Ich bin ehrgeizig«, sagt sie. »Das finde ich an sich auch nicht schlecht. So kommt man zu was. Aber das mündete irgendwann in so eine Unruhe. Ich habe nur noch nach außen geguckt. Wo gibt es noch mehr zu holen?« Mit Hilfe einer Therapeutin gelang es ihr schließlich zu akzeptieren, dass die Unvollkommenheit zum Leben dazugehört. »Jede Beziehung und jeder Job hat seine Macken«, sagt sie. »Aber es ist besser, daran zu arbeiten, als immer wieder von vorne anzufangen.«

Die Juristin ist davon überzeugt, dass nicht nur ihre überhöhten Erwartungen, sondern auch die moderne Welt mit ihren vielen Möglichkeiten zu ihrem Partner-Roulette beigetragen hat. »Ich habe bestimmt auch deshalb so oft etwas Neues begonnen, weil ich einfach die Gelegenheit dazu hatte«, erzählt sie. »Vor 50 Jahren wäre mein Verhalten ja unmöglich gewesen, eine Frau hätte sich solche Partnerwechsel gar nicht erlauben können. Ich hätte wahrscheinlich meinen ersten Freund geheiratet und ihn irgendwie so akzeptiert, wie er ist. Heute kann man ständig nochmal von vorne anfangen und alles anders machen. Und ich sehe gut aus, bin kontaktfreudig und neugierig. Ich finde schnell neue Partner.« Neuerdings machen Dating-Apps wie Tinder die Menschen noch austauschbarer. Die kurze Illusion vom perfekten Partner poppt dort tagtäglich neu auf, nur um noch schneller wieder zu zerplatzen. Das »Paradox der Wahl« nennt der Psychologe Barry Schwartz das. Zu viele Wahlmöglichkeiten bedeuten Stress, sagt er, sie machen unruhig, unstet und nervös (siehe *Der weibliche Makel*, S. 94). Und am Ende ist man mit seiner Entscheidung immer unzufrieden.

»Auf diesen Stress habe ich keine Lust mehr«, sagt Luise Braun heute überzeugt. »Ich weiß, dass ich lieber kämpfen will um das, was ich habe.« Im vergangenen Sommer hat sie sich auf Martin eingelassen. Sie war furchtbar verliebt, aber sie ahnte damals schon, was sie später einmal an ihm stören würde: Beim ersten Date hing eine dreckige Jeans überm Küchenstuhl. Ihre Ordnungsliebe würde er wahrscheinlich nie teilen. »Tatsächlich ärgere ich mich heute oft über ihn, gerade über die Unordnung. Ständig lässt er seine gebrauchten Socken im Bad liegen, und seine Essensvorlieben teile ich auch nicht. Aber ich finde es trotzdem wunderbar, mit ihm zusammen zu sein.«

Was sich im Körper abspielt: Die Chemie der Zufriedenheit

Wir spüren Zufriedenheit im ganzen Körper. Ein wohliges Gefühl durchströmt den Bauch und setzt sich in alle Gliedmaßen fort. Das Herz schlägt ruhiger, die Atemzüge werden tiefer. Am meisten aber findet Zufriedenheit im Gehirn statt. Dort wird sie vor allem von dem Hormon Serotonin vermittelt, einer unscheinbaren Hirnchemikalie, zusammengesetzt aus 25 unspektakulären Atomen der am weitesten verbreiteten Sorten, die unser Universum kennt: Kohlenstoff, Wasserstoff, Stickstoff, Sauerstoff – mehr nicht.

Zehn Milligramm Serotonin hat der Mensch im Körper, den allergrößten Anteil im Magen-Darm-Trakt. Dort sorgt Serotonin dafür, dass die Nahrung ordentlich verdaut wird, indem es den Darm in Bewegung setzt. Jene fünf Prozent des Hormons aber, die das Gehirn durchfluten, haben es wirklich in sich: Hier gibt uns Serotonin ein Gefühl der Gelassenheit, der inneren Ruhe, der Ausgeglichenheit und Zufriedenheit. Und zugleich dämpft es viele unangenehme Emotionen, die unsere Zufriedenheit stören würden. Angst, Aggressivität, Traurigkeit und auch Hunger werden weniger, wenn Serotonin aus den Gehirnzellen strömt und sich im Gehirn ausbreitet. Die Botschaft lautet: »Du kannst lockerlassen, du bist satt, keiner bedroht dich, mach dir keine Sorgen.«

Weil uns Serotonin so gelassen und entspannt macht und Aggressionen uns dann fernliegen, wird Serotonin auch als »das uns zivilisierende Hormon« bezeichnet. »Unser Gefühlsleben ist wie ein Konzert«, sagte der Neurowissenschaftler Solomon Snyder von der Johns Hopkins University einmal, »und Serotonin ist der Dirigent, nach dem sich alle richten.« Die verschiedensten Reize und Botenstoffe sind beteiligt, wenn wir ein Wasserglas wahrnehmen, das vor uns steht. Aber es ist die Menge an Serotonin in unserem Gehirn, die dafür sorgt, ob wir das Glas als halbvoll oder halbleer betrachten.

Im Gegensatz zu den euphorisierenden Endorphinen, die für die akuten Glücksmomente zuständig sind, ist Serotonin also die ruhigere Variante. Glückshormone machen Lust, sie berauschen und sind nicht nur zufällig chemisch dem Morphium, Opium und Heroin ähnlich. Es sind überwältigende Hormone, die uns tief beglücken. Aber leider geht ihre Wirkung bald wieder vorüber. »Dieses Glücksgefühl ist nur von kurzer Dauer und verlangt schnell nach mehr«, sagt der Hirnforscher Gerhard Roth von der Universität Bremen. Serotonin ist dagegen jener Botenstoff, der nur langsam wieder abgebaut wird. Lust befördert er nicht gerade. Vielmehr wird er bei der Ejakulation ausgeschüttet und sorgt für die tiefe Zufriedenheit nach dem Orgasmus. Serotonin entsteht, wenn unsere Bedürfnisse, auch die nicht sexuellen, weitgehend befriedigt werden.

Glück und Zufriedenheit werden nicht nur durch unterschiedliche Botenstoffe vermittelt, sie wirken im Gehirn auch in ganz verschiedenen Regionen. Die kurzen Glücksmomente – die Freude zum Beispiel, die ein Geschenk auslöst, das Glück, jemanden, den man lange vermisst hat, in die Arme zu schließen – sie finden vor allem im Belohnungssystem unseres Gehirns statt, genauer im Nucleus accumbens, der auch eine große Rolle bei der Entstehung von Sucht spielt. Zufriedenheit dagegen ist ganz woanders verortet. Wenn wir eine dauerhafte Anerkennung genießen oder eine lang anhaltende Freundschaft, dann werden Areale der Hirnrinde aktiviert, auch Cortex genannt. Dies ist eine höhere und evolutionsgeschichtlich besonders junge Region des Gehirns; hier haben nicht die niederen Instinkte Platz, hier verarbeitet das Bewusstsein seine Erfahrungen.

Glücksempfindungen löst auch das weniger starke Dopamin aus. Aber Dopamin weckt vor allem Begehren. Wenn uns Dopamin überflutet, erwarten wir etwas Gutes. Es ist ein Hormon der Vorfreude, das ebenfalls im Belohnungssystem wirkt.

Aber es belohnt uns noch nicht, es nährt vielmehr die Erwartung, dass die Belohnung bald kommen wird. So motiviert es und macht uns risikobereit. Wer weiß, wie gut es sich anfühlt, nach einem Hundertmetersprint als Sieger vor jubelnden Zuschauern weiterzutraben, der schüttet am Startblock jede Menge Dopamin aus, in der Annahme, dass es sich gleich wieder so gut anfühlen könnte. Wer das Gefühl genießt, nach einer Kletterpartie oben auf dem Gipfel zu stehen, der nimmt dafür Risiken in Kauf, weil das Dopamin in seinem Gehirn den Weg dazu bereitet. Und weniger aktive Zeitgenossen mögen vom Anblick einer Tafel Schokolade ähnlich begeistert sein, weil sie den süßen Geschmack schon auf der Zunge spüren, der ihnen so wohlige Gefühle bereitet. Auch Kaffee und Nikotin fördern die Freisetzung von Dopamin. Deshalb wirken sie so anregend. »Dopamin ist kein Glücksstoff an sich«, erklärt Roth, »es verspricht uns das Glück.« Deshalb treibt es uns so stark an. Erst wenn das Dopamin weicht und wir die Aufgabe erledigt haben, ist Platz für Zufriedenheit.

Glück ist nicht nur deshalb kurz, weil die Glückshormone bald wieder abgebaut werden. Das Gehirn gewöhnt sich zudem sehr schnell an die Wirkung der Opiate und des Dopamins. Und wenn die Nervenzellen erst einmal ihr Glück verschossen haben, sind sie nicht mehr so bald wieder zu begeistern. Man hat sich »ausgefreut«, wie der Hirnforscher Roth sagt. Die Gewöhnung nimmt auch mit dem Alter zu. Ältere Menschen erleben seltener Momente der Ekstase – auch weil ihre Opiatrezeptoren abgestumpft sind. Nicht nur der Körper wird im Alter kraftloser, auch das Belohnungssystem ermüdet. Oft können sich ältere Menschen nicht mehr so begeistern. Zum Teil liegt das daran, dass sie in ihrem Leben schon viel gesehen haben. Aber es spielt auch eine Rolle, dass ihre Gehirnzellen nicht mehr so begeisterungsfähig sind. Das muss gar nicht negativ sein: Ältere Menschen beschreiben immer wieder, wie angenehm ruhig sie geworden sind, dass sie sich nicht mehr so viel aufregen wie früher, nicht mehr diese ständige, drängende, rastlose Unruhe verspüren, wonach sie meinen, weiter schaffen, sich engagieren, nichts verpassen zu dürfen. Was nämlich wächst, ist die Zufriedenheit.

Ständig glücklich zu sein, wäre sogar ausgesprochen ungesund. Tatsächlich erleben Menschen mit einer bipolaren Störung Phasen des andauernden, rauschhaften Glücks. Aber es sind die manischen Phasen einer schweren psychiatrischen Erkrankung. Bei diesen Menschen sind die Botenstoffe des Gehirns außer Rand und Band geraten. Deshalb stürzt sich ein Mensch in einer solchen manischen Phase auf das Beste, was ihm sein Leben gerade bietet – das kann Sex sein, Alkohol, ein Geschwindigkeitsrausch, aber auch ein berufliches Projekt, das er mit atemberaubendem Engagement umsetzt. Außenstehende kann er dabei durchaus mitreißen: Das Projekt kann ein großer Erfolg werden, Fremde sind von der Geselligkeit und Schlagfertigkeit dieser Person begeistert. Doch der Patient vernachlässigt andere Dinge derweil komplett: Der Haushalt, die Familie, sie erscheinen ihm gerade viel zu fad, als dass sie in seinem Gehirn noch irgendwelche Hormone in Wallung versetzen könnten. Schlaf ist für ihn unwichtig, reizlos und langweilig. Dass das schon aus körperlichen Gründen nicht lange gut gehen kann, liegt auf der Hand.

Wenn wir im Flow sind, also über unserem Tun unsere Umgebung vergessen, dann kommen noch andere Hirnregionen dazu. Der Flow-Zustand wird gerne als das ultimative Glückserleben bezeichnet, doch in Wirklichkeit handelt es sich um ein völliges Aufgehen im Hier und Jetzt. Für Glücksgefühle ist gar kein Platz, weil wir mit einer Tätigkeit viel zu sehr beschäftigt sind. Wir erleben den Flow, wenn wir eine nicht allzu leichte Aufgabe mit höchster Konzentration erledigen, wenn wir also weder gelangweilt sind noch uns überfordert fühlen, sondern all unser Können und unsere Fähigkeiten dazu einsetzen, eine Herausforderung zu unserer Zufriedenheit zu bewältigen. Musiker befinden sich im Flow, Sportler, Kletterer und auch Journalisten, die sich in ihr Buch vertiefen. In diesen Momenten verlassen wir uns auf das, was wir können. Wir absolvieren quasi automatisch Aufgaben und lösen Probleme. Dazu sind wir nur fähig, weil die Basalganglien unablässig feuern – jene Hirnregionen unter der Hirnrinde, in denen alle Gewohnheiten und Automatismen gespeichert sind. Was wir tun, ist wirklich »gekonnt«, sagt Gerhard Roth.

Den Flow erreicht man somit nur, wenn man nicht gestresst ist. Schließlich werden auch beim Stress Hormone ausgeschüttet, und die wirken häufig als Gegenspieler zu den Hormonen des Wohlgefühls. Wer zum ersten Mal allein auf einem Segelboot ist oder mit gerade ergattertem Führerschein ein Auto lenkt, ohne dass der Fahrlehrer danebensitzt und auf die Bremse treten kann, dessen Herz schlägt schnell und exakt im Takt. Sorgenhormone breiten sich aus. Die Zufriedenheit hat in solchen Situationen keinen Platz. Sie erreicht erst den Profi, der die Windböen gelassen pariert und die Geschwindigkeit genießen kann, weil er weiß, dass er sie beherrscht.

Der Schlagzeuger Martin Grubinger hat einmal in einem Interview eindrücklich über den »Flow« gesprochen, den er erlebt, wenn er eine ganze Nacht lang durchmusiziert. Manchmal gibt Grubinger mehrere Konzerte hintereinander, an einem Abend waren es sogar sechs. »Es ist dieser Moment, den man schwer beschreiben kann, wenn man plötzlich im Flow ist und das eigene Herz noch schlagen hört, aber nichts mehr um sich herum bewusst wahrnimmt. Wenn man mit dem Dirigenten, dem Orchester, den Musikern plötzlich eins wird und das Publikum nicht mehr wahrnimmt, sondern nur in diesem Tunnel ist«, erzählte Grubinger. »Dann spüre ich keine Anstrengung, keine Belastung oder Nervosität mehr, sondern nur totale innere Zufriedenheit und Ruhe. Das ist dieses Suchen nach dem Limit: Wozu ist man noch imstande? Was kann man noch leisten am Instrument, technisch und musikalisch?«

Der Hirndoper:
Wie gefährlich es ist, von seinem Geist immer mehr zu verlangen

Der Moment, an dem Patrick Harms* das erste Mal über sein Gehirn zu herrschen versuchte, war einer größter Not. Er ereignete sich exakt einen Monat vor dem Beginn seines ersten Staatsexamens. Die Menge an Stoff, die der

---

* Name geändert

Medizinstudent in den kommenden viereinhalb Wochen noch würde pauken müssen, löste in ihm ein sehr unangenehmes Gefühl aufkeimender Panik aus. »Das Pensum im Studium ist gigantisch. Andere Leute lernen in ihrem ganzen Leben nicht so viel, wie ich mir damals für nur eine Prüfung reinziehen musste«, sagt der junge Arzt heute in der Rückschau und lacht. Damals fand er seine Lage nicht so witzig. Die vielen Themen in den vielen Fächern waren einen Monat vor Beginn der Prüfungen eigentlich schon gar nicht mehr zu schaffen. Er hätte viel früher mit seiner Vorbereitung anfangen müssen. Nun würde er wohl jeden Tag und eigentlich auch in jeder Nacht lernen müssen, auch wenn er kaum wusste, wie er das körperlich durchhalten sollte. Aber dann bot ihm eine Kommilitonin ein Medikament namens »Vigil« an. Schönes Wortspiel. Vigilia heißt Nachtwache. »Willste mal eine probieren?«, fragte die Studentin und holte die Packung aus ihrer Schreibtischschublade. »Davon wirste total wach.«

Total wach: Das war es, was sich Patrick Harms wünschte. Endlich nicht mehr so dämmerig-müde zu sein am Abend, wenn er sich nach den Lernstunden des Tages mit seinem Stoff nur noch herumquälte vor lauter Wirrwarr im Gehirn. Stattdessen: total wach! So wach, dass er mühelos den Inhalt eines weiteren Lehrbuch-Kapitels in seinen Kopf bimsen konnte. Das klang ausgesprochen verführerisch.

Als er seine erste Pille nahm, fühlte sich das unglaublich gut an. Eigentlich ist Modafinil (so heißt der Wirkstoff) ein Medikament gegen die Narkolepsie, eine rätselhafte Krankheit, bei der Menschen von einer Sekunde auf die andere in tiefen Schlaf fallen, egal, wo sie gerade gehen oder stehen. Das Gefühl, dass ihm das gleich passieren würde, hatte Patrick Harms zwar auch, wenn er noch spätabends über seinen Büchern saß, aber schlafkrank war er natürlich nicht; sondern überarbeitet und schlafmangelmüde. Mit Modafinil war das wie weggeblasen: »Ich saß vor meinen Skripten, und alles erschien mir auf einmal sonnenklar«, erzählt er. Von Verwirrung, Nicht-

Begreifen und zu viel Pensum keine Spur mehr. »Ich konnte mich selbst abends noch stundenlang am Stück konzentrieren, ohne mich abzulenken, indem ich immer wieder E-Mails checkte oder die neuesten Posts auf Facebook las«, erzählt der heute 31-Jährige. Und tatsächlich schnitt er im Examen viel besser ab, als er das einen Monat vor Beginn der Prüfungen erwartet hatte.

Klar, dass diese erste Episode von Patrick Harms' Hirnoptimierung nicht seine einzige blieb. Immer, wenn er in der nächsten Zeit glaubte, er brauche einen wacheren oder lernfähigeren Geist, nahm er eine Pille. Bald traute sich der Student schwierige Situationen ohne Tabletten gar nicht mehr zu. Und nach monatelanger Erfahrung mit Modafinil probierte er auch andere Substanzen aus, um sein Gehirn zu Höchstleistungen anzutreiben. »Ich wurde im wahrsten Sinne des Wortes zum armen Schlucker«, sagt Harms. Begeistert war er von Methylphenidat, besser bekannt unter dem Handelsnamen Ritalin. Damit, meinte er, könne er sich besonders gut konzentrieren. »Mit Ritalin war ich wie in einem euphorischen Arbeitsrausch«, erzählt er.

Leandro Panizzon wäre von Patrick Harms' Erzählungen vermutlich angetan gewesen. Der Chemiker hatte das Mittel in den 1940er-Jahren beim Schweizer Pharmakonzern Ciba entwickelt und es eines Tages seiner Frau zum Testen mit nach Hause gebracht. Sie solle doch mal probieren, sagte er, vielleicht mache sie das munterer. Es wirkte: Marguerite, genannt Rita, nahm die später nach ihr benannte Substanz nun immer vor dem Tennisspielen – und fegte, so erzählt es die Legende, fortan ihre Gegnerinnen vom Platz. Ritalin »ermuntert und belebt – mit Maß und Ziel« hieß es 1954 bei der ersten Zulassung.

Bald machte Ritalin, das chemisch den Amphetaminen ähnlich ist, Karriere als Mittel für Kinder mit Aufmerksamkeitsstörungen. Doch zunehmend wurde es auch in anderen Kreisen beliebt. Studenten und Schauspieler hoffen ebenso auf seine konzentrationssteigernde Wirkung wie Piloten, Models, Wissenschaftler und Manager. Schon vor einigen Jahren haben zwei Millionen Deutsche in einer Forsa-Umfrage angegeben, Erfahrungen mit hirnaktivierenden Präparaten zu haben. Und 800 000 gesunde Arbeitnehmer schlucken laut Deutscher Angestellten-Krankenkasse regelmäßig Pillen, um im Alltag besser zu bestehen. Dopingtests nach der Examensarbeit könnten schon bald zum gängigen Prozedere an der Uni gehören, wenn man Neuroforschern glauben darf, die sich mit Doping fürs Gehirn beschäftigen.

Methylphenidat sorgt dafür, dass die Konzentration von Dopamin im Gehirn steigt. Es sorgt also für Glück und Belohnung – und davon will man gemeinhin immer mehr. Und es steigert tatsächlich die Wachheit, erhöht die Aufmerksamkeit und verkürzt die Reaktionszeit. »Ritalin wirkt nicht anders als Kokain, nur nicht so stark«, sagt der Neurologe Gerald Hüther vom Universitätsklinikum Göttingen. Modafinil erhöht zum einen das Zufriedenheitshormon Serotonin im Gehirn, es scheint aber auch, anders als lange gedacht, gleichzeitig den Dopaminspiegel anzuheben und nicht nur über die Drosselung des Anti-Dopamins GABA zu wirken. Deshalb macht auch Modafinil süchtig. »Hochkonzentriert und energiegeladen«, so fühlte sich Patrick Harms mit Ritalin. Die Angst vor Nebenwirkungen schob er zur Seite.

Am Anfang nahm der Student den Wirkstoff noch in Tablettenform. Doch dann begann er, es zu Pulver zu zerstoßen und wie Kokain durch die Nase zu ziehen. Auch das reichte ihm bald nicht mehr. Er löste die Pillen auf und spritzte sich den Aufmerksammacher direkt in die Vene. »Ich verhielt mich wie ein Junkie und ich war ein Junkie«, sagt er. Und dabei ging es nur darum, in seinem Studentenalltag besser zu funktionieren. »Völlig unverhältnismäßig, sich deshalb solches Zeug in den Kopf zu knallen«, sagt er heute. »Aber ich kriegte damals schon das große Flattern, wenn ich nur daran dachte, ohne Ritalin bestehen zu müssen.«

Warum auch nicht, könnte man fragen. Es gibt Fachleute, die sagen: Wir machen Ähnliches doch längst schon täglich, optimieren uns in jeder Hinsicht, um unseren Anforderungen oder denen unseres Arbeitgebers zu genügen. Wenn Mittel wie Methylphenidat und Modafinil tatsächlich die Aufmerksamkeit und das Durchhaltevermögen erhöhen: Ist es dann nicht vertretbar, seine Hirnwindungen pharmazeutisch auf Touren zu bringen? Mehr noch: Würden Flugpassagiere es dann nicht sogar gerne sehen, wenn alle Piloten solche Pillen schlucken müssten? Und könnten wir dann nicht endlich so viel lernen, wie wir wollen? »Die menschliche Erfindungsgabe hat uns die Schrift, den Buchdruck und das Internet gegeben«, schrieben sieben Neurobiologen vor einigen Jahren im Fachblatt ›Nature‹. Menschen wollten nun einmal ihre Leistungen verbessern; sobald Gehirndoping gefahrlos möglich sei, könne es der Gesellschaft viel geben. »Drogen erscheinen uns als etwas Besonderes, weil sie die Hirnfunktion verändern«, so die Forscher. »Aber wenn man ehrlich ist, tun Sport, Ernährung und Lesen das auch.«

Hoher Termindruck, der Zwang oder Drang, besser zu sein als der Kollege, ständige Erreichbarkeit durch E-Mails und Smartphones, Existenzangst – gerade in Zeiten der Krise glauben viele, ihren Job nur noch mit kleinen Helfern zu schaffen. Jeder vierte Deutsche hält es für vertretbar, sich aufzuputschen. »Die Menschen fordern von sich Leistungen über ihre natürliche Leistungsfähigkeit hinaus«, sagt der Suchtexperte Götz Mundle von den Oberbergkliniken im Schwarzwald. »Die Hemmschwelle ist besorgniserregend gesunken.«

»Die Verhältnisse sind krankmachend«, schrieb Günter Amendt, der Sexualaufklärer der Achtundsechziger, in seinem Buch ›No Drugs. No Future‹. In der Leistungsgesellschaft könnten Menschen einfach nicht mehr ohne Drogen auskommen. Tatsächlich hat jede Zeit ihre Pillen: In den Fünfzigern machten Hausfrauen die Nachkriegsverlogenheit mit Valium erträglich, die Hippies versetzten sich in den Siebzigern mit LSD in Blumenwiesen, in den Achtzigern beschleunigten Yuppies ihr Leben mit

Speed, und die ewige Jugend der 90er-Jahre tanzte mit Ecstasy. Nun befördert das Zeitalter von Stress und Burn-out eben Job-Drogen. Zu ihnen gehören nicht mehr nur Methylphenidat und Modafinil. Selbst Medikamente gegen Herzbeschwerden, Alzheimer und Schizophrenie werden genommen, um Stress zu bewältigen oder das Erinnerungsvermögen aufzupeppen.

Irritierend ist, dass viele Fachleute sagen, all das Zeug nütze bei gesunden Menschen gar nichts. Allenfalls kaum etwas. In Studien mögen Testpersonen, die Modafinil nahmen, etwas munterer gewesen sein. Und mit Ritalin waren sie vielleicht ein wenig aufnahmefähiger. Aber genauso gut könne man zwei oder drei Tassen Kaffee trinken, sagt Andreas Franke, Mediziner und Experte für Hirndoping. Seine Probanden waren nach der Einnahme von Ritalin jedenfalls keineswegs konzentrierter, vielmehr machten sie in ihrer Dopamin-gesteuerten Euphorie mehr Fehler, schrieben wirres Zeug. Neuere Studien hingegen verzeichnen einen Effekt der Wachmacher, wenn Probanden komplexere Aufgaben lösen und auf visuelle und auditive Reize reagieren sollen.

Patrick Harms hatte jedenfalls den starken Eindruck, dass Ritalin sein Gehirn frei machte für jede Menge Lernstoff. Er fühlte sich leistungsfähig, glaubte, unendlich viel Kraft zu haben. Ob das alles nur ein Placeboeffekt war? Das jedenfalls mutmaßt Klaus Lieb, dessen Arbeitsgruppe an der Klinik für Psychiatrie der Universität Mainz gemeinsam mit Andreas Franke untersucht hat, wie gut die Leistungen von Studenten wirklich sind. Die Kraft der Seele ist groß. Es könnte schon reichen, dass Menschen glauben, wegen einer eingeworfenen Pille leistungsfähiger zu sein – und schon sind sie es auch. »Methylphenidat steigert die subjektive Selbsteinschätzung«, erklärt der Wissenschaftler. »Begeisterte Erfahrungsberichte entstehen meiner Ansicht nach eher durch die euphorisierende Wirkung der Substanz als durch eine echte Leistungssteigerung.«

Der Glaube zählt. Auch für die Lust auf die nächste Pille ist deren tatsächliche Wirkung jedenfalls nahezu egal. Substanzen, die zum Hirndoping verwendet werden, machen ohnehin weniger körperlich abhängig als seelisch. Und dazu reicht die Überzeugung, dass die Pillen beim Lernen helfen. Patrick Harms glaubte, mit den Drogen seine eigenen Erwartungen besser erfüllen zu können. Ohne die Drogen haderte er ständig mit sich: zu unkonzentriert, zu vergesslich, zu abgelenkt.

»Der ständige Druck, alles umzusetzen, was sich an Möglichkeiten bietet, wird durch Hirndoping noch angetrieben«, sagt Klaus Lieb. Die Menschen verlernten, Nein zu sagen. Sie wollten immer das Letzte aus sich herausholen, nur um dann weiter ständig gehetzt zu sein. Wie optimiere ich mich? Das fange bei der Schönheitschirurgie an, sagt Lieb, gehe über Body-Apps für das beste Fitnesstraining bis zum Gehirn. »Es sind sehr ähnliche Mechanismen«, so Lieb. »Und sie sind gefährlich.«

»Wenn man sich ständig überfordert, häuft man natürlich ein Schlafdefizit an«, sagt Klaus Lieb. »Wenn man keine Pausen macht, gerät man in eine Spirale aus dauernder Anspannung, Aufputschen und Nicht-schlafen-Können. Der Griff zur Pille ist extrem riskant, weil man aus dieser Spirale kaum wieder herauskommt.« Neuere Daten weisen darauf hin, dass Ritalin das Gehirn offenbar auch in seiner Struktur verändert.

Mit Hilfe eines Therapeuten hat Patrick Harms es letztlich geschafft, von den Drogen loszukommen. Es hat ihn allerdings weniger die Einsicht dazu gebracht, dass er es selbst ist, der überhöhte Leistungsanforderungen an sich stellt, denen er wiederum nur mit einer Überforderung seiner selbst begegnen konnte. Dass Struktur und mehr Realismus ihm bei der Bewältigung seiner Aufgaben wohl besser helfen würden. Bei Patrick Harms waren die Nebenwirkungen einfach nicht mehr zu übersehen.

So wurde er zunehmend von seinen Freunden ermahnt. Sie machten ihn als Erste darauf aufmerksam, dass er immer unzufriedener geworden ist, oft übelgelaunt und aggressiv war. Die Substanzen begannen seine Persönlichkeit zu verändern. Das hätte Patrick Harms vielleicht noch ignoriert. Aber zugleich wurde er immer leichtsinniger und trotz aller Pillen fahrig und unkonzentrierter. Methylphenidat mache zwar zunächst euphorisch und überschwänglich, warnt die Deutsche Hauptstelle für Suchtgefahren, aber mit der Planungsfähigkeit sei es nicht mehr weit her. Und die Euphorie führe dazu, dass man seine eigene Leistungsfähigkeit überschätzt: »So werden Prüfungen häufig weniger ernsthaft und sorgfältig angegangen.« Bei Patrick Harms schlugen sich die Pillen, die ihm am Anfang so viel zusätzliches Lernen ermöglichten, am Ende negativ auf die Noten nieder. »Das gab den Anstoß«, sagt er. »Hätte die Leistung gestimmt, hätte ich wahrscheinlich nicht aufgehört.«

Missmut in der Midlife-Crisis

So gut die Gene auch sind und so groß die Zufriedenheit eines Menschen im Allgemeinen sein mag: Es gibt eine Attacke auf das subjektive Wohlbefinden, der kaum jemand entkommt, und die heißt Midlife-Crisis. Lebenskünstler und Freiberufler haben sie genauso wie gegängelte Malocher im Billigjob oder Manager an den Schalthebeln der Macht: Irgendwann zwischen 40 und 50 schlägt der große Knüppel zu, der trotz aller Lebenserfahrung und trotz aller Fähigkeit, kluge Entscheidungen zu treffen, die man in diesem Alter gemeinhin erlangt hat, das Selbstverständnis eines Menschen wie auch das Einverständnis mit sich und der Welt gehörig ins Wanken bringt. »Überall auf der Welt wurde das beobachtet«, sagt die Neurowissenschaftlerin Tali Sharot. »Von der Schweiz bis nach Ecuador, von Rumänien bis China.« Unterschiedlich ist nur, in welchem Lebensalter die Stimmung den Tiefpunkt erreicht. Die Briten trifft die Krise im Durchschnitt schon mit 35,8 Jahren, während die Italiener erst mit 64,2 Jahren ihr Stimmungstief erreichen. Und die Deutschen haben ihre Midlife-Crisis tatsächlich etwa in der Mitte ihres Lebens – mit durchschnittlich 42,9 Jahren.

Wer also mit 40 plötzlich anfängt, morgens mit trüben Gedanken aus dem Bett zu steigen, oder zunehmend ins Grübeln über sich und die Welt gerät, der ist wirklich nicht allein damit. Und noch einen Trost gibt es: Auch wenn man es nicht so recht glauben mag, solange man gerade mittendrin ist, aber die Midlife-Crisis hat auch ihr Gutes. Denn sie ist ein untrügliches Zeichen dafür, dass es bald wieder besser wird. Wer tief in der Krise steckt, der hat meist schon einige Jahre hinter sich, in der seine Zufriedenheit mehr und mehr schwand. Aber im Tal der Tränen angekommen, kann man sich darauf verlassen, dass ein Plus an Wonne und Wohlgefühl nur noch eine Frage einer sehr überschaubaren Zeitspanne ist. Die Zufriedenheit malt nämlich im Leben eines Menschen gemeinhin eine U-Kurve: In der Jugend ist die Zufriedenheit fast jedes Zeitgenossen besonders groß, von da an nimmt sie kontinuierlich ab, bis ungefähr mit Mitte vierzig das Minimum erreicht ist. Dann ist die Krise da. Etwa ab dem 50. Geburtstag geht es wieder bergauf mit dem Wohlbefinden. Die Zufriedenheit wächst und wächst bis kurz vor dem Tod, wie Tali Sharot erzählt.

Weshalb sich das Wohlbefinden der Menschen auf dieser Kurve bewegt, versuchen Wissenschaftler zu deuten, ohne dass sie damit bisher durchschlagenden Erfolg gehabt hätten. Manche Erklärungsversuche liegen nahe: Könnte die Krise mit Mitte vierzig nicht daher kommen, dass das Leben in den 30ern und 40ern besonders anstrengend ist? Etwa weil man im Beruf etwas auf die Beine zu stellen versucht und zugleich kleine Kinder hat, die umsorgt sein wollen? Oder weil schwierige Phasen zu meistern sind – eine Scheidung etwa oder der Auszug der Kinder aus dem Elternhaus? »Nein«, sagt Tali Sharot, »das ist nicht der Grund.« Denn die U-Kurve gilt auch für Menschen ohne Kinder. Sie ist zudem unabhängig vom Bildungsstatus, vom Einkommen, von Partnerschaften. Und sogar vom Geschlecht: Sie trifft Männer und Frauen gleichermaßen. »Verantwortlich für die Midlife-Crisis sind also nicht die Wechseljahre und auch keine geschlechtsspezifischen Rollenbilder«, betont der britische Sozialökonom Andrew Oswald. Es mag sein, dass Frauen besonders darunter leiden, wenn ihre Attraktivität mit dem Älterwerden schwindet, über die sie so häufig definiert werden. Aber auch wenn dies die Midlife-Crisis sicherlich nicht erträglicher macht: Die Phase des Trübsals verläuft bei Männern und Frauen sehr ähnlich.

Hinter der Midlife-Crisis scheint somit ein universelles biologisches Phänomen zu stecken. Denn das Krisentief findet sich nicht nur durch alle menschlichen Schichten, Ethnien und Länder, sondern sogar bei Affen. Auch Schimpansen und Orang-Utans geraten in der Mitte ihres Lebens an einen Wendepunkt, der sich durch Unzufriedenheit und Nörgelei und mitunter auch durch Aggressivität gegenüber ihren Mitaffen ausdrückt. Dabei müssen Menschenaffen in der Mitte ihres Lebens nun wirklich keine Scheidungen verkraften, und auf ihnen lasten auch keine Hypotheken.

Die Erkenntnis zur miesen Stimmung von Affen in der mittleren Lebensphase stammt von dem Psychologen Alexander Weiss, der schon die Persönlichkeit und Zufriedenheit von Affen studiert hat (siehe *Gene fürs Wohlgefühl*, S. 61). Weiss hat die Pfleger von 508 Schimpansen und Orang-Utans in Zoos gefragt, wie sie das Wohlbefinden ihrer Schützlinge einschätzen, und glich diesen Eindruck mit dem Lebensalter der Tiere ab. Vier Fragen sollten die Pfleger beantworten: Wie häufig war der Affe, den sie gut kannten, positiv gestimmt, wie häufig war er mies drauf? Wie viel Lebensfreude konnte er aus dem sozialen Miteinander mit anderen Affen ziehen? Wie erfolgreich war er beim Erreichen seiner Ziele? Und wie glücklich wären die Pfleger, wenn sie für eine Woche dieses Tier wären?

Dabei kamen verschiedene Pfleger für dasselbe Tier zu erstaunlich ähnlichen Einschätzungen. Und ob die Affen nun in japanischen Zoos lebten oder in Australien, in Kanada, den USA oder in Singapur: Überall erging es ihnen in der Mitte des Lebens ganz offensichtlich schlechter als zuvor und danach. Zumindest in Zoos leiden Schimpansen und Orang-Utans demnach unter einer glasklaren Midlife-Crisis, die sich ähnlich wie beim Menschen nach einigen Jahren wieder auswächst. Die Affen erreichten ihr Seelentief mit durchschnittlich 32 Jahren – angesichts ihrer kürzeren Lebenserwartung also ähnlich spät wie die Italiener. Womöglich ist das Elend in der Lebensmitte also gar nicht auf die menschliche Zivilisation zurückzuführen, sondern biologisch begründet und in den Hirnstrukturen schon bei der Geburt festgelegt, meint Alexander Weiss.

Oder es hat schlicht etwas mit sozialem Lernen zu tun: Schließlich registriert jeder Mensch im mittleren Lebensalter, wenn er nicht gerade an umfassendem Realitätsverlust leidet, dass ihm manche Türen nicht mehr offenstehen. Während Zwanzigjährige ungeahnte Möglichkeiten haben und auch meist daran glauben, weiß jeder, der seinen 40. Geburtstag hinter sich gelassen hat, dass seiner Entwicklung Grenzen gesetzt sind. Er wird eher kein berühmter Opernsänger mehr werden und wahrscheinlich auch nicht mehr anfangen, Kernphysik zu studieren oder seine vor Jahren begonnene Doktorarbeit doch noch zu vollenden. In diesem Alter seien eben schon Entscheidungen getroffen worden, die das Leben bestimmen und die kaum mehr rückgängig zu machen sind, sagt die Bremer Soziologin Hilke Brockmann: »Wer dann mit dem Verlauf der beruflichen Karriere unzufrieden ist oder sich mit seinem Partner langweilt, fühlt sich möglicherweise festgenagelt.«

Erst mit zunehmendem Lebensalter gewöhnt man sich dann mehr und mehr an die vergebenen Chancen und arrangiert sich mit seinen zerplatzten Träumen. Deshalb könnte die Zufriedenheit nach ein paar Jahren des Bedauerns wieder ansteigen.

Wenn diese Theorie stimmt, wäre der Zufriedenheitsknick im mittleren Alter wieder einmal eine Folge des geistigen Vergleichs. Das würde passen. Schließlich spielen Vergleiche für die Zufriedenheit eine bedeutende Rolle – innere ebenso wie äußere (siehe *Was uns die Glücksforschung trotzdem lehrt*, S. 25). Es macht also nicht nur zufriedener, wenn man sich als Mittelklassemensch mehr unter sozial schlechter gestellten Menschen bewegt als in einer Clique von Reichen, denen es materiell viel besser geht als einem selbst, oder wenn man in seinem Freundeskreis immer noch zu denjenigen gehört, die es am weitesten gebracht haben: Zufrieden ist demnach auch, wer dem Abgleich mit den eigenen Ansprüchen am ehesten genügt. Diese Bilanz wird in der Mitte des Lebens auf eine harte Probe gestellt. Was hat ein junger Mensch gedacht, wie sein Leben als Erwachsener aussehen soll? Sind diese Hoffnungen erfüllt worden oder ist der Mittvierziger weit hinter den Vorstellungen zurückgeblieben, die er einst von sich selbst hatte? Hier tut sich bei vielen Menschen eine schmerzliche Diskrepanz zwischen ihrer Lebensrealität auf und dem, was sie einmal von ihrem eigenen Leben erwartet haben, und die macht unzufrieden.

Im Film ›The Kid‹ schämt sich Bruce Willis alias Russell Duritz furchtbar, als er kurz vor seinem 40. Geburtstag auf sich selbst im Alter von acht Jahren trifft: Er sieht einen kleinen, dicken Jungen namens Rusty, der keine Freunde hat und ausgesprochen kontaktscheu ist, fast schon ein Fall für einen Kinderpsychiater. Inzwischen ist aus Russell ein egozentrischer, aber erfolgreicher Imageberater mit dickem Auto und schicker Wohnung geworden. Wie es ihm als Kind ging, hatte er völlig verdrängt. Aber auch der sympathische kleine Rusty ist nicht gerade begeistert von seinem erwachsenen Alter Ego: So einer soll mal aus ihm werden? Kein Pilot? Sondern ein komischer Berater, der keine Frau hat, keine Kinder und noch nicht einmal einen Hund?! Rusty findet, dass er auf dem Weg ist, ein totaler Loser zu werden.

Nur: Während unsere kindlichen Wünsche und Sehnsüchte anders als im Hollywoodfilm gemeinhin nicht durch einen Blick in die Zukunft zerstört werden, macht jeder Erwachsene hin und wieder einen inneren Abgleich mit seinen Vorstellungen von damals. Bei Russell geht die Sache noch gut aus. Der egozentrische Typ öffnet sich nach der Begegnung mit Rusty der netten Kollegin, die ihn schon die ganze Zeit mochte, heiratet sie, bekommt vier Kinder und den in Kindertagen so heiß ersehnten Hund. Doch in der Realität schmerzt der Vergleich oft, weil die Wünsche nicht realisiert werden können. Und das liegt auch daran, dass wir als Kinder so große Träume haben.

Wer jung ist, baut oft Luftschlösser, sagt der Ökonom Hannes Schwandt von der Universität Zürich, spezialisiert auf Economics of Child and Youth Development. »Junge Menschen überschätzen ihre Zukunft stark, sie sind überoptimistisch«, sagt er. »Sie glauben, dass sie diejenigen sind, die sich nicht scheiden lassen werden, die Geld haben werden, gute Jobs und gesunde Kinder.« Und dann kommt das wahre Leben. So werden die Jungen zwangsweise enttäuscht, weil sie den Traumjob eben doch nicht an Land ziehen und ihre Einkünfte gar nicht reichen, um ein Reitpferd oder die Altbauvilla zu finanzieren. Als Mittvierziger müssen sie mit ihrem Bedauern zurechtkommen, ihre Träume nicht verwirklicht zu haben und sie auch nicht mehr verwirklichen zu können. Die Mundwinkel gehen nach unten.

Schwandt hat die Daten von 23 000 Menschen analysiert, die über einen Zeitraum von zehn Jahren im Rahmen des Sozio-oekonomischen Panels befragt wurden. Dabei interessierte er sich zum einen dafür, wie zufrieden die Testpersonen gerade waren. Er wollte aber auch wissen, was sie glaubten, wie zufrieden sie in fünf Jahren sein würden. Das Ergebnis sprach klar für die Älteren: »Ältere Menschen können nicht nur besser mit verpassten Chancen umgehen«, sagt Schwandt. Sie haben auch geringere Erwartungen an die Zukunft. So hoffen sie nicht mehr, doch noch Karriere zu machen. Sie werden zufriedener, weil sie sich in ihrem Leben eingerichtet haben. Dabei unterschätzen sie sogar, was ihnen das Leben noch bieten wird. Somit werden die Älteren – ganz anders als die Jungen mit ihren Luftschlössern – oft von der Wirklichkeit positiv überrascht. Und das macht richtig zufrieden.

Der Downshifter:
Wie klug es sein kann, kleinere Brötchen zu backen

Neid hatte er schon lange nicht mehr gespürt. Schließlich war Johannes Althoff* seit Jahren auf der Überholspur unterwegs. Schon mit Ende dreißig machten ihn seine

---

* Name geändert

Chefs zum neuen Abteilungsleiter in dem PR-Unternehmen, bei dem er gleich nach seinem Studium angefangen hatte. Und Althoff gab immer weiter Gas. Er liebte diesen Job, in dem er so gut war, wie er sich das von Anfang an erträumt hatte. Die Kunden waren von seinen Projekten mehr als angetan, er hatte unfassbaren Erfolg. Dass er leicht 80 Stunden pro Woche arbeitete, störte ihn nicht. Er wusste ja, wofür: Seine Wohnung in Köln war viermal so groß wie die seiner Studienkollegen. Über Geld musste er sich keine Gedanken machen. Und die Begeisterung der Chefs und Kunden trieb ihn immer weiter zu Höchstleistungen an.

Bis dann doch, nach so vielen Jahren, mit Mitte vierzig plötzlich der Neid kam. Dieses schon längst vergessene Gefühl. Ausgelöst wurde es durch ein Telefonat mit einem sehr, sehr alten Freund. Das Gespräch war kurz wie eigentlich immer in den letzten Jahren. Schließlich hatte Johannes Althoff gar nicht mehr so viel Lust auf lange private Gespräche. Privates gab es ohnehin kaum zu erzählen. Und außerdem wollte er noch schnell das nächste Projekt eintüten. Aber der Satz des Freundes saß: »Schade, dass du nicht mitkommst. Wir hatten früher immer so viel Spaß zusammen in der Kneipe.«

Mit einem Mal war die Sehnsucht da. »Ich hatte ganz vergessen, wie es sich anfühlt, wenn man einen richtig guten Freund hat und mit ihm zusammen weggeht, was echte Freundschaft bedeutet«, sagt Johannes Althoff. Mehr als zehn Jahre lang war ihm das nicht so wichtig gewesen. Viel mehr als aus freundschaftlichen Begegnungen hatte er aus seinen beruflichen Erfolgen geschöpft. »Ich war fast nur noch darauf aus, im Job voranzukommen«, so Althoff. »Die Gespräche und Witzeleien der anderen langweilten mich eher.«

Doch, einmal aufgeflammt, wurde der Neid auf all jene, die abends nach einem geregelten Dienstschluss noch Zeit und Energie für ein geselliges Glas Bier hatten, immer größer. Johannes Althoff begann plötzlich mit anderen Augen auf die nächste berufliche Herausforderung zu blicken. »Ich fühlte mich mehr als Pflichterfüller und war mit weniger Freude an der Arbeit«, erzählt er. »Ich stand morgens häufig mit einem schlechten Gefühl auf, weil ich meinte, meine Arbeit nur dann nach meinen Ansprüchen an Qualität erledigen zu können, wenn ich wieder etliche Überstunden machte. Ich fühlte mich wie ein Sklave meines Terminkalenders. Das machte mich komplett unzufrieden.«

Doch er spürte nicht nur den Druck, er sah plötzlich auch, welchen Preis er für seine Erfolge zahlte, was er alles verpasste. Früher hatte er zufrieden seine Freizeit im Büro verbracht und Arbeit mit nach Hause genommen. Er freute sich, die Dinge zu erledigen, sie gut zu machen. Aber wenn er jetzt wieder einmal sonntags im Büro saß, statt mit Freunden einen Ausflug zu unternehmen, fühlte er in sich eine Traurigkeit aufsteigen. Er wusste, dass ihn keiner richtig vermissen würde, dass er ohnehin nicht mehr dazugehörte. »Mehr und mehr fragte ich mich: Was soll das alles?«, sagt der 48-Jährige heute. »Und mir wurde klar, dass es mich selbst eigentlich schon lange nicht mehr gab.« Als dann auch noch sein Bruder krank wurde, war klar: Bevor das Leben um ist, muss es gelebt werden, auch außerhalb des Büros.

Althoff ging einen schweren Gang zu seinen Chefs. Er wollte weniger arbeiten. Aber er traf auf komplettes Unverständnis. In der PR-Branche sei ganzer Einsatz gefragt, hieß es. Teilzeit, das ginge nicht. Schon gar nicht in seiner Position. Und eine Zurückstufung ins Glied: sich damit zu arrangieren, trauten sie einem Alphatier wie Althoff nicht zu. Wie sollte er sich in die untere Ebene einfügen? Aber Althoff machte Druck, und letztlich akzeptierten seine Vorgesetzten, dass er künftig kleinere Brötchen backen wollte. Er arbeitet seither nur noch an vier Tagen in der Woche. Freitags hat er frei. Das hält er nicht immer strikt ein, weil er seine Projekte weiterhin gut ausführen, seinen Qualitätsmaßstab halten möchte und dazu die Zeit von vier Arbeitstagen oft nicht reicht. Aber zumindest zwei Tage die Woche versucht er ohne Arbeit auszukommen.

»Ich verdiene jetzt 20 Prozent weniger«, sagt er, »aber ich habe 50 Prozent mehr Freizeit.« Das viele Geld, meint er, werde ja doch nur zusammengerafft, um es gleich wieder auszugeben. »Dabei kann man das Wertvollste im Leben gar nicht kaufen: Zeit.«

Keine Frage, das neue Leben wollte erst einmal gelernt sein. »Am Anfang habe ich mich oft leer gefühlt. Ich wusste gar nicht mehr, wie Freizeit geht«, erzählt der PR-Fachmann. Zwischendurch kamen auch kleinere Krisen und größere Panikattacken. »Sein Leben so umzukrempeln und in der Freiheit Erfüllung zu finden, braucht einen starken Willen und viel Kraft«, sagt Althoff.

Das ist in den USA längst anerkannt. Dort hat das Phänomen, beruflich zurückzutreten, schon seit fast 20 Jahren einen Namen: »Downshifting« heißt es, wenn man einen Gang runterschaltet. Aber dafür muss sich oft im Kopf einiges ändern. Fast die Hälfte aller Berufstätigen, so zeigen US-amerikanische Studien, gibt an, schon einmal Beförderungen abgelehnt, Arbeitszeit verringert oder Arbeitsziele heruntergeschraubt zu haben – freiwillig. Solche Schritte sind dort gesellschaftlich weithin akzeptiert. In Deutschland wird jedoch nach wie vor häufig abschätzig auf Menschen geschaut, die beruflich kürzertreten. Das findet man gerade noch in Ordnung, wenn es »wegen der Kinder« geschieht. Aber einfach so – um das Leben zu genießen? Um zufriedener zu sein? »Ich treffe damit in der Welt, in der ich früher unterwegs war, immer noch auf komplettes Unverständnis«, erzählt Althoff. »Viele meinen, ich müsste einen Burn-out gehabt haben oder anderweitig krank geworden sein. Dass ich einfach weniger arbeiten und mehr leben möchte, verstehen die gar nicht.«

Dabei ist der Wunsch auch hierzulande weit verbreitet: Einer Studie des Bundesfamilienministeriums zufolge wünschen sich drei Viertel der Männer und etwa die Hälfte der Frauen, ihre Arbeitszeit zu reduzieren. »Die Menschen suchen mehr Zufriedenheit«, sagt der Berater Arnd Corts aus Hagen, der selbst ein Downshifter ist und nun

Menschen bei diesem Schritt begleitet. Er hat vor einigen Jahren seinen Job als Marketingleiter hingeschmissen und ist nun freiberuflich tätig. »Weniger kann mehr sein«, sagt er. Schließlich haben Menschen, die ständig gestresst, erschöpft und unzufrieden sind, auch weniger gute Ideen. Corts empfiehlt allerdings, nicht aus einer Stresserfahrung heraus gleich schwerwiegende Entscheidungen zu treffen. Vielmehr sollten Menschen, die sich spontan zum Downshifting entschließen, erst einmal eine mehrwöchige Auszeit nehmen und sich währenddessen Gedanken über die eigenen Prioritäten machen. So sollte man sich fragen: Was für ein Leben will ich eigentlich führen? Wie viel Geld brauche ich dafür? Welche Ziele habe ich? Kann ich Fähigkeiten, die ich habe, überhaupt genügend nutzen? Was möchte ich mit meinem Beruf bewirken, außer dass ich damit für meinen Lebensunterhalt sorgen muss? Und was lässt sich realistischerweise innerhalb dieses Berufs verändern? Habe ich mich von meinem ursprünglichen Beruf durch die Karriere womöglich viel zu weit entfernt? Verwalte ich nur noch, anstatt die Aufgaben an der Basis zu erledigen, die mir so viel Spaß gemacht haben? Will ich eigentlich Führungskraft sein? Dabei fällt es den meisten Menschen leicht, all die Dinge zu formulieren, die ihnen nicht (mehr) gefallen. »Viel schwieriger ist es herauszufinden, was man eigentlich mag«, sagt Corts. Aber in der Auszeit hat man eine gute Chance zu spüren, wie viel einem die freie Zeit wirklich bedeutet und wie viel man davon braucht.

Für Johannes Althoff besteht heute, vier Jahre nachdem er den Fuß vom Gaspedal genommen hat, kein Zweifel daran, dass diese Entscheidung richtig war. »Meine Arbeit macht mir jetzt wieder Spaß, ich habe nicht mehr das Gefühl, nur noch Pflichten zu erfüllen«, sagt er. »Und zugleich spüre ich wieder, auch ein soziales Wesen mit sozialen Bedürfnissen und einem sozialen Umfeld zu sein.«

Der weibliche Makel: Weshalb Frauen so häufig unter Selbstzweifeln leiden und fast nie mit sich zufrieden sind

Was für eine Frau! Sabine Johnson* hat viele Bewunderer und vielleicht noch mehr Neiderinnen. Es ist wirklich beeindruckend, was sie alles um die Ohren hat und mit welcher Präzision und welchem Erfolg sie ihre Aufgaben trotzdem bewältigt. Gegen alle Prognosen hat sie es in dem männlich dominierten Autokonzern, in dem sie arbeitet, bis in die dritte Führungsebene geschafft – mit nur 38 Jahren. Sie ist auch ein gern gesehener Gast in anderen Firmen, wo sie den dortigen Entscheidern beibringt, wie man eine bessere Unternehmenskultur pflegt. Regelmäßig sitzt sie auf Podien, wird in Talkshows eingeladen und sieht dabei auch noch gut aus. Gerade ist sie mit ihrem Mann und den beiden Kindern in das Einfamilienhaus eingezogen, das sie sich immer erträumt hat. Für jeden Außenstehenden ist klar: Diese Frau ist mindestens bewundernswert, wenn nicht beneidenswert.

Nur Sabine Johnson denkt:
Am Morgen: »Mein Gott, wie sehe ich wieder aus! Die schlaflosen Babynächte sieht man mir wirklich an.«
Am Vormittag: »Jetzt habe ich wieder vergessen, Sophie eine Turnhose mit zum Schulsport zu geben! Ich mache so viele Fehler in letzter Zeit.«
Am späten Vormittag: »Der Kollege war schlagfertiger in der Besprechung. Warum habe ich nicht schneller reagiert?«
Nach dem Mittagessen: »Der Bleistiftrock kneift. Hätte ich doch nur einen Salat genommen!«
Am Nachmittag: »Die Planung von dem Projekt lief nicht optimal. Bin ich wirklich gut genug für den nächsten Karrieresprung?«
Nach Feierabend: »Ich habe jetzt überhaupt keine Lust, mit Ruben zu spielen. Was bin ich nur für eine Rabenmutter!«
Am Abend: »Nun schauen wir wieder diesen seichten Film im ZDF. Eigentlich sollte ich lieber ein gutes Buch lesen.«

---

* Name geändert

Beim Zubettgehen: »Ich bin viel zu müde, um jetzt noch an etwas anderes als an schlafen zu denken. Aber mein Mann? Ich glaube, er findet mich gar nicht mehr attraktiv.«

Ihr Mann denkt:
Nichts von alledem.
Weder über sich.
Noch über seine Frau.

Nicht nur Psychologinnen in Kurheimen für ausgebrannte Mütter, auch Coaches, Personalfachleute in Firmen und Scouts von Headhuntern können ein Lied davon singen: Frauen leiden deutlich häufiger unter Selbstzweifeln als Männer und sind nur selten wirklich mit sich zufrieden.

»Wenn ein Mitarbeiter einer Talkshow eine Frau anruft und fragt, ob sie zu einem bestimmten Thema in die Show kommen möchte, sagt die Frau oft ab«, erzählt die Münchner Kommunikationsberaterin Dorothee von Bose, die viele Jahre lang Talkshows für das Bayerische Fernsehen organisiert und moderiert hat. Die Begründung lautet dann meist: Ich kenne mich da nicht gut genug aus, das ist nicht ganz mein Thema, ich beschäftige mich ja eher mit einem etwas anderen Seitenaspekt … »Die meisten Männer«, erzählt Dorothee von Bose, »sagen dagegen schon zu, bevor sie überhaupt wissen, um welches Thema es geht.«

Das liegt nicht nur am oft geringer ausgeprägten Selbstbewusstsein der Frauen, sondern auch an ihren höheren Erwartungen an sich selbst. Männer trauen sich häufig mehr zu, als ihren Fähigkeiten entspricht. Sie blicken zufrieden auf ihr Tagwerk zurück. Frauen sind dagegen eher Perfektionistinnen. Schon als sie klein waren, forderten ihre Mütter von ihnen, akkurat, verlässlich, effektiv und noch dazu empathisch, sozial und fürsorglich zu sein. Solchen hohen Ansprüchen können sie ihr Leben lang nicht genügen. Selbst ausgezeichnete Frauen zögern deshalb, wenn es darum geht, an der Spitze mit dabei zu sein. Sie stellen ihr Licht unter den Scheffel und brauchen einen Schubs, um nach vorne zu treten. Wenn ihnen dominante Kollegen in die Quere kommen, geben sie schnell klein bei. Forderungen nach mehr Gehalt schieben sie lieber auf, damit ihre Vorgesetzten ihnen ja nicht erzählen, dass sie so wenig taugen, wie sie selbst oft glauben. Und wenn sie richtig Erfolg haben, meinen sie oft genug, dass sie vor allem Glück hatten.

Auch Birgitt Morrien kennt viele Frauen, die trotz großen beruflichen Erfolges stets aufs Neue von Selbstzweifeln geplagt werden: »Ob das Unternehmerinnen, Politikerinnen oder prominente Moderatorinnen sind: Dieses Thema taucht immer wieder auf«, sagt Morrien, die eine Kölner Beratungspraxis für Coaching leitet. »Natürlich gibt es das Phänomen auch bei Männern. Und männliche Führungskräfte wünschen sich sogar manchmal mehr Raum für Selbstzweifel. Sie stehen oft unter dem Druck, keine Schwäche zugeben zu dürfen. Aber Frauen sind dazu erzogen worden, sensibler auf ihre Umgebung zu reagieren. Deshalb fragen sie sich auch ständig, was die Umgebung über sie denkt«, sagt Morrien.

Die Therapeutin Eva-Maria Zurhorst, die sich auf Beziehungscoaching spezialisiert hat, sagt Ähnliches sogar von sich selbst: »Ich bin verheiratet, habe eine tolle Familie und einen Job, den ich richtig gern und auch erfolgreich mache – ich könnte mich also hinsetzen und den ganzen Tag zufrieden sein. Aber das bin ich nicht. Auch ich habe immer wieder dieses nagende Gefühl.« Zurhorst hat sich die Suche nach der Zufriedenheit deshalb zur Aufgabe gemacht. In ihren Seminaren geht sie mit den Teilnehmerinnen »auf die Reise nach mehr Zufriedenheit«, wie sie sagt.

Dabei stellt sie immer wieder fest: Frauen fühlen sich oft unsicher – egal wie viel sie in ihrem Leben erreicht haben. Sie versuchen eine Rolle perfekt auszufüllen und wissen gerade deshalb ständig um ihre Unvollkommenheit. Zurhorst ist der Ansicht, dass Frauen oft ein zu starres Konzept vom Leben haben. Darin bauen sie ein, was sie selbst für gut halten, aber auch Dinge, von denen sie gehört haben, dass sie richtig wären. »Wir perfektionieren uns zu Tode«, sagt Zurhorst.

Da ist das Beispiel von der jungen Seminarleiterin, die am Ende eines Kurses riesigen Zuspruch bekommt – außer von einem Mann im Raum. Ihm habe das Seminar nicht so viel gebracht, sagt er. Das reicht schon: Statt sich über das Lob der anderen Teilnehmer zu freuen, nagen die Worte des einzigen Kritikers noch viele Tage lang an der jungen Frau. Sie speichert das Seminar als Misserfolg ab. »Ein Mann würde wahrscheinlich nur die gute Kritik im Ohr behalten«, sagt Dorothee von Bose.

Das gilt natürlich nicht für alle und jeden. Aber die Tendenz stimmt, wie ungezählte Studien zum Selbstwertgefühl und zur Zufriedenheit von Männern und Frauen mit sich und ihrer Leistung belegen. In Deutschland hat die Unterschiede zuletzt eine große Umfrage zutage gefördert, die das GfK-Marktforschungsinstitut aus Nürnberg im Jahr 2010 im Auftrag der ›Apotheken Umschau‹ durchgeführt hat. Unter den knapp 2000 Befragten gab jede dritte Frau (33,1 Prozent) an, sehr niedergeschlagen zu sein, wenn sie kritisiert wird, während Kritik deutlich weniger Männern (23,7 Prozent) in einem ähnlichen Ausmaß zu schaffen machte. Jede fünfte Frau (20,1 Prozent) räumte sogar ein, dass an ihr ständig Selbstzweifel nagen und dass sie Angst hat zu versagen. Von den Männern sagte das nur jeder Siebte (14,4 Prozent).

Das Problem ist, dass Frauen in ihrem Selbstwertgefühl zu wenig auf ihr eigenes Urteil vertrauen. Denn Menschen, die eine hohe Meinung von sich selbst haben, »sind mit sich und ihrem Leben relativ zufrieden, leben in befriedigenden Partnerschaften und zeigen hohe Leistungen«, wie Astrid Schütz sagt, Professorin für Persönlichkeitspsychologie an der Universität Bamberg. Doch wenn Frauen eine hohe Meinung von sich haben, dann meist nur, weil sie glauben, dass andere viel von ihnen halten.

Grundsätzlich speist sich das Selbstwertgefühl – also die Auffassung, wer man ist und wie wertvoll man ist – aus drei verschiedenen Strömen: Da ist die Selbstbeobachtung, aus der heraus ein Mensch von seinem eigenen Wert überzeugt ist. Hinzu kommt der Vergleich, den man selbst mit anderen anstellt, und schließlich sind da noch die Rückmeldungen, die man von anderen Menschen erhält. »Männer schöpfen ihr Selbstvertrauen häufig aus dem Vergleich mit anderen«, sagt Astrid Schütz. »Frauen sind dagegen viel stärker interdepen-

dent« – also abhängig davon, was andere über sie und zu ihnen sagen. »Es ist ihnen wichtig, von anderen anerkannt und
akzeptiert zu werden«, sagt Schütz. Somit spielt Feedback für
Frauen eine große Rolle – wirkliches ebenso wie imaginiertes, das nur in ihren Köpfen stattfindet. Frauen fragen immer
wieder, sich selbst und in die Runde: Bin ich gut? Bin ich gut
genug?

Die Abhängigkeit von sozialer Anerkennung ist aber keine
gute Selbstwertquelle, wie Astrid Schütz betont. Schließlich
besteht immer die Gefahr, dass sich gute Unterstützerinnen
eines Tages in bösartige Kritikerinnen verwandeln oder niemand zum Loben verfügbar ist. Auch können die Vorstellungen, die wir uns selbst vom Eindruck der anderen machen,
völlig verfehlt sein. Sind während des Vortrags Menschen aufgestanden und rausgegangen? Viele Frauen lassen sich davon
schwer irritieren. Dabei muss die Abkehr dieser Menschen
doch gar nicht bedeuten, dass ihnen der Vortrag nicht gefallen hat, solange sie nicht unter Buhrufen den Saal verlassen
haben. Womöglich hatten sie noch einen anderen Abendtermin, fanden den Vortrag und die Rednerin aber so spannend,
dass sie wenigstens den Anfang hören wollten, und sind dann
unter großem Bedauern gegangen, nicht weiter dabei sein zu
können. »Man kann oft aus zwei völlig unterschiedlichen
Blickwinkeln auf ein Ereignis schauen«, sagt Birgitt Morrien.
»Es ist wichtig, sich das immer wieder klarzumachen und sich
im Zweifel für die positive Variante zu entscheiden.«

Wirklich selbstbewusst sind nur Menschen, die aus sich heraus wissen, wer sie sind. Ihr Selbstwertgefühl bleibt bestehen,
auch wenn eine Partnerschaft scheitert, sich Freunde zurück-
ziehen und das Lob von außen plötzlich ausbleibt. Sie sind
deshalb von Erfolgen ebenso wenig abhängig wie davon, dass
andere diese Erfolge sehen und anerkennen.

Auch der soziale Vergleich, aus dem viele Männer ihr Selbstbewusstsein schöpfen und den der Slogan »Mein Haus, mein
Auto …!« so schön persifliert, hat seine Tücken. Wer seinen
Selbstwert daraus zieht, dass er attraktiver, erfolgreicher, ver-
mögender oder sportlicher als eine andere Person ist, kann
eines Tages in seinem Selbstbild schwer ins Taumeln geraten.

Das beginnt schon, wenn er älter und haarloser wird, wenn die Kraft schwindet, er wegen der Scheidung das Haus verkaufen oder einen beruflichen Misserfolg verkraften muss.

Männern nützt der soziale Vergleich trotzdem oft mehr als Frauen. Denn sie setzen diese Selbstwertquelle auf eine besonders geschickte Weise ein: Sie vergleichen sich nämlich nicht mit irgendwem – sondern tendenziell mit Männern, die bei dieser gedanklichen Gegenüberstellung schlechter abschneiden als sie. Deshalb gehen männliche Teilnehmer nach einer Talkrunde meist zufrieden nach Hause. Sie führen sich jene Talkgäste vor Augen, die seltener dran waren oder sich nicht durchsetzen konnten, und fühlen sich dabei wohl. Frauen dagegen lassen ihre Gedanken noch lange um den einen Satz kreisen, der vielleicht nicht so besonders klug war. Und sie vergleichen ihr Auftreten mit dem des Platzhirschs in der Runde, der als Megaprofi gerade seine tausendste Talkshow besucht hat. Oder, noch schlimmer: Oft genug messen sich Frauen nicht einmal an einem Wesen aus der realen Welt, sondern zu allem Überfluss an einem Idealbild – an ihrer Vorstellung, wie ihr Auftreten im optimalen Fall hätte sein sollen, sagt Monika Sieverding, Professorin für Genderwissenschaften und Gesundheitspsychologie an der Universität Heidelberg. »In diesem Vergleich muss man zwangsläufig schlecht abschneiden.«

Männer vergleichen also nicht nur klüger, sondern auch wirklichkeitsnäher: Das Bild, das sie am Ende von sich haben, entspricht mehr der Realität, wie Monika Sieverding sagt. Zahlreiche Studien haben das inzwischen belegt, auch Sieverdings eigene. Besonders eindrücklich lässt sich die Diskrepanz zwischen Selbstbild, Fremdbild und Wirklichkeit an Einschätzungen zeigen, deren Wahrheitsgehalt faktisch messbar ist. Das gilt zum Beispiel für die Meinung über das eigene Körpergewicht. Natürlich ist allgemein bekannt, wie selbstkritisch Frauen in diesem Punkt sind. Aber eine Studie des Ernährungswissenschaftlers Christopher Wharton von der Arizona State University hat vor ein paar Jahren auf bemerkenswerte Weise dokumentiert, welche absurden Ausmaße dies mitunter annimmt: Dafür hatten mehr als 38 000 Studenten, die im Durchschnitt erst 20 Jahre alt waren, von ihrer Meinung über ihren Körperumfang erzählt. Die Studie entlarvte, mit welch liebevollem Blick die jungen Männer auf sich selbst schauten und wie negativ die Frauen mit ihrem eigenen Körper umgingen. Die Wissenschaftler fragten die jungen Leute nämlich, ob sie sich zu dick oder zu dünn oder gerade richtig fänden – und verglichen diese Einschätzung dann mit dem unverfälschbaren Body-Mass-Index (BMI) der Probanden.

Das Ergebnis war frappierend: 71 Prozent der Frauen hatten ein normales Gewicht. Das sahen aber nur 55 Prozent der Testteilnehmerinnen so. 36 Prozent fanden dagegen, sie seien übergewichtig, obwohl dies nur auf 22 Prozent von ihnen zutraf. Die Männer blickten dagegen erheblich milder auf ihre Speckrollen. 58 Prozent waren normalgewichtig, und 56 Prozent sahen das auch genau so. Nur 26 Prozent meinten, sie seien zu dick, obwohl der BMI dies für 39 Prozent belegte. Und 16 Prozent fanden sich sogar zu dünn. Dabei traf das ihrem BMI zufolge nur auf drei Prozent zu.

Wie häufig sich Frauen negative Urteile nur einreden, zeigte ebenfalls eine Studie zur Zufriedenheit mit Äußerlichkeiten. Für sie wurden 95 Paare unter 35 Jahren befragt, wie sie ihre eigene Figur und die des Partners einschätzten. Sie durften dies jeweils anhand von sieben Bildern unterschiedlich runder Körper benennen. Dabei zeigte sich: Die Frauen waren nicht nur dicker, als sie es sein wollten. Sie wollten zudem deutlich schlanker sein, als ihr Partner sich das wünschte. Und: Sie waren sogar dicker, als ihr Partner sie wahrnahm. Noch etwas kam hinzu: Die jungen Frauen glaubten fest daran, dass ihre Männer ihnen nur aus Höflichkeit sagten, sie seien nicht zu dick. Je länger die beiden zusammen waren, desto mehr verfestigte sich diese Meinung und desto stärker waren die Frauen davon überzeugt, dass ihre Männer ihnen nur verschwiegen, sie in Wirklichkeit mit ein paar Kilo weniger viel attraktiver zu finden.

Diese Diskrepanz zwischen Glaube und Wirklichkeit hat die Genderforscherin Monika Sieverding auch in beruflichen Situationen festgestellt. Sie testete in arrangierten Vorstellungsgesprächen, wie es sich mit der Selbsteinschätzung von Männern und Frauen und ihrer realen Performance verhielt. Ihre

Probanden mussten sich in einer Bewerbungssituation bewähren und hinterher angeben, wie sie sich ihrer Meinung nach geschlagen hatten. »Bei den männlichen Studienteilnehmern korrelierte die Einschätzung des eigenen Erfolgs damit, wie gut sie tatsächlich abschnitten«, sagt Sieverding. Während die Männer sich mit ihren realen Mitbewerbern um den imaginären Job verglichen und dabei zu dem Schluss kamen, dass sie ganz gut aufgetreten waren, jedenfalls nicht schlechter als ihre Konkurrenten, setzten sich die Frauen in Relation zum Idealbild, das sie von sich selbst hatten. Sie kämpften also einen Kampf, den man nicht gewinnen kann.

Wie es zu der unterschiedlichen Selbsteinschätzung der Geschlechter kommt, ist nicht geklärt. Womöglich ist der kritische Blick auf sich selbst gar nicht so negativ zu sehen. Er hilft Frauen wahrscheinlich sogar in mancher Lebenssituation. »Empfindlichkeit für Kritik muss ja nichts Schlechtes sein«, betont der Evolutionsbiologe Thomas Junker von der Universität Tübingen. »Tatsächlich haben die Frauen etwas davon. Das lässt sich auch evolutionsbiologisch erklären.« Junker meint, dass Frauen mehr auf die Einschätzungen und Wertungen anderer achtgeben, weil sie stärker auf den Schutz der Gruppe angewiesen sind. »Frauen können sich nicht so gut verteidigen wie Männer«, sagt Junker. Das gelte vor allem während der Schwangerschaft und wenn sie kleine Kinder aufziehen müssen. Weil Frauen dabei untereinander so sehr auf Solidarität angewiesen sind, beäugen sie einander auch kritischer und reagieren mitunter harsch, wenn einzelne Frauen aus dieser Gemeinschaft aussteigen, sich zu Höherem berufen fühlen, Bühnen erobern oder die Karriereleiter hinaufstürmen wollen.

Birgitt Morrien sieht auch strukturelle Gründe in dem oft negativen Selbstbild von Frauen: »Jahrhundertelang hat man insbesondere erfolgreiche, selbstbestimmte Frauen, die aus der Masse herausgetreten sind, als Hexen auf dem Scheiterhaufen verbrannt«, sagt Morrien. »Diese Massentötung, die da geschehen ist, prägt uns bis heute. Erfolgreiche Frauen werden dämonisiert, verleugnet und denunziert – von Frauen wie Männern.« Weil die Schärfe in dieser Diskussion so groß sei, hätten Frauen oft Angst davor, aus der Gruppe herauszutreten, Vorträge zu halten, Seminare zu leiten. »Und wenn wir Ängste haben, wie sollen wir da zufrieden sein?«, fragt Morrien. Viele Frauen entscheiden sich deshalb dafür, lieber in der Gruppe zu bleiben, wo sie sich deren warmer Anerkennung gewiss sein können. Oder sie geben unermüdlich an, sich nicht allzu weit entfernen zu wollen. »Ich bin ja gar keine richtige Karrierefrau«, sagt sogar die erfolgreiche Sabine Johnson regelmäßig zu ihren Freundinnen und signalisiert so: Behaltet mich weiter lieb!

Dadurch, dass Frauen der äußere Raum stets viel weniger zur Verfügung stand, hätten sie sich auf den inneren Raum konzentriert – die Emotionen, die Intuition, sagt Morrien: »Mädchen werden ja bis heute dazu erzogen, besonders gefühlig zu sein. Unsere Sensoren sind hier extrem ausgebildet.« Eigentlich seien das doch wichtige Fähigkeiten, so Morrien – vorausgesetzt, Frauen nehmen mit diesen Sensoren nicht ständig nur negative Eindrücke wahr, sondern auch positive. Tatsächlich zeigen Frauen zwar insgesamt mehr Emotionen, aber eben auch mehr negative Emotionen. Wenn sie unter Druck stehen, reagieren sie eher angespannt, ängstlich oder traurig als Männer.

Die Zeiten, in denen der Wirkungskreis von Frauen auf den häuslichen Bereich beschränkt war, sind längst vorbei, doch mit der Zufriedenheit der Frauen ist es zuletzt nicht besser geworden. Seit den 1970er-Jahren sinkt das subjektive Wohlbefinden der Frauen in den USA und Westeuropa sogar im Vergleich zu dem der Männer, obwohl Frauen ökonomisch und von ihren Rechten her viel besser dastehen als früher. Das stellten die amerikanische Ökonomin Betsey Stevenson und ihr Lebensgefährte Justin Wolfers vor wenigen Jahren fest. Ein neues Paradox schien sich aufzutun: Müsste es den Frauen nicht eigentlich viel besser gehen als früher? Offenkundig ist das nicht der Fall, denn die Daten der beiden Forscher sind sehr valide. Das Paar, das damals an der Wharton School der University of Pennsylvania arbeitete, hatte dafür den ›United States General Survey‹ seit 1972, das ›International Social Survey Program‹ und das ›Eurobarometer‹ seit 1973 ausgewertet.

Dabei stellten sie fest, dass alle Frauen von der negativen Entwicklung betroffen sind: Sie fühlen sich unglücklicher als früher und sind mit einer Reihe von wichtigen Lebensbereichen unzufriedener: ihrem Job, ihrer Ehe, ihrer Gesundheit und ihrer finanziellen Situation. Und das gilt für verheiratete Frauen wie für Singles; für solche, die einer Erwerbstätigkeit nachgehen ebenso wie für Hausfrauen; und für Frauen mit einem akademischen Titel genauso wie für solche, die keinen Berufsabschluss haben.

Emanzipation ist eben nichts für Frauen, könnte man daraus schließen. Frauen sind nun mal erst dann zufrieden, wenn sie in der Hingabe an Mann und Kinder ihre wahre Identität leben können. Eigentlich geht es ihnen hinterm Herd viel besser, wo sie sich nicht um Karriere, Finanzen oder andere komplizierte Dinge kümmern müssen, sondern selbige ihren Ehemännern überlassen können.

Doch die Erklärung ist wohl eine andere: Unzufrieden macht vor allem die Wahlfreiheit. Das Paradox der weiblichen Unzufriedenheit ist ein »Paradox of Choice«, sagt der US-amerikanische Psychologieprofessor Barry Schwartz. Je mehr Wahlmöglichkeiten ein Mensch hat, desto unglücklicher ist er am Ende. Mathias Binswanger, Wirtschaftsprofessor an der Fachhochschule Nordwestschweiz, spricht sogar von einer »Tyrannei der Auswahl«. Dabei ist es völlig egal, wofür sich die Person entschieden hat. Denn wer wählen darf – und muss –, der hat nun einmal Stress. Und dieser hält auch an, wenn die Entscheidung längst getroffen ist, weil wir uns immer wieder fragen, ob wir nicht mit einer anderen Entscheidung besser gefahren wären.

Für Frauen sind die Wahlmöglichkeiten in den vergangenen 35 Jahren immens gestiegen. Der Weg einer jungen Frau ist heute, anders als zwei Generationen zuvor, nicht mehr vorgezeichnet; sie hat unendlich viele Möglichkeiten, ihr Leben zu gestalten. Doch damit gibt es eben auch viele verpasste Chancen, denen sie hinterhertrauert. Für Frauen gilt das Paradox der Wahlfreiheit viel mehr als für Männer, allein weil sie häufig noch immer vor die Entscheidung gestellt werden, sich für Karriere oder Kinder zu entscheiden.

Außerdem sind die Ansprüche gestiegen: Frauen verlangen Gleichberechtigung, aber sie sehen, dass es diese immer noch nicht wirklich gibt. Die Frauen tragen die Last der Emanzipation in größerem Ausmaß als die Männer, sagt deshalb die Soziologin Arlie Hochschild von der University of California in Berkeley die auch den Begriff von der »zweiten Schicht« erfunden hat: Frauen müssen eben nach einem vollen Arbeitstag meist mehr im Haushalt tun und sich intensiver um die Kinder kümmern als ihre Partner. Sie erkennen das stärker als früher – und werden unzufriedener.

Die Unzufriedenheit der Frauen geht sogar so weit, dass sie es sind, die über Wohl und Wehe einer Beziehung entscheiden. Denn es hängt vor allem von den Frauen ab, wie zufrieden am Ende beide Partner sind. Ist die Frau zufrieden, hält die Ehe viele Jahre. Ist die Frau unzufrieden, ist es auch der Mann. Was der Mann denkt, ist für die Dauer der Ehe dagegen eher unwichtig. Zu diesem Schluss kamen Wissenschaftler von der Rutgers University in New Jersey im Jahr 2014, nachdem sie Daten von fast 400 älteren Paaren ausgewertet hatten. Im Durchschnitt waren diese Menschen 39 Jahre miteinander verheiratet. Die Forscher wollten unter anderem wissen, ob sich die Eheleute von ihrem Partner wertgeschätzt fühlten, ob sie sich stritten und ob sie die Gefühle des anderen verstanden. Die Studienteilnehmer wurden auch gebeten, Tagebuch darüber zu führen, wie glücklich sie in den vergangenen 24 Stunden waren, während sie beispielsweise einkauften, fernsahen oder im Haushalt arbeiteten. Ein Ergebnis war nicht weiter überraschend: »Beide Partner waren mit ihrem Leben umso zufriedener, je besser sie ihre Beziehung einschätzten«, sagt die Leiterin der Studie, Deborah Carr.

Aber auch wenn der Mann vielleicht gar nicht so glücklich mit seiner Ehe ist: Solange die Frau zufrieden ist, reicht das aus. »Ich denke, es liegt daran, dass eine Frau, die ihre Ehe wertschätzt, dazu tendiert, viel mehr für ihren Mann zu tun. Und das wirkt sich wiederum positiv auf sein Leben aus«, sagt Carr. Männer würden ohnehin weniger über ihre Beziehung sprechen, sodass ihre Frauen im Zweifelsfall nicht einmal davon erfahren würden, wenn sie unzufrieden sind. »Dadurch überträgt sich die Unzufriedenheit seltener vom Mann auf die Frau«, so Carr.

Es sind also die eigenen Gedanken, mit denen sich Frauen oft abwerten, indem sie sich auf das Negative fokussieren oder – wie beim Körpergewicht – sogar Hirngespinste entwickeln. Die innere Stimme tadelt und nörgelt, statt etwas Positives zu sagen. Dabei sollte man sich selbst gegenüber mindestens so positiv und freundlich sein, wie man es auch im Gespräch mit anderen ist, und sich immer wieder klarmachen: Was andere gerade wirklich über einen denken, kann man gar nicht wissen. Birgitt Morrien übt deshalb mit ihren Klientinnen, Gespräche mit sich selbst zu führen. »Ich möchte den Teil stärken, der die Souveränität hat, schwierige Situationen zu meistern«, sagt sie. Dabei ist es wichtig, sich darauf zu besinnen, dass Imaginiertes eben Imaginiertes ist. Rückmeldungen kann man sich auch selbst geben, und kritisches Hinterfragen kann sehr hilfreich sein. Aber dabei gilt genauso wie bei jedem Feedback nach außen: mit Wertschätzung, bitte!

Im Berufsleben reicht es jedoch nicht aus, Positives über die eigene Person nur im Geiste zu bewegen. Was eine Person leistet – ob Frau oder Mann –, sollte sie gegenüber Kollegen und Vorgesetzten unbedingt herausstellen. »Frauen müssen lernen, ihre Leistungen mehr zu verbalisieren«, sagt die Kommunikationstrainerin Dorothee von Bose. Sie müssen – ebenso wie ihre zurückhaltenderen männlichen Kollegen – stärker auf ihre Erfolge und ihr Können aufmerksam machen und auch regelmäßig ein höheres Gehalt oder größere Kompetenzen einfordern.

Ein Weg zu mehr Wohlwollen mit sich selbst kann es auch sein, zunächst einmal weniger kritisch mit anderen umzugehen. Denn wer an seinen Mitmenschen ständig etwas auszusetzen hat, richtet denselben negativen Blick oft auch auf sich selbst. Es gibt viele Menschen, die über ihre Freunde meckern, sobald diese den Raum verlassen haben, und die Arbeit von Kollegen schlechtreden, sobald diese nicht dabei sind. Das mag ein kurzes Gefühl der Überlegenheit bedeuten, aber es schult auf Dauer den negativen Blick, wo ein positiver viel hilfreicher wäre. Gerade unter den Erfolgreichen, Aufstrebenden, aber auch unter den Hippen, Engagierten, Coolen herrschen allzu oft starre Konzepte darüber, was erstrebenswert und gut ist. Was dagegen alles peinlich ist! Und was ein absolutes No-Go. Das fängt oft schon damit an, welche Musik man zu hören hat oder ob eine Hose einer bestimmten Form nicht mehr tragbar ist und dass die eben noch so begehrten weißen Möbel nun völlig out sind. Solche Schablonen geben dem Leben zunächst Struktur und mögen bei eigenen Entscheidungen helfen. Doch alsbald steigt die Unsicherheit: Ist heute noch modern, was letzte Woche in diese Kategorie fiel? Welchen Strömungen gilt es nun zu folgen, wenn man dazugehören will? Vielleicht könnte bei so viel Dogma ein freier Blick helfen: Der individuelle, etwas verrückte Stil des alten Bekannten bietet eine herrliche Abwechslung im sonstigen Modeeinerlei. Der Weg abseits der ausgetrampelten Pfade ermöglicht Erlebnisse, die man lange vermisst hat. Das Laisserfaire kann eine enorme Befreiung bedeuten. Einen liebevollen Blick auf die Vielfalt des Lebens zu haben, heißt eben am Ende auch, dass man auf sich selbst liebevoll blicken und dabei ganz zufrieden mit sich sein kann.

Die Perfekte:
Wie eine Mutter wegen ihrer hohen Ansprüche an Kindererziehung und Haushalt beinahe zusammengeklappt wäre

Wertach im Allgäu. Ganz oben, am Ende der Dorfstraße, die sich an schmucken Gärten und der weißen Dorfkirche vorbei den Berg hinaufschlängelt, liegt die Rettung. In der Kurklinik St. Marien landen Mütter aus ganz Deutschland an. Frauen, die eine Auszeit brauchen, die zu Hause einfach nicht mehr klarkommen. Frauen wie Petra Frentzen*. Die 34-Jährige aus Nürnberg kam nach Wertach, nachdem auch noch die Streptokokken über ihre Familie hergefallen waren. Vorher schon fühlte sich die Sozialpädagogin mit ihrer 80-Prozent-Stelle oft am

---

* Name geändert

Rande der Erschöpfung. Aber dann, Anfang 2014, wurde ein Familienmitglied nach dem anderen schwer krank. Die Streptokokken gaben Petra Frentzen den Rest. Wer jahrelang am Rand des Möglichen entlangschrappt, bei dem genügt oft ein kleiner Auslöser, um die Welt endgültig aus den Angeln zu reißen.

Nach dem Angriff der Streptokokken auf ihre Familie war Petra Frentzen jedenfalls nur noch unglücklich, wie sie einige Monate später in ihrer großräumigen Familienwohnung nahe der Nürnberger Burg erzählt. Jeder Tag begann bereits mit einer düsteren Wolke auf dem Gemüt. Alles war zu viel. Aber die Mutter einer siebenjährigen Tochter und eines fünfjährigen Sohnes traf eine kluge Entscheidung: Sie spürte, dass sie raus musste aus der Alltagsmühle. Dass ihr jetzt nur noch andere helfen konnten. Und so bekam sie schon bald einen Platz in einer Kur des Müttergenesungswerks in der Klinik St. Marien.

»Am Berg 11« – schon die Adresse klingt verheißungsvoll. Und dann dieser Blick von der Terrasse auf die eindrucksvolle Allgäuer Bergkette, die vor allem Ruhe ausstrahlt. Ruhe: Nichts brauchte Petra Frentzen mehr, als sie nach Wertach kam. Und so war es ein großes Glück für sie, dass St. Marien eine der ganz wenigen Kliniken des Müttergenesungswerks ist, wo Mütter auch ohne ihre Kinder kuren dürfen. Endlich einmal – nach so vielen Jahren, in denen sie vor allem Mutter war – stand Petra Frentzen selbst im Mittelpunkt. »Wie das ist, das hatte ich längst vergessen«, sagt die 34-Jährige. Am Anfang war es gar nicht so leicht. Petra Frentzen musste regelrecht üben, mehr an sich zu denken. Und sie musste sich zusammenreißen, damit sie nicht bei jeder Freude über die Ruhe und das selbstbestimmte Tun gleich wieder ein schlechtes Gewissen bekam, sie vernachlässige ihre Familie. »Ich musste wirklich lernen umzudenken«, erzählt sie, »mir immer wieder sagen: Es geht zu Hause auch ohne mich. Es geht zwar anders. Aber die kommen schon klar.«

Wie Petra Frentzen geht es vielen Frauen. »Sie können oft nicht loslassen«, sagt die Allgemeinärztin Gabriele

Gaschler, die in St. Marien die kurenden Mütter betreut. Das treibt sie bei dem Pensum, das Mütter heute zu bewältigen haben, zwangsläufig in die Erschöpfung. Erschreckend häufig geschieht dies inzwischen: Früher hatten die Patientinnen in den Kliniken des Müttergenesungswerks vor allem Probleme mit den Atemwegen, Muskeln oder Knochen. Inzwischen aber leiden fast alle Kurenden unter Erschöpfung bis hin zum Burn-out-Syndrom. Im Zustand des Burn-out, das eigentlich keine medizinische Diagnose ist, empfinden Menschen eine innere Leere, Freud- und Lustlosigkeit, es fehlt die Kraft, der Schlaf ist gestört und sie haben Angst, im Alltag nicht zu bestehen. Es ist ein Erschöpfungssyndrom mit depressivem Mitklang. Und neuerdings trifft es auch Mütter wie Petra Frentzen.

»Vor zehn Jahren klagten noch 49 Prozent unserer Patientinnen über Erschöpfungszustände oder stressbedingte psychische Störungen, inzwischen sind es 86 Prozent«, sagt Anne Schilling, die Geschäftsführerin des Müttergenesungswerks. Und sie kann auch eine Erklärung für den dramatischen Anstieg liefern: »Das hat mit der steigenden Belastung für die Frauen zu tun.« Zwar seien die Erwartungen an Gleichberechtigung im Alltags- und Arbeitsleben groß, so Schilling. »Die Wirklichkeit mit ihrer immer noch traditionellen Rollenverteilung steht dazu aber in erheblichem Widerspruch.«

Die Lasten des Familienlebens, sie bleiben weiterhin großenteils an den Frauen hängen, weil das alte Mutterbild, wonach Frauen rund um die Uhr für ihre Familie zu sorgen haben, sich in den Köpfen festgesetzt hat. Zugleich sind die Ansprüche an die Bildungserfolge der Kinder gestiegen – und auch an die Qualität der Erziehung: Während die heutige Großelterngeneration ihre Kinder irgendwie großgezogen hat, plagen die Eltern von heute oft Selbstzweifel. »Es fällt wirklich auf«, sagt Anne Schilling. »Fast alle Frauen wollen unbedingt besonders gute Mütter sein. Und angesichts dieses Dilemmas haben sie immer öfter das Gefühl, individuell zu versagen.«

Das ging auch Petra Frentzen so. Sie hatte den Eindruck, dass ihre Aufgaben sie übermannen, dass sie das alles gar nicht schaffen kann: zur Arbeit gehen, jeden Tag ein gutes, nahrhaftes, gesundes Essen kochen, die Tochter bei den Hausaufgaben betreuen, die Berge an Wäsche waschen, die Wohnung in Ordnung halten, die Katzen füttern, die Kinder zum Musiküben anleiten, sie zum Sport fahren und zurück. Sie rieb sich auf, und zugleich empfand sie ein Ungenügen, dachte, dass alles nicht gut genug läuft. »Wenn ich wieder mal vergessen hatte, meiner Tochter ihre Trinkflasche mit in die Schule zu geben, hat sich das nach purer Verzweiflung angefühlt. Ich hatte das Gefühl, mir entgleitet mein Leben, die Kontrolle darüber. Ich meinte, im Chaos zu versinken.«

Petra Frentzen ist keine Ordnungsfanatikerin. Aber sie möchte es sich und ihrer Familie schön machen, und sie hat genaue Vorstellungen davon, wie ein harmonisches Familienleben ablaufen sollte, was gute Kindererziehung ist und wie eine gemütliche Wohnung aussieht. Doch sie machte täglich die Erfahrung, dass sie diesen Ansprüchen nicht gerecht werden konnte. Das zehrte mehr und mehr an ihren Nerven. Familie und Haushalt – beide standen eigentlich nur noch für Misserfolg, für ihr persönliches Versagen, und jeder Tag versetzte ihr wieder einen Stich.

»Vor der Kur habe ich nie mehr gesagt, dass ich mich glücklich fühle«, erinnert sie sich. Am schlimmsten war die Rund-um-die-Uhr-Belastung: »Man steht ja immer parat«, sagt Frentzen, »auch nachts.« Bis ihr Sohn drei Jahre alt wurde, war er jede Nacht zwei Stunden wach. Ihr Mann hat davon wenig mitbekommen. Doch sie litt unter dem chronischen Schlafmangel. Und gleichzeitig fragte sie sich ständig: Wie kann es sein, dass ich mich überfordert fühle – haben unsere Mütter das nicht auch alles geschafft, noch dazu ohne Spülmaschine und Onlineshopping?

Frauen sollten sich vielleicht doch besser auf ihre Mutterrolle konzentrieren, mögen konservative Stimmen einwenden. Doch es fällt auf, dass es nicht der Beruf ist, der Mütter am meisten stresst. »Mein Job belastet mich überhaupt nicht«, sagt Petra Frentzen, die mit psychisch Kranken arbeitet, sehr bestimmt. »Die Zeit dort ist klar strukturiert, ich bekomme positives Feedback. Es sind Haushalt und Familie, die mir oft zu viel abfordern.«

Es sei weniger die Doppelbelastung, die Frauen so anstrengt, betont auch Gabriele Gaschler. Hausfrauen seien keineswegs gesünder als berufstätige Mütter. Rund 70 Prozent aller Kurenden in den Einrichtungen des Müttergenesungswerks gehen einer Erwerbsarbeit nach, 30 Prozent sind Hausfrauen. Dies entspricht exakt den Verhältnissen in der Gesamtbevölkerung, wo nach den Angaben des Statistischen Bundesamts 71 Prozent der Frauen erwerbstätig sind. »Wichtig für die Gesundheit ist eben die Wertschätzung, und an der mangelt es Hausfrauen oft sogar besonders stark«, so Gaschler.

Die meisten Arbeitnehmer bekommen zu wenig positives Feedback. Aber Mütter erhalten für das, was sie leisten, fast nie ein Lob. Die Kinder reiben sich an ihnen, der Mann hat seine eigenen Sorgen. Wie viel Mühe Hausarbeit und Kindererziehung machen, wird von Familie und Gesellschaft kaum anerkannt. Frauen schlüpfen in die Statistenrolle ihres eigenen Lebens. Was ihr selbst wichtig ist, das wusste Petra Frentzen gar nicht mehr – und war darüber immer unzufriedener geworden.

Die Ärztin Gabriele Gaschler versucht, den Frauen eine neue Sicht auf ihr Leben zu ermöglichen. »Die Frauen laufen oft wie Hamster in einem Rad. Dabei kommen sie natürlich gar nicht mehr zum Nachdenken«, sagt sie. Den meisten Patientinnen fällt es am Anfang sehr schwer herauszufinden, was ihnen wirklich am Herzen liegt. Aber nach und nach gelingt ihnen das. Viele Frauen widmen sich dann auch wieder kreativen Dingen. Sie basteln, schreiben oder machen Musik. »Kreativität ist oft das Erste, was man verliert, wenn man zu wenig Zeit hat«, sagt Gaschler. »Man denkt, es sei nicht lebensnotwendig. Dabei ist es das sehr wohl.«

Das Problem ist auch, dass Frauen oft sehr pflichtbewusst sind. »Männer haben ein viel besseres Abgrenzungspotenzial«, sagt Gaschler. Dabei wäre es so wichtig, die vermeintlichen Zwänge und Pflichten, denen man unterliegt, einfach mal in Frage zu stellen: Musst du wirklich jedes zweite Wochenende zur Schwiegermutter fahren? Sind Kinderhosen das Bügeln wert, wenn sie doch gleich im Sand landen? Wo stehst du eigentlich? Wo willst du hin? Und was willst du nicht mehr tun?

Auch Petra Frentzen musste lernen, ihren Mann einfach mal machen zu lassen. Wenn die Spülmaschine nicht rationell eingeräumt oder die Wäsche faltenreich aufgehängt ist, dann ist es eben immer noch besser, als wenn das schmutzige Geschirr noch auf dem Tisch steht und die Wäsche in der Maschine wartet. »Ich versuche heute, vieles lockerer zu sehen«, sagt Frentzen. Dazu gehört es zu erkennen, dass sich manche Probleme nicht durch immer mehr Effizienz lösen lassen. Dinge können auch gut sein, ohne dass sie perfekt sind.

Es sind manchmal Kleinigkeiten, die die ganze Familie entspannen. Wer vom gemütlichen Familienfrühstück träumt, sollte sich davon verabschieden, wenn er tagaus, tagein feststellen muss, dass das gemeinsame Frühstück in Wahrheit gar nicht gemütlich ist. Wenn täglich jemand rumschreit, weil er noch zu müde ist. Und ein Kind morgens ständig schlechte Laune hat. Familie Frentzen hat sich da inzwischen eine pragmatische Haltung angewöhnt. Jetzt geht halt jeder morgens seiner Wege. Es ist so zwar nicht wie in der Rama-Werbung. Aber das war es, was die Stimmung betraf, vorher schließlich auch nicht.

Noch etwas Wichtiges hat Petra Frentzen in Wertach gelernt: »Ich nehme mir mehr Auszeiten als früher«, sagt die 34-Jährige. Und sie muss schon fast lachen bei dem Gedanken daran, dass ein paar Minuten Alleinsein am Tag für Mütter schon ein Kraftreservoir sind.

Was zufriedene Menschen anders machen

Schon das Mittagessen in der Kantine gibt einen ersten Hinweis. Wer in der Pause mehrere Gerichte zur Auswahl hat, kann werktäglich einen internen Zufriedenheitstest am Mittagstisch absolvieren. Da gibt es nämlich Kollegen, die öfter als andere sagen: »Mensch! Jetzt, wo der Lachs auf deinem Teller liegt, sieht er echt gut aus. Vielleicht hätte ich den doch nehmen sollen.« Die Freude auf das eigene Gericht ist bei dem, der den Lachs zunächst verschmäht hat, dann erst einmal dahin, das Bedauern ob der verpassten Gelegenheit nimmt die Lust am Essen.

Wem das nie passiert, der gehört wahrscheinlich auch in anderen Lebensbereichen eher zu den zufriedenen Menschen. Wer aber regelmäßig mit der Wahl seines Kantinenessens hadert, wenn er erst im Kreis der Kollegen am Tisch sitzt, der ist wahrscheinlich: zögerlich, konventionell – und vor allem nicht besonders neugierig. Er nimmt lieber das Essen, von dem er weiß, wie es schmeckt, bevor er Neues ausprobiert und enttäuscht wird. So glaubt er die größte Chance zu haben, beim Vertilgen seiner Mahlzeit mit seiner Entscheidung zufrieden zu sein. Was für ein Irrglaube! Denn gerade bei dieser Strategie begegnet einem die Enttäuschung häufig mit Wucht, weil man nichts Neues erlebt, bei außergewöhnlichen Kreationen nicht zugegriffen hat und letztlich selbst enttäuscht darüber ist, dass man nichts gewagt hat. Am Ende überwiegen oft Neid und Bedauern. Es wartet die Unzufriedenheit.

»Neugier, ja dieser pulsierende, aufregende Status des Nichtwissens – das ist die Grundlage eines zufriedenen Lebens«, sagt der Psychologe Todd Kashdan vom Center for the Advancement of Well-Being an der George Mason University in Fairfax, Virginia. Neugier sei ein entscheidender Faktor auf dem Weg zu mehr Wohlgefühl. »Menschen, die wirklich zufrieden sind, scheinen intuitiv zu wissen, dass man nicht nur Dinge tun sollte, die man sowieso mag. Man muss auch wachsen und außerhalb der Grenzen seiner Komfortzone Abenteuer suchen«, sagt Kashdan. Deshalb zeichneten sich zufriedene Menschen vor allem dadurch aus, dass sie neugierig sind.

Neugier als wesentlicher Impuls für ein Leben in Wohlgefallen? Auf diesen Zusammenhang wäre auch Todd Kashdan nicht so ohne Weiteres von allein gekommen. »Neugier fühlt sich im Moment weniger behaglich an«, sagt der Psychologe. »Aber es ist der direkteste Weg, um stärker und schlauer zu werden.« Kashdan fand die Bedeutung der Neugier eher zufällig heraus, als er gemeinsam mit seinem Forscherkollegen Michael Steger vom Laboratory for the Study of Meaning and Quality of Life an der Colorado State University untersuchte, was Menschen eigentlich zufrieden macht. Dazu haben die beiden knapp hundert Testpersonen drei Wochen lang aufschreiben lassen, was sie den Tag über so getan haben und wie sie sich dabei fühlten. Das Ergebnis war eindeutig: »Diejenigen, die häufig neugierig waren, erlebten die größte Zufriedenheit mit ihrem Leben«, sagt Kashdan, und sie unternahmen auch die höchste Zahl an Aktivitäten, die sie zufrieden machten. Daraus folgert der Psychologe: »Um zufrieden zu sein, muss man ganz oft im Leben Dinge tun, die man schon immer geliebt hat. Man legt seine Lieblingsplatte auf und trifft sich mit seinen Lieblingsfreunden. Aber von Zeit zu Zeit muss man auch neue, komplizierte, ungewisse Dinge tun und Herausforderungen annehmen, auch wenn sie schwierig sind, ihr Ende ungewiss ist und man beim Bewältigen der Aufgaben einige Aufregung erleben wird.«

Abenteuer können schlecht ausgehen, keine Frage. Wer unbekanntes Terrain betritt, könnte etwas Unangenehmes erleben, er könnte enttäuscht oder auch einfach gelangweilt werden. Deshalb setzt Neugier eine gewisse Risikobereitschaft voraus. Um von den positiven Effekten der Neugier zu profitieren, muss man aber nicht gleich einen Fallschirmsprung wagen oder den Job wechseln. Auch kleinere Aktivitäten taugen schon, um die Zufriedenheit mit sich und der Welt zu vergrößern – zum Beispiel mal allein ins Museum zu gehen oder eine Einladung zum Essen anzunehmen, von der man nicht so recht weiß, ob der Abend am Ende zu den gelungenen zählen wird. Denn jene Situationen, in denen man Unsicherheit, Unbehagen und vielleicht sogar einen Anflug von schlechtem Gewissen fühlte, gehören letztlich zu den Momenten, an die man sich am stärksten und am liebsten erinnert. Schließlich wird man, wenn man in fremde Welten vorstößt, oft auch besonders positiv überrascht: Das Leben wird dadurch reicher, der Horizont erweitert. So lernt man, wenn man sich von seiner Neugier leiten lässt, an Kompetenz und an Selbstbestimmung hinzu. Situationen, die für uns zunächst unbehaglich sind, bedeuten daher ein Sprungbrett für unsere psychische Entwicklung.

Neugier ist oft mit weiteren förderlichen Eigenschaften gepaart: Wer Lust auf Neues hat, ist in der Regel auch offen und hat einen gewissen Realitätssinn. Ihm ist bewusst, dass sich das Leben nun einmal ändert, und er heißt das sogar willkommen – selbst dann, wenn die Änderung zunächst wenig angenehm zu sein scheint. »Zufriedene Menschen verstecken sich nicht vor negativen Gefühlen«, sagt Todd Kashdan. »Sie erkennen an, dass das Leben voller Enttäuschung ist, und konfrontieren sich damit.« Dabei haben sie im Kalkül, dass ohnehin niemand weiß, wie sich die Dinge entwickeln werden, und dass man über Ereignisse, die sich zunächst negativ anfühlen, später sehr positiv denken kann. So nutzen zufriedene Menschen ihre Wut, um neue Energie zu gewinnen und sich von anderen abzugrenzen, und ihre Schuldgefühle, um sich dazu zu motivieren, ihr Verhalten zu ändern. Zufriedene Menschen wissen, dass ein Leben ohne Herausforderungen, Scheitern und Missgeschicke nicht möglich ist. Oder, wie der Gründer der Berliner Universität, Wilhelm von Humboldt, einmal sagte: »Die meisten Menschen machen sich selbst bloß durch übertriebene Forderungen an das Schicksal unzufrieden.«

Gleich nach der Neugier gibt es noch ein paar Eigenschaften, die ein zufriedenes Leben begünstigen. Das sind Hoffnung, Hilfsbereitschaft und Dankbarkeit. Hoffnung ist der Motor für alles. Wer nicht hofft, wer nicht glaubt, dass die Dinge gut verlaufen und Erfolg möglich ist, der setzt sich nicht ein und kann deshalb auch keine zufriedenstellenden Entwicklungen erreichen.

Dankbarkeit trägt wohl auch wegen der menschlichen Tendenz zum Vergleich mit anderen zur Zufriedenheit bei. Wer wertschätzt, was er selbst hat, statt neidisch auf seine Nachbarn und Kollegen zu blicken, die noch mehr haben, und wer sich immer mal wieder ins Gedächtnis ruft, dass sein Leben im Vergleich zu dem der vielen Menschen, die in Kriegsgebieten leben müssen oder eine schlimme Krankheit zu bewältigen haben, eigentlich ganz komfortabel ist, dem geht es gleich besser. Zufriedenheit bedeutet: Man schließt einen inneren Frieden mit sich selbst und den Bedingungen, unter denen man lebt; man beendet das Grübeln, wo es einen nicht weiterbringt, und ist dankbar für das, was man hat, anstatt ständig an das zu denken, was man nicht (mehr) hat.

Auch Hilfsbereitschaft ist wichtig: Es macht Menschen enorm zufrieden, wenn sie anderen beistehen oder Gutes tun. Solidarität, Nächstenliebe und Altruismus sind nicht nur der Kitt der Gesellschaft, sondern auch die Grundlage eigener Zufriedenheit. Denn sie geben dem Leben zugleich Sinn, und der ist selbst ein wichtiger Faktor für Zufriedenheit.

»Geben ist seliger denn Nehmen«, sagt deshalb die Psychologieprofessorin Sonja Lyubomirsky von der University of California in Riverside. Sie fand heraus, dass »die Ausführung von freundlichen Handlungen« über einen Zeitraum von sechs Wochen die Lebenszufriedenheit ihrer Testpersonen deutlich ansteigen ließ. Das gilt auch für Menschen, die gerade selbst gut Hilfe gebrauchen könnten. Frauen, die an der schweren Nervenkrankheit Multiple Sklerose erkrankt sind, erging es in einer Studie besser, wenn sie sich als Mentor für andere MS-Patienten einsetzten. Sie gaben danach an, zufriedener und glücklicher zu sein. Es werde eine ganze »Kaskade positiver sozialer Folgen in Gang gesetzt«, sagt Lyubomirsky: »Wir fühlen uns besser; das heißt, dass auch andere Leute uns positiver betrachten, was wiederum unsere Beziehungen verbessert.«

Noch etwas tut Altruisten gut: »Sie sind weniger auf sich selbst fokussiert«, sagt Martin Seligman. Deshalb ist ihre Tür zu positiven Erfahrungen, ähnlich wie bei den Neugierigen, weiter geöffnet. Wer dagegen deprimiert ist, ist eher nicht in der Lage, viel zu geben. Er ist stärker ichbezogen und grübelt viel über sich selbst nach. In der Folge denkt er zwangsläufig weniger an andere und ist auch nicht so hilfsbereit, was ihm wiederum gar nicht guttut.

Ein gutes Miteinander ist ohnehin der Schlüssel zu einem zufriedenen Leben. Ein Partner, verlässliche Freundschaften und eine liebevolle Familie sorgen für ein erhebliches Plus an Wohlgefühl, wie schon der britische Sozialpsychologe Michael Argyle in den 1980er-Jahren an der Oxford University herausgefunden hat. Auch die wärmende Kraft von Haustieren ist dabei nicht zu unterschätzen. Um dagegen einsam und zufrieden zu sein, muss man schon eine besondere Veranlagung haben. Eine Studie aus London berechnete den Wert sozialer Beziehungen vor einigen Jahren recht konkret: Mit britischem Humor bekamen Freunde, Verwandte und Nachbarn in der Studie ›Putting a Price Tag on Friends‹ ein Preisschild verpasst: Wenn die Beziehungen besser werden, so konstatierte das Papier, habe das in Bezug auf die Lebenszufriedenheit der Menschen denselben Wert wie eine Gehaltserhöhung um satte 85 000 Pfund pro Jahr (was damals 124 000 Euro entsprach).

Dabei ist ein fester Partner einer der wichtigsten Faktoren: Am stärksten im Einklang mit sich und der Welt sind nämlich jene Leute, die den Großteil ihres Lebens mit demselben Menschen verbringen. Jedoch ist nicht ganz klar, was Ursache und was Wirkung ist. Schließlich trennt sich ein Mensch, der besonders zufrieden ist, nicht so leicht von seinem Partner und wird auch nicht so leicht von ihm verlassen wie ein ständiger Nörgler.

So sind soziale Beziehungen zwar keine Garantie für einen hohen Grad an Zufriedenheit, aber sie sind die Voraussetzung dafür, dass sich das Leben gut anfühlt. Allerdings ist damit nicht die Zahl der Facebook-Freunde gemeint: »Beziehungen sind heute oft keine echten mehr«, warnt der Soziologe Gerhard Schulze. Die sozialen Netzwerke mit ihren Pseudobeziehungen zu teilweise unbekannten Menschen, mit denen die erste Begegnung dann zur letzten wird und zum Abbruch der Beziehung führt, »bieten nur eine Illusion von Gemeinschaftlichkeit«.

Frappierend sind manche einfachen Zusammenhänge, die Zufriedenheitsforscher mitunter präsentieren. So scheint häufiges Fernsehen mit hoher Unzufriedenheit einherzugehen. Im ›Glücksatlas‹ etwa heißt es, »dass ein täglicher Fernsehkonsum von mehr als 2,5 Stunden mit einer geringeren Lebenszufriedenheit einhergeht, verglichen mit einer Konsumdauer von weniger als einer halben Stunde«. Auch hier stellt sich wieder die Frage, was wessen Folge ist: Macht Fernsehen wirklich unzufrieden? Schließlich sitzt jemand, der unzufrieden ist und mit seinem Leben eher wenig anzufangen weiß, vermutlich besonders häufig vor der Glotze. Womöglich verursacht aber auch wirklich das lange Fernsehen selbst die Unzufriedenheit. Falls dem so ist, steht dabei wahrscheinlich gar nicht das Fernsehen an sich im Vordergrund, das ja mitunter sehr vergnüglich und entspannend sein kann. Trotzdem wirkt sich das Fernsehen negativ auf unser Leben aus. Denn sich berieseln zu lassen, macht einsam und unkommunikativ – selbst wenn man zu zweit vor der Mattscheibe sitzt. »Mit dieser vielen Zeit könnte man Sinnvolleres anfangen, man könnte sie etwa für die Vertiefung sozialer Beziehungen oder für ehrenamtliches Engagement nutzen. Beides trägt – im Gegensatz zum passiven Fernsehkonsum – massiv zu unserem Wohlbefinden bei«, sagt Karlheinz Ruckriegel, Volkswirt und Glücksforscher an der Technischen Hochschule Nürnberg. Fernsehen steht demnach einfach für ein Defizit an Dingen, die uns zufrieden machen.

Der hohe Wert der Gemeinsamkeit könnte letztlich auch der Grund dafür sein, weshalb Geld ab einer gewissen Menge nicht weiter das Wohlbefinden steigert, meint der Wirtschaftsnobelpreisträger Daniel Kahneman. Denn starkes berufliches Engagement ist kaum mit einem intensiven Familienleben und Austausch im Freundeskreis vereinbar. Umgekehrt kann ein Mangel an Moneten furchtbar unglücklich machen. Fast alle Menschen brauchen die Sicherheit materiell geregelter Verhältnisse, sonst schlägt ihnen das auf die Stimmung. Der tägliche Überlebenskampf zehrt an den Nerven, sparen zu müssen bedeutet immer wiederkehrenden Verzicht. Auch die Zufriedenheit sinkt so automatisch mit in den Keller. Und wenn es zu schmerzlichen Ereignissen kommt, einer schweren Krankheit etwa oder einer Scheidung, dann verstärkt Armut den empfundenen Schmerz. Somit ist ein gewisses Quantum an Einnahmen wichtig, um zufrieden zu sein. Wenn dazu genügend Geld auf dem Konto eingeht, wächst das gute Gefühl allerdings nicht mit jeder Gehaltserhöhung weiter. »Geld macht nur bis zu einem gewissen Maße glücklich«, betont der Psychologieprofessor Willibald Ruch. Danach macht sich das schon erwähnte Wohlstandsparadox bemerkbar (siehe *Zufriedenheit als Wesenszug*, S. 48).

Das Maß scheint bei einem Haushaltseinkommen von 75 000 US-Dollar (entsprechend dem Wechselkurs zum Zeitpunkt der Studie etwa 60 000 Euro) zu liegen. Bis dahin steigt der Frohsinn der Menschen über den schnöden Mammon. Wer noch mehr verdient, fühlt sich aber nicht noch besser, wie die Auswertung von 450 000 Fragebögen durch Daniel Kahneman und seinen Kollegen Angus Deaton an der US-amerikanischen Universität Princeton ergeben hat. »Geld bereitet einem ein gutes Gefühl, bis man seine Grundbedürfnisse problemlos erfüllen kann«, sagt Willibald Ruch. Wer sich aber gutes Essen, schöne Kleidung und einen großen Urlaub im Jahr leisten kann, den bereichern zwei Urlaube und noch teurere Kleidung nicht weiter.

Daniel Kahneman führt einen weiteren Grund an, den Faktor Zeit: »Vielleicht sind 75 000 Dollar eine Schwelle, über der es den Menschen nicht mehr möglich ist, das zu tun, was für das emotionale Wohlbefinden am meisten zählt«, schreibt er in seiner Studie. »Zeit mit der Familie zu verbringen, Krankheit und Schmerz abzuwenden oder die freie Zeit zu genießen.«

Ob in der Familie, im Verein oder am Arbeitsplatz: Es hilft stets enorm, wenn man sich wenigstens einem Menschen so verbunden fühlt, dass man Sorgen und Erfolge mit ihm teilen kann. Vor allem Erfolge! Viele Menschen haben Skrupel, ihren Freunden und Bekannten von ihren Triumphen und Errungenschaften zu erzählen. Man will ja nicht als Streber oder Karrierist dastehen und seine Freunde, um Gottes willen, auch nicht neidisch machen. Dabei ist das Teilen von Erfolgen besonders wichtig, sagt die Psychologin Shelly Gable von der University of California in Santa Barbara: Lange hat man gedacht, gute Freunde sind vor allem dazu da, dass man ihnen in der Not sein Herz ausschütten kann. Aber das ist offenbar nur ihre zweitwichtigste Aufgabe. Wer glückliche Momente mit seinen Freunden teilt und seine eigenen Erfolge und Freuden mit anderen feiert, ist deutlich zufriedener als jemand, der vornehmlich in schlechten Zeiten Zuwendung gibt und bekommt. Denn ein positives Erlebnis mit einem aufmerksamen und mitfühlenden Zuhörer zu besprechen, verändert die Erinnerung an das, was passiert ist. Wenn man einem guten, empathischen Freund also davon erzählt, wie man beim Tanzen jemand Nettes kennengelernt hat, wird der Tanz in der Erinnerung noch positiver sein als er es ohnehin schon war. Man wird ihn mit ziemlicher Sicherheit auch länger im Gedächtnis behalten, selbst wenn man den Tanzpartner womöglich schon bald wieder aus den Augen verliert. Nichts trägt demnach so stark zu den guten Momenten des Lebens bei wie die Teilnahme anderer Menschen. Auch dem Zuhörer tut die geteilte Freude übrigens gut, weil der gelebte Altruismus ihn beseelt.

Die gemeinsame Freude ist auch in der Partnerschaft wichtig, betont Shelly Gable: »Wenn ein Liebespaar versucht, keine große Sache aus den jeweiligen Erfolgen des anderen zu machen, wird es sich mit größerer Wahrscheinlichkeit trennen. Wenn Partner dagegen ihre gegenseitigen Errungenschaften würdigen oder sogar zelebrieren, werden sie eher zufrieden mit ihrer Beziehung sein.« Die Psychologieprofessorin weiß das, seit sie auf dem Campus ihrer Universität Flyer verteilt und damit 97 Paare für einen Test angeworben hat. Die jungen Leute waren durchschnittlich 22 Jahre alt und seit einem halben Jahr zusammen, als Gables Untersuchung begann. Dabei stellte sich heraus: Wenn sie sich über die guten Nachrichten ihres Partners ehrlich freuten und diese ausreichend würdigten oder gar feierten, hielt ihre Beziehung länger, als wenn sie nur kurz zuhörten und dann sagten: »Ach, wie schön, aber stell dir vor, was *mir* passiert ist …«

Weniger rummäkeln, bitte! Das ist ein weiterer wichtiger Appell für mehr Zufriedenheit. Zufriedene Menschen sind nicht so kritisch, sie lassen auch mal fünf gerade sein und übersehen manches unangenehme Detail einfach. Das ist nicht weiter überraschend. Sehr wohl erstaunlich ist aber, wie weit diese Eigenschaften gehen. Das mit dem »Nicht so genau hinsehen« ist nämlich sehr wörtlich gemeint, und Menschen mit einem Hang zu Depressionen machen Untersuchungen zufolge genau das Gegenteil. Sie nehmen selbst kleinste Veränderungen in den Gesichtern anderer Menschen sehr genau wahr, wie die Psychologin Kate Harkness vom Mood Research Lab der Londoner Queen's University herausgefunden hat. So registrieren sie es, wenn ihnen jemand freundlich auf dem Gang begegnet, aber bei seiner Frage »Na, geht's Ihnen heute besser?« eine Augenbraue leicht hochzieht. Sofort fragen sie sich, was hinter diesem Gesichtsausdruck stecken könnte. Lästert er hinter ihrem Rücken über die vielen Fehlzeiten? Macht er sich womöglich lustig über die depressiven Attacken, mit denen man so sehr zu kämpfen hat? Hat er etwas Gemeines ausgeheckt? Eine freundlich gemeinte Frage wird damit als unfreundlicher Affront abgespeichert.

Wer mit sich und der Welt zufrieden ist, nimmt solche Zeichen im Gesicht seines Gegenübers dagegen gar nicht wahr. Selbst dem Anflug eines sarkastischen Grinsens schenkt er keine Aufmerksamkeit. Beeinflussen lässt er sich deshalb schon gar nicht von solchen Kleinigkeiten, die ihm im Zweifelsfall höchstens die Laune verhageln würden. Ob die größere Zufriedenheit auch daher rührt, dass man sich nicht von den vielen kleinen unangenehmen Finessen des Lebens verstimmen lässt, oder ob Zufriedenheit umgekehrt eine Voraussetzung dafür ist, Dinge geflissentlich zu übersehen, ist unklar. Jedenfalls haben zufriedene Menschen offenbar einen natürlichen emotionalen Schutz davor, allzu viele Details zu registrieren.

Sie sind aber nicht nur gelassener, wenn sie die Welt und ihre Mitmenschen betrachten, sondern auch beim Blick auf sich selbst: Wer zufrieden ist, beäugt sich und seine Taten nicht ständig kritisch und beurteilt das, was er leistet, auch nicht so streng. Kurz: Zufriedene Menschen sind weniger analytisch und weniger perfektionistisch. Sie suchen im Gegensatz zu Perfektionisten und Pessimisten nicht dauernd das

Haar in der Suppe. Zufriedene Menschen wissen, dass es in Ordnung ist, ab und zu am Sonntag das Fitnesstraining zu schwänzen und stattdessen lieber Sport im Fernsehen zu sehen oder manchmal beim Essen über die Stränge zu schlagen. Aber bei anderer Gelegenheit sind sie wieder diszipliniert. Denn wenn man immer nur auf Aktivitäten aus ist, die sich im Moment gut anfühlen, könnte man den Benefit verpassen, sich über die seltenen Regelübertretungen richtig freuen zu können und ein klares Ziel zu verfolgen. Ziele im Leben geben uns nicht nur Sinn und Struktur. Sie helfen auch dabei, dass wir uns gebraucht fühlen und negative Gefühle oder unangenehme Situationen auf dem Weg dahin tolerieren.

»Die Empfehlung lautet also nicht, dass wir all unseren Verantwortlichkeiten gegenüber eine Laisser-faire-Haltung einnehmen sollten«, sagt Todd Kashdan. »Aufmerksamkeit auf Details zu richten, kann nützlich sein. Aber zu viel Fokus auf Kleinigkeiten kann einen erschöpfen und paralysieren.« Die zufriedensten Menschen akzeptieren deshalb, dass das Streben nach Perfektion ein Wettkampf ist, bei dem man nur verlieren kann.

Auch Perfektionisten und Pessimisten erleben ja zunächst ein Glücksgefühl, wenn ihnen etwas überraschend Gutes passiert, sagt der Bremer Hirnforscher Gerhard Roth. Nur an der Zufriedenheit mangelt es. Denn das Glücksgefühl hält nicht lange an, weil Perfektionisten das Gute nicht gut genug ist und weil Pessimisten schnell an die negativen Auswirkungen denken: Ein Lottogewinn könnte Neider anziehen oder eine Auszeichnung zusätzliche Arbeit bescheren. Richtig zufrieden können sie mit dem Erreichten deshalb nicht sein. »Der unzufriedene Mensch findet keinen bequemen Stuhl«, hat Benjamin Franklin, einer der Gründerväter der Vereinigten Staaten, einmal gesagt.

Dem zufriedenen Menschen dagegen scheint sein Stuhl bequem; er akzeptiert, dass der Stuhl unbequem ist; er beschließt, ihn bequem zu finden; er glaubt, dass er beim nächsten Mal einen besseren erwischt; oder er wirft den alten Stuhl einfach weg und kauft sich einen neuen.

Der Genügsame:
Wie man mit wenig zufrieden sein kann

Schon als Kind hat sich Felix Quadflieg gefragt, weshalb die anderen Menschen da eigentlich mitmachen. »Mir war früh klar, dass ein normales Arbeitsleben für mich nichts ist«, erzählt der Bremer. »Feste Arbeitsstrukturen, das fühlte sich für mich nach verkaufter Lebenszeit an.« Warum sollte sich das Leben nach der Arbeit richten? »Die Arbeit ist doch zum Leben da«, sagt Quadflieg, »nicht umgekehrt.«

Gegen 6.30 Uhr steht Felix Quadflieg morgens auf – aber nicht, weil sein Wecker klingelt. Quadflieg ist einfach ein Frühaufsteher. Und er genießt den Morgen. In aller Ruhe macht er sich einen Kaffee und tut sonst nicht viel. Zumindest nichts, was zu sehen wäre. »Ich horche in mich hinein, genieße meinen leckeren Kaffee und fühle mich dabei einfach nur wohl«, sagt er. »Das ist ein schöner Einstieg in den Tag.«

Muße ist für den 56-Jährigen eine Lebenshaltung. Zwar hat er nach dem Abitur zunächst Sozial- und Wirtschaftswissenschaften auf Lehramt studiert, aber danach hat er nur ein Jahr lang in Vollzeit gearbeitet. Seither lautet seine Devise: nicht mehr als 15 Arbeitsstunden pro Woche. »Ich möchte möglichst viel Zeit für mich haben«, erzählt er mit ruhiger Stimme. »Danach wähle ich auch die beruflichen Projekte aus, die ich mache.« Einen Arbeitsvertrag möchte er nie mehr unterzeichnen: »Ich will mir nicht vorschreiben lassen, was ich genau zu tun und zu lassen habe. Ich will nicht müssen.«

Seit drei Jahren arbeitet Felix Quadflieg als selbstständiger Entwicklungsbegleiter mit verhaltensauffälligen Kindern. Er will die Kinder stärken, ihnen so ermöglichen, dass sie ihren eigenen Weg im Leben finden: »Sie sollen selbst merken, welches Verhalten ihnen mehr schadet als nützt, was also sinnvolles Verhalten ist, weil sie dadurch zum Beispiel Unterstützung und Anerkennung durch andere erfahren.« Die Kinder kommen vor allem deshalb zu ihm, weil ihre Lehrer, Eltern oder Betreuer mit ihnen überfordert sind. Doch Quadflieg findet die Arbeit mit ihnen nicht anstrengend: »Wenn es anstrengend wäre, wäre es schon verkehrt«, sagt er. »Ich betrachte die Arbeit als öffnend. Ich öffne mich der Welt des Kindes, damit ich Zugang dazu bekomme. Ich will nichts von dem Kind. Ich will es entdecken, und wenn alles gut läuft, entdeckt das Kind danach viel über sich und die Welt.«

Neun Kinder, das ist das Limit. Mehr nimmt Quadflieg nicht an, auch wenn Eltern oder Sozialpädagogen ihn noch so sehr bitten. »Ich kann mich da gut abgrenzen«, sagt er. »Früher habe ich mehr Kinder betreut, aber dabei habe ich schnell herausgefunden, dass mir das nicht guttut – und den Kindern auch nicht.«

Das Geld, das er in diesen wenigen Stunden verdient, reicht ihm zum Leben. Schließlich hat Quadflieg keine Familie. Kinder wollte er nie, und seine Partnerin hat eine ähnliche Lebenseinstellung wie er. Auch hat Quadflieg keine hohen Ansprüche. Ihn interessieren Pauschalreisen in teure Hotels genauso wenig wie Designerkleidung und das neueste Smartphone. Aber er gibt schon auch Geld aus. Er kauft ausschließlich Biolebensmittel, wie er betont, und fährt mindestens einmal im Jahr weg. »Das organisiere ich mir aber selbst«, sagt er. Und von »Urlaub« könne man auch nicht wirklich sprechen. Er brauche ja keinen Urlaub von dem bisschen Arbeit.

Neidisch auf den Wohlstand der anderen, die natürlich größere Sprünge machen können, ist Quadflieg nicht. Er übt schließlich freiwillig Verzicht. Das ist der entscheidende Punkt. Denn grundsätzlich bereichert Konsum das Leben der Menschen in Deutschland erheblich, wie vor Kurzem Wissenschaftler des Leibniz-Instituts für Sozialwissenschaften in Mannheim nachgewiesen haben. Wer so viel Geld hat, dass er sich noch etwas gönnen kann, wenn er seine Grundbedürfnisse in Form von Miete, Essen und Bekleidung erfüllt hat, der ist erheblich zufriedener als ein Mensch, der gerade so über die Runden kommt. Dabei tragen besonders die Ausgaben für Bildung, Freizeitgestaltung, Bekleidung und Restaurantbesuche zum Wohlbefinden der Menschen bei.

Doch ähnlich wie das fürs Einkommen gilt, stößt auch der Konsum als Zufriedenmacher an Grenzen. Die Zufriedenheit wächst nämlich nicht linear mit der Höhe der Konsumausgaben. Ab einer gewissen Höhe tragen die finanziellen Aufwendungen kaum noch zu mehr Lebensfreude bei. Auch wirkt es sich nur unwesentlich aus, wenn man viel Geld für Ernährung oder Wohnen ausgibt.

Und ein niedriges Konsumniveau, das wie bei Felix Quadflieg nicht aus der Not geboren ist, sondern aus der Entscheidung heraus, für mehr Konsum nicht mehr arbeiten zu wollen, beeinträchtigt die Lebenszufriedenheit nicht. Die Soziologen Heinz-Herbert Noll und Stefan Weick entdeckten durch »Dauerbeobachtung der Gesellschaft« (so der etwas merkwürdig klingende Name ihrer Abteilung am Leibniz-Institut für Sozialwissenschaften in Mannheim): Jene Personen, die zu den zehn Prozent in Deutschland gehören, die am wenigsten ausgeben, sind mit ihrem Leben kaum weniger zufrieden als der Bevölkerungsdurchschnitt – sofern »sie nicht gleichzeitig auch zu den einkommensärmsten zehn Prozent der Bevölkerung zählen«. Die Konsum-Dissidenten erreichen dann einen Wert von 6,9 auf der 10-Punkte-Skala der Lebenszufriedenheit, während der Bevölkerungsdurchschnitt bei 7,0 liegt.

Mit seiner wenigen Arbeit kommt Felix Quadflieg nicht im materiellen Sinne zu Wohlstand, so viel ist sicher. »Aber reich bin ich schon«, sagt er. »Ich fühle mich reich, weil ich so viel Gelegenheit zur Muße habe.« Die Menschen in seiner Umgebung, die zwar viel Geld ausgeben können, aber auch viel arbeiten müssen, betrachtet er oft mit Mitleid: »Es ist ein Bedauern da, wenn ich um mich herum immer Leute klagen höre über Rückenschmerzen, Herzgeschichten, Burn-out, Gürtelrosen und diese ganzen Belastungssymptome.«

Sein Luxus ist es, selbstbestimmt zu leben und viel Zeit zu haben. Zeit, die er zum Teil einfach so verstreichen lässt, die er aber vor allem für seine Hobbys nutzt. »Es gibt viele Dinge, die ich gerne mache, und ich will eben, dass Zeit für sie bleibt«, sagt Quadflieg, der momentan in einer Zweizimmerwohnung lebt. Er schreibt gerne Gedichte und spielt mit großer Begeisterung Improvisationstheater. Mindestens zwei Mal pro Woche trifft er sich mit seiner Theatergruppe. »Das ist mir wichtig«, sagt er. »Im Theater gehe ich auf.« Schauspieler als Beruf kann er sich trotzdem nicht vorstellen: »Das würde bedeuten, dass ich mich zu sehr ökonomischen Zwängen unterordnen muss«, so Quadflieg. »Bekannte, die vom Schauspielern leben müssen, müssen jede noch so dämliche Rolle annehmen. Sie müssen Akquise betreiben, sich mit Auftraggebern rumstreiten, bis ins nächste Jahr planen. Sie haben ständig mit ökonomischen Dingen zu tun. Ich möchte das nicht.« Ob er nicht von den Erfolgen zehrt, die Arbeit mit sich bringt? Doch, sagt er, das sei schon so: »Dass mein Tun Folgen hat, die sich auch im Glück und der Zufriedenheit der Kinder ausdrücken, das freut mich für die Kinder. Aber wenn ich kein Geld verdienen müsste, könnte ich trotzdem gut ganz ohne Arbeit leben.« Dabei sei es nicht so, dass er »orientierungslos herumhängen« oder eine Leere empfinden würde: »Man gibt seinem Leben ja automatisch eine Struktur.«

Viele Jahre lang ist Felix Quadflieg ganz ohne regelmäßige Arbeit ausgekommen. Früher hat er sogar in einem Schrebergarten gewohnt. Aber als die Behörden im Jahr 2004 dahinterkamen, musste er sich eine richtige Wohnung suchen – nach 17 Jahren ohne Strom, ohne fließend Wasser und ohne Telefon. Er fand seine Zeit im Schrebergarten wunderbar. »Das war nah am Leben, und es war günstig«, erzählt er. In seinen Augen eine herrliche Phase. Und jetzt, mit seiner 15-Stunden-Woche, seufzt er zwischendurch, weil ihm die Arbeit, die Verpflichtung, die äußere Taktgebung immer mal wieder zu viel werden. Ihm fehlt dann die Gelegenheit zur totalen Muße, zum völlig freien Innehalten, fernab des nächsten Termins. Müßiggang sei nicht gleichbedeutend mit Faulheit, betont Quadflieg. Er mache viel. Aber er wolle darüber selbst bestimmen. Müßiggang sei in allen Lebensbereichen möglich. »Man kann auch mit Muße arbeiten«, sagt er. »Letztlich ist Müßiggang eine Frage der Haltung, wie man etwas macht. Dass man in einen offenen Zustand kommt, in dem man schaut, was es noch so gibt. Dass man eine Atempause macht und damit wieder empfänglich für neue Reize wird und vielleicht seinen Fokus verändert. Dass man auf einmal die Vögel zwitschern hört oder in sich selbst etwas hört, was auch da ist und rauscht, aber dem man so oft keine Aufmerksamkeit schenkt.« Es seien solche Momente, in denen er neue Ideen entwickle, seine Neugier geweckt werde und er Lust bekomme, etwas ganz anderes zu tun.

Das heißt aber nicht, dass Felix Quadflieg nach jeder müßigen Phase in Aktionismus verfallen würde. »Oft genug denke ich nur, dass es schön wäre, dies oder jenes zu tun. Ich wollte zum Beispiel schon immer mal ein Buch schreiben«, erzählt er. »Aber das habe ich nie umgesetzt. Dazu war ich dann tatsächlich zu faul.« Bereuen tut er das nicht, wie er sagt: »Das Denken an etwas kann auch sehr schön sein, und manchmal reicht das völlig aus.«

1990 schon, als noch niemand über Work-Life-Balance und Burn-out sprach, gründete Felix Quadflieg den Verein »Otium – Verein zur Förderung des Müßiggangs«. Otium ist lateinisch und heißt nichts anderes als »Ruhe« oder »Muße«. Mit dem Verein will Quadflieg den herrschenden Arbeitswahn infrage stellen und mit Veranstaltungen und Aktionen auf ein Umdenken hinwirken. Das Leben sei doch sowieso nicht in Arbeitszeit und Freizeit aufzuteilen, sagt er. Wichtig sei es vielmehr, dass einen Menschen sein Tun und Handeln interessiere. Den Verein Otium gibt es noch immer. Er hat sogar eine Webpräsenz. Doch die befindet sich auch 25 Jahre nach Gründung noch »im Aufbau«, wie es dort heißt. Der Verein sei langsam in Arbeit ausgeartet, sagt Quadflieg lächelnd. Die Ziele des Vereins aber gelten für ihn noch immer: Statt die Muße und das Nichtstun der Arbeit unterzuordnen, sollten Menschen sich daran erinnern, dass es gelte, die Arbeit zu ihrer eigenen Freude in ihr Leben zu integrieren und die Arbeit dem Leben unterzuordnen. »Die Arbeitsmoral, die heute herrscht, ist nichts Naturgegebenes, sondern ein Zwang, an den sich die meisten gewöhnt haben«, sagt er. »Es ist nur der derzeit hohe gesellschaftliche Wert der Arbeit, der die Leute dazu bringt, sich ohne sie nutzlos vorzukommen.«

Die Menschen müssen nach Quadfliegs Ansicht vor allem wieder lernen, allein mit sich zu sein. »Viele haben Angst davor, nichts zu tun zu haben. Da ist es wichtig, sich das Reich des Erkundens und der Neugier wieder neu zu erschließen und die Dinge einfach mal sein zu lassen, wie sie sind.« Es sei wichtig, neugierig zu bleiben, sich überraschen und befremden zu lassen, den Augenblick zu erfahren. »Menschen brauchen immer wieder Nahrung für die Seele und den Geist«, sagt Quadflieg. »Das ist doch das eigentliche Leben.«

Zufrieden zu sein ist gesund

Zufriedenheit fühlt sich nicht nur gut an, sie tut auch gut! Menschen mit einer positiven Lebenseinstellung leben länger und gesünder. Vier bis zehn Lebensjahre werden demjenigen geschenkt, der mit sich und der Welt im Reinen ist, sagt Ed Diener. Der Psychologe aus Illinois fordert deshalb sogar, dass Staaten das Thema Zufriedenheit in ihre Gesundheitsprogramme aufnehmen sollen, wie es das Königreich Bhutan bereits getan hat (siehe *Was uns die Glücksforschung trotzdem lehrt*, S. 25). »Die vielen gewonnenen Jahre sind ein Ergebnis, das nationale Aufmerksamkeit verdient«, sagt Diener.

Tatsächlich sind vier bis zehn Lebensjahre ein satter Gewinn. Er lässt sich auf anderem Wege nur mit erheblichen Mühen erreichen. Chronische Unzufriedenheit scheint damit ungesünder zu sein als jene körperlichen Risikofaktoren, auf die sich die Public-Health-Programme üblicherweise konzentrieren und vor denen wir uns so viel mehr fürchten. Mit dem Rauchen aufhören, weniger Schnaps trinken, Fahrrad statt Auto fahren – ja, auch das fördert das Überleben in einer stressigen Welt. Aber Zufriedenheit ist nicht nur genussvoller, sondern beschert dem, der ein solches Leben führt, mindestens ebenso viele Lebensjahre.

Wie zufrieden wir mit unserem Leben sind, wirkt sich nämlich nicht nur auf psychische Krankheiten wie das Entstehen von Depressionen aus. Unsere Zufriedenheit beeinflusst auch unsere körperliche Gesundheit. Besonders gut untersucht ist das für das Herz. Nicht umsonst wurde das Organ einst als Sitz der Liebe betrachtet. Heute verorten wir unsere Seele und ihre Liebesfähigkeit ein paar Etagen höher, unter der Schädeldecke, aber das Herz reagiert zweifelsohne ganz besonders sensibel, wenn unser Leben aus dem Ruder läuft. Es kann sogar brechen, wie japanische Forscher erstmals vor 25 Jahren in einer Forschungsarbeit beschrieben, die damals die Fachwelt überraschte. Dass sich seelisches Leid auf den Körper auswirken könnte, wurde Anfang der 1990er-Jahre von vielen Medizinern noch als esoterischer Quatsch verlacht. Doch die japanischen Kardiologen beschrieben eindrücklich, wie fünf ihrer Patienten unter allen Symptomen eines Herzinfarkts litten, ohne dass ihre Gefäße verengt waren oder sich sonstige Zeichen für eine physiologische Schädigung des Herzens zeigten. Erst durch sensibles Nachfragen erfuhren die japanischen Ärzte damals von ihren mysteriösen Patienten, dass diese gerade einen schweren Schicksalsschlag erlitten hatten. Eine Frau musste den Tod ihres Partners verkraften, ein Mann hatte eine Scheidung hinter sich. Heute ist allgemein anerkannt, dass etwa ein bis drei Prozent aller Patienten mit akuten Herzinfarkt-ähnlichen Problemen unter nichts anderem als einer malträtierten Seele leiden. Die Wissenschaft spricht ganz offiziell vom »Broken-Heart-Syndrom«.

Wie sehr ein Leben in Stress und Anspannung dem Herzen schadet, haben kanadische Ärzte vor mehr als zehn Jahren in der berühmten ›Interheart‹-Studie an rund 30 000 Probanden herausgearbeitet: Wer in Beruf, Familie oder Partnerschaft ständig mit unangenehmem Druck umgehen muss und mit seinem Leben dauerhaft unzufrieden ist, der erhöht sein Risiko für einen Herzinfarkt um den Faktor 2,7 – also auf fast das Dreifache. Damit wirkt sich Unzufriedenheit fast so ungünstig auf das Herz aus wie das furchtbar ungesunde Rauchen (Faktor 2,9) und erheblich stärker als ein hoher Blutdruck (Faktor 1,9). Julia Boehm und Laura Kubzansky haben an der Harvard School of Public Health auch den positiven Beweis geführt. Sie fanden heraus: Optimistische, zufriedene Menschen haben ein um 50 Prozent reduziertes Risiko für Herz-Kreislauf-Erkrankungen.

Der Zusammenhang ist nicht so magisch, wie er sich zunächst anhört. Seine Grundlage ist pure Chemie. Denn Stresshormone beeinflussen das Immunsystem, und dieses ist wiederum eng mit dem Nervensystem verbunden. Dass Psyche, Nervenzellen und Immunsystem intensiv zusammenarbeiten, wie es seit den 1970er-Jahren das zwischenzeitlich belächelte Forschungsgebiet der »Psychoneuroimmunologie« postulierte, ist inzwischen weithin belegt. So können sich Hirnbotenstoffe direkt an Immunzellen binden und dadurch das Verhalten und die Kampfbereitschaft der körpereigenen Abwehrkräfte verändern. Und Stresshormone wie Cortisol hemmen die Produktion von Immunbotenstoffen. Damit beeinträchtigen sie die Aktivität verschiedener Immunzellen und schwächen die körpereigene Abwehr. Noch dazu macht Stress das Blut zähflüssiger, wodurch es schneller gerinnt. Das ist eine an sich gute Erfindung, die uns gestressten Arbeitnehmern heute aber zum Verhängnis werden kann: »Aus evolutionärer Sicht ist es sinnvoll, dass während eines Kampfes das Blut dicker wird«, sagt Carl Eduard Scheidt, Psychosomatiker an der Uniklinik Freiburg. Dadurch schließen sich Wunden schneller, die zum Beispiel entstehen, wenn zwei Höhlenbewohner miteinander um Beute raufen. Die Kontrahenten drohen nicht so leicht zu verbluten. Heute, im Jahrhundert des Dauerstresses, kann diese körperliche Stressreaktion allerdings sehr schädlich sein, wenn ein ohnehin schon angegriffenes Herz ständig zu dickes Blut durch die verkalkten Adern pumpen muss.

Günstig wirkt es sich hingegen auf die Nerven und das Immunsystem aus, wenn man zufrieden ist, wie Ed Diener und seine frühere Mitarbeiterin Micaela Chan betonen. Sie gehen davon aus, dass die Zufriedenheit auf diesem Wege auch das Leben verlängern kann: »Positive Stimmungen wie Freude, Glück und Energie sind bei gesunden Menschen ebenso wie Lebenszufriedenheit, Hoffnung, Optimismus und ein Sinn für Humor mit einem geringeren Risiko für Sterblichkeit assoziiert und sagen Langlebigkeit voraus.«

Finnische Wissenschaftler haben das in einer umfangreichen Arbeit mit Zwillingen untersucht. Seit vielen Jahrzehnten schon stellen sich in Finnland Tausende von Zwillingspaaren im Rahmen der Finnischen Zwillingsstudie für die Forschung zur Verfügung. Ihre Daten werden für alles Mögliche verwendet – mitunter auch, um herauszufinden, ob Zufriedenheit das Leben verlängert. Schon im Jahr 1975 beantworteten mehr als 22 000 Zwillinge zwischen 18 und 54 Jahren Fragen nach ihrer Zufriedenheit. Zwei Jahrzehnte lang beobachteten die Forscher, wie es diesen Leuten erging. Und tatsächlich starben diejenigen, die besonders unzufrieden waren, früher. Der Zusammenhang blieb auch bestehen, wenn aus den Daten herausgerechnet wurde, welcher sozialen Klasse die Testpersonen angehörten und ob sie rauchten oder viel Alkohol tranken.

Die Zufriedenen leben länger: Dieser Zusammenhang gilt in den meisten Ländern der Erde, wie Diener und Chan aus dem ›World Poll‹ errechnet haben, einer globalen Umfrage der Gallup Organization. Das angesehene Markt- und Meinungsforschungsinstitut mit Sitz in Washington hat in mehr als 160 Nationen jeweils 1000 Menschen befragt, die repräsentative Vertreter ihres Landes sind. In reichen Ländern wurden die Menschen am Telefon interviewt, in ärmeren von Angesicht zu Angesicht. Wenn die Wissenschaftler ihre Daten bezüglich des Bruttosozialprodukts und des Alters der Befragten abglichen, zeigte sich: Wie zufrieden die Menschen in einem Land mit ihrem Leben sind, sagt in etwa voraus, wie hoch die Lebenserwartung in diesem Land jeweils ist.

Verlängert Zufriedenheit also wirklich aktiv das Leben? Frisst chronische Unzufriedenheit ein paar Lebensjahre auf? Oder handelt es sich bei diesen Beobachtungen gar nicht um direkte Effekte? Zufriedenheit könnte den Menschen schließlich auch auf verschlungenen Wegen mehr Lebensjahre schenken. So ist anzunehmen, dass es erheblich zur Zufriedenheit eines Menschen beiträgt, wenn er gesund ist. Dass zufriedene Menschen länger leben, könnte demnach auch einfach damit zu tun haben, dass sie körperlich fitter sind.

Diese wechselseitigen Einflüsse seien kaum auseinanderzuhalten, kritisieren britische Wissenschaftler, die jüngst in der größten je vorgenommenen Studie zum Thema, der britischen ›Million Women Study‹, keinen direkten Einfluss von Glück, Zufriedenheit und positiven Emotionen auf die Lebenserwartung fanden. Und sie beobachteten immerhin zehn Jahre lang 1,3 Millionen Frauen, die beim Start der Studie durchschnittlich 59 Jahre alt waren. Sobald der Gesundheitszustand der Frauen zu Beginn der Untersuchung einbezogen werde, zeige sich, dass es für ihre Lebenserwartung völlig unerheblich sei, ob sie zufrieden und glücklich sind oder nicht, so die Forscher. Frühere Studien hätten dies nie ausreichend berücksichtigt.

In der Tat sind sehr gut durchdachte Studien nötig, um beobachtete Effekte von unerwünschten Einflussfaktoren zu bereinigen. Studien, die Phänomene vergleichen, finden oft Zusammenhänge, wo es gar keine gibt. Berühmt ist jene Publikation geworden, die – natürlich nicht ohne einen Sinn für Humor – Belege dafür anführte, dass womöglich doch die Störche die Babys bringen: In der Arbeit ›New Evidence for the Theory of the Stork‹ (Neue Anhaltspunkte für die Theorie vom Storch) fanden der Biochemiker Thomas Höfer und die Kinderärztin Hildegard Przyrembel vom Bundesinstitut für Risikobewertung gemeinsam mit der Berliner Hebamme Silvia Verleger nämlich einen statistisch belastbaren Zusammenhang zwischen der Zahl der Störche in Niedersachsen und der Zahl der geborenen Babys: Zwischen 1970 und 1985 gingen beide Zahlen gleichermaßen zurück, und zwischen 1985 und 1995 blieben beide gleichermaßen konstant. Bei gezielter Dateninterpretation, gepaart mit einem Schuss Wunschdenken, könnte dies den Schluss zulassen, Adebar sei am Babyaustragen beteiligt. Fachleute sprechen von einer »Scheinkorrelation«: Dinge werden zueinander in kausale Beziehung gesetzt, obwohl sie nichts miteinander zu tun haben; aus zwei beobachteten Phänomenen wird ein ursächlicher Zusammenhang konstruiert. »Die Storchpopulation durch ökologischen Landbau zu unterstützen, könnte einen positiven Einfluss auf die Geburtenraten in den meisten europäischen Ländern haben«, folgerten die Autoren ironisch aus ihren Storchdaten. Aber sie wollten damit gar nichts für einen neuen Babyboom tun, sondern eine Lanze für die saubere, verlässliche Interpretation wissenschaftlicher Daten brechen.

Nicht nur Scheinkorrelationen sind problematisch. Auch Studien, in denen Testpersonen nach der Vergangenheit befragt werden, führen häufig zu falschen Ergebnissen: Wie haben Sie sich in den zurückliegenden Wochen oder gar Jahren ernährt? Menschen geben auf solche Fragen keine verlässlichen Antworten – schon gar nicht, wenn sie inzwischen zum Beispiel einen Herzinfarkt erlitten haben und wegen ihres ungesunden Lebensstils ein schlechtes Gewissen an ihrem Erinnerungsvermögen nagt. Dann neigen sie dazu, ihren Salz- oder Fettkonsum in der Vergangenheit kleinzureden oder umgekehrt die verspeisten Mengen an Salz oder Fett sogar überzubewerten. Ebenso unglaubwürdig sind Statistiken, in denen hochbetagte Menschen am Ende ihres Lebens gefragt werden, ob sie eigentlich zufrieden waren.

Studien, die in die Zukunft blicken, sind dagegen besonders wertvoll. Die besten wissenschaftlichen Analysen beobachten ihre Teilnehmer eine Weile, bevor sie ihre Schlüsse aus den akribisch dokumentierten Ergebnissen ziehen. Das war auch bei der ›Million Women Study‹ der Fall. Und doch gibt es auch Kritik an dieser Studie, die der Zufriedenheit und dem Glück eine lebensverlängernde Wirkung abspricht: Die Teilnehmerinnen durften nämlich ihren Gesundheitszustand jeweils selbst einschätzen. Es wurde nicht nachgeprüft, wie es gesundheitlich wirklich um sie stand. Dabei ist anzunehmen, dass die zufriedenen, optimistischen, ausgeglichenen Frauen ihre Zipperlein und körperlichen Einschränkungen weniger ernst nahmen als die unzufriedenen. So war ihre Lebenserwartung nicht so lang, wie sie hätte sein müssen, wären sie wirklich so gesund gewesen, wie sie angaben. Der Überlebensvorteil durch Zufriedenheit war in der Statistik womöglich deshalb nicht mehr zu erkennen.

Wahrscheinlich ist es ein Engelskreis, wenn man das Gegenteil eines Teufelskreises mal so nennen darf: Gesund zu sein macht zufrieden, aber Zufriedenheit wirkt sich auch positiv auf die Gesundheit aus, was wiederum die Zufriedenheit stärkt. Auf Dauer könnte das zu einem längeren Leben beitragen.

Jedenfalls gibt es durchaus gute Studien, die im Gegensatz zur ›Million Women Study‹ einen günstigen Effekt der Zufriedenheit auf die Lebensdauer belegen konnten. Eine solche prospektive Studie stammt aus dem Alameda County in Kalifornien, wo schon 1965 Tausende Menschen nach ihrer Gesundheit und ihren Lebensbedingungen befragt wurden. Die Studie wird bis heute fortgeführt. Was die Zufriedenheit betrifft, so zogen die Verhaltenspsychologen Jingping Xu und Robert E. Roberts vom Michael & Susan Dell Center for Healthy Living an der University of Texas nach fast 30 Jahren mit 7000 Teilnehmern eine Zwischenbilanz. Sie fanden, dass sowohl allgemeine Lebenszufriedenheit als auch Zufriedenheit mit verschiedenen Bereichen im Leben sowie positive Gefühle jeweils mit einem signifikant verminderten Risiko einhergingen, in der nächsten Zeit zu sterben – egal was im Einzelnen die Todesursache war. Negative Gefühle beeinflussten die Sterblichkeit in dieser Studie dagegen nicht. Womöglich sind sie für die Gesundheit gar nicht so wichtig, wie oft angenommen wird: Menschen scheinen sich eher Lebensjahre herbeifreuen als den Tod herbeiärgern zu können. Und: Die Forscher berücksichtigten den Gesundheitszustand ihrer Probanden sehr wohl und fanden gerade bei den gesunden Menschen einen sehr großen Einfluss der Zufriedenheit auf ihre Lebenserwartung.

Eine besonders lebensverlängernde Rolle spielen offensichtlich Lebenspartner und Freunde, die doch so zufrieden machen: »Der lebensverlängernde Effekt der Zufriedenheit scheint zumindest zum Teil von sozialen Netzwerken getragen zu werden«, folgern Xu und Roberts aus ihren Daten.

Ähnliches hatten Wissenschaftler aus Michigan schon Ende der 1980er-Jahre in einer damals wegweisenden Forschungsarbeit festgestellt: »Soziale Beziehungen beziehungsweise der relative Mangel daran bedeuten einen wesentlichen Risikofaktor für die Gesundheit«, schrieb das Team um Debra Umberson. »Beziehungen rivalisieren deshalb mit dem Effekt wohletablierter Gesundheitsrisikofaktoren wie Zigarettenrauchen, Blutdruck, Blutfette, Übergewicht und Bewegung.«

Einsam sind jedenfalls nur die wenigsten Menschen zufrieden. Und besonders lang leben Eremiten auch nicht: Wie viele Jahre des Lebens exzessive Einsamkeit raubt, hat eine Analyse von Julianne Holt-Lunstad von der Brigham Young University in Utah vor wenigen Jahren gezeigt. Die Psychologin hat 148 Studien zum Thema mit insgesamt mehr als 300 000 Teilnehmern ausgewertet. Diese wurden im Durchschnitt 7,5 Jahre beobachtet – und wer sozial nicht gut gebunden war, hatte in dieser Zeit ein 1,5-mal so hohes Risiko zu sterben wie ein Studienteilnehmer mit einem verlässlichen Freundeskreis. Besonders interessant daran war: Es kam nicht so sehr darauf an, ob jemand allein wohnte oder mit anderen zusammen. Wichtig war vielmehr, wie stark ein Mensch wirklich sozial integriert ist: »Es ist durchaus möglich, dass jemand, der allein lebt, ein stärker unterstützendes soziales Umfeld hat als jemand, der in einer Beziehung lebt«, sagt Holt-Lunstad. Wer echte Freunde hat, kann ruhig Single sein. Solange er sozial eingebunden ist, soziale Unterstützung bekommt oder auch nur glaubt, welche zu bekommen, hat er um 50 Prozent höhere Überlebenschancen als ein beziehungsloser Mensch. Damit ist Einsamkeit der Gesundheit abträglicher als Übergewicht oder Bewegungsmangel, folgert auch Holt-Lunstad. »Einsame sterben ebenso früh wie starke Raucher. Ärzte und Kliniken sollten ihren Patienten deshalb empfehlen, stärker auf ihre sozialen Bindungen zu achten.« Eigentlich, meint sie, müssten Ärzte »Bindung!« sogar auf ihre Rezepte schreiben.

Während die Bedeutung sozialer Wärme und Unterstützung häufig unterschätzt wird, wird umgekehrt ständig hervorgehoben, wie abträglich Arbeit der Gesundheit ist: Allzu oft lesen wir, dass Arbeit krank macht. Menschen seien heutzutage so gestresst, heißt es, deshalb bekommen sie eine Grippe nach der anderen oder erleiden gleich einen Burn-out. Es ist richtig: Arbeit kann furchtbar krank machen. Wer am Arbeitsplatz unzufrieden ist oder unter ständigem Erfolgs- und Termindruck leidet, wer trotz allen Schuftens nicht in der Lage ist, seine Arbeit zu bewältigen, wer nur gegängelt und herumgeschubst wird, ohne groß mitentscheiden zu dürfen, der kann dadurch sehr krank werden. Und allzu oft geschieht dies auch: Die Zahl der Fehltage wegen psychischer Erkrankungen wächst und wächst. Nicht umsonst hat die Weltgesundheitsorganisation (WHO) den beruflichen Stress zu »einer der größten Gefahren des 21. Jahrhunderts« erklärt. Viele EU-Staaten haben inzwischen gesetzliche Regelungen zum Schutz vor gesundheitsgefährdender psychischer Belastung am Arbeitsplatz eingeführt und mit anderen Berufsrisiken gleichgestellt. Ständiger Stress am Arbeitsplatz, so heißt es, ist genauso ungesund wie Lärm, grelles Licht oder Gift.

Aber Arbeit an sich ist nichts Schlimmes, sondern etwas ausgesprochen Gutes. Sie kann der Gesundheit extrem förderlich sein. Wer mit seiner Arbeit zufrieden ist, wer sie gerne macht, wer Erfolge und Anerkennung dadurch erfährt, für den ist sie eine wichtige Ressource, wie schon der extrem zerstörerische Effekt zeigt, den es bedeutet, arbeitslos zu werden (siehe *Zufriedenheit als Wesenszug*, S. 48). Eine gute Arbeit schützt sogar vor psychischen Erkrankungen. Gute Arbeit bedeutet: Belohnung im Sinne eines angemessenen Gehalts, positive Erfahrungen, Struktur, Anerkennung, Effizienzerleben und sozialen Austausch. »Berufliche Tätigkeit ist ein ganz zentraler Bestandteil unserer Lebenswelt und trägt entscheidend zur psychischen Gesundheit bei«, sagt Steffi Riedel-Heller, Direktorin des Instituts für Sozialmedizin, Arbeitsmedizin und Public Health an der Universität Leipzig. »Dieser Aspekt ist in den letzten Jahren, angesichts der Diskussion um Stressbelastung und Burn-out, unter den Tisch gefallen. Arbeit ist ein Grundrecht aller Menschen.«

Wie wichtig Arbeit für den Menschen ist, betont auch der Psychiater und Psychotherapeut Hans-Peter Unger, Chefarzt der Abteilung Psychiatrie, Psychotherapie und Psychosomatik am Asklepios-Klinikum Harburg. Er weiß: »Auch Erschöpfung ist ein integrativer Teil des Lebens.« Wichtig sei es, die Balance zu halten: »Denn Selbstfürsorge ist nicht mehr ritualisiert vorhanden in einer Welt, in der die Grenzen zwischen Arbeit und Privatleben immer mehr verwischen.«

Zufriedene Menschen scheinen aber nicht nur deshalb gesünder zu sein, weil sie einer befriedigenden Arbeit nachgehen. Sie ziehen offenbar auch eher die Reißleine als andere. Weil sie sich besser um sich selbst kümmern und häufig über eine höhere Sozialkompetenz verfügen, wissen sie besser, wann sie Nein sagen müssen. Gleichgültig, ob sie zufriedener sind, weil sie diese Einsicht haben, oder ob sie diese Einsicht haben, weil sie zufriedener sind: In jedem Fall fällt es zufriedenen Menschen in schwierigen Situationen leichter, eine Lösung für ihre Probleme zu finden. Und die kann auch darin bestehen, dass sie einen unbefriedigenden Job hinschmeißen und sich von Menschen trennen, die ihnen nicht guttun.

Um die Zufriedenheit zu steigern, braucht man nicht unbedingt einen gut bezahlten Job. Es muss nicht einmal eine Arbeit sein, die überhaupt entlohnt wird. Wichtig ist vielmehr eine Aufgabe. Denn Menschen, die einen Sinn im Leben sehen oder eine erfüllende Beschäftigung haben, haben besonders große Chancen, gesund alt zu werden, wie ein Team um Andrew Steptoe 2014 herausfand. Die Wissenschaftler vom University College London verfolgten 9050 Teilnehmer der ›English Longitudinal Study of Ageing‹. Zu Beginn der Forschung standen die Studienteilnehmer vor dem Eintritt in die Rente, 1542 von ihnen starben im Laufe der nächsten 8,5 Jahre. Unter denen, die sich am wenigsten mit dem identifizierten, was sie taten, starben 29 Prozent, während es unter jenen mit einem hohen Identifikationspotenzial nur neun Prozent waren. Der Effekt war unabhängig davon, wie krank die älteren Herrschaften zu Beginn der Studie waren. »Wahrscheinlich spielen biologische Faktoren hier direkt eine Rolle«, mutmaßt Steptoe. So könnten durch den Frust vermehrt Entzündungsmoleküle, Hormone und Nervenbotenstoffe ausgeschüttet werden und die negativen körperlichen Folgen vermitteln. Klar zu benennende Schuldige für den Effekt der tödlichen Sinnlosigkeit sind aber noch nicht gefunden.

Unzufriedene werden häufiger Opfer eines Unfalls

Mitunter scheint Zufriedenheit auch bizarre Folgen zu haben. Sie schützt augenscheinlich vor tödlichen Unfällen. Die finnischen Wissenschaftler, die diesen Zusammenhang erstmals im Rahmen ihrer Zwillingsstudien erkannten, trauten ihren Augen zunächst selber nicht. Aber die Ergebnisse waren eindeutig: Unzufriedene Menschen sterben, so stellten sie fest, nicht nur früher. Dies geschieht auch häufig aufgrund von Umständen, die sie auf den ersten Blick gar nicht selbst beeinflussen können. Ihr Risiko, infolge eines Unfalls zu versterben, war den Daten zufolge doppelt so hoch wie das der zufriedenen Menschen. Dabei wurden, um Störeffekte zu vermeiden, ausschließlich Personen miteinander verglichen, die sich sonst möglichst ähnlich waren: Sie waren alle verheiratet oder unverheiratet, gehörten derselben sozialen Klasse an, konsumierten ähnlich viel (oder wenig) Zigaretten und Alkohol und bewegten sich ähnlich viel (oder wenig).

Um dieses erstaunliche Ergebnis zu erhärten, gingen die finnischen Wissenschaftler zwei Jahre später noch einmal der Frage nach dem erhöhten Unfallrisiko nach. Und es bestätigte sich: Das Risiko für einen nicht beabsichtigten, verhängnisvollen Tod ist erheblich höher, wenn man sich in seinem Leben nicht wohlfühlt: Frauen hatten in den 20 Jahren, in denen die Studie stattfand, ein 7,8-mal so großes Risiko, durch einen solchen tragischen Unfall zu sterben, wenn sie unzufrieden waren, und Männer ein 4,0-mal so hohes.

Eine mögliche Erklärung für den überraschenden Fund: Womöglich vernachlässigen sich Männer und mehr noch die sonst so sorgsamen Frauen, wenn sie unzufrieden mit ihrem Leben sind. Sie achten schlicht weniger auf sich und ihre Gesundheit. In ihrem Frust gehen sie blindlings über die Straße und sind auch unsensibler für andere Gefahren. Letztlich ist es ihnen egal, was passiert, wenn sie nicht achtsam sind.

Die Theorie belegten die britischen Wissenschaftler um Andrew Steptoe etwas später mit Hilfe einer Studie an 17 246 jungen Leuten zwischen 17 und 30 Jahren: Diejenigen unter ihnen, die besonders zufrieden waren, legten deutlich mehr Engagement für ihre Gesundheit an den Tag. In 21 Staaten Nordamerikas, Asiens und Europas fand sich das immer gleiche Bild: Wer zufrieden ist, raucht seltener, bewegt sich mehr, ernährt sich gesünder, trinkt weniger Alkohol und schläft mehr. Er sorgt sich einfach mehr um sich. Dadurch hat er einen niedrigeren Blutdruck, gesündere Blutfettwerte und ein günstigeres Körpergewicht, wodurch seine Lebenserwartung steigt. Das geht sogar so weit, dass zufriedene Menschen mehr Sonnenschutz benutzen.

Das Gesundheitsverhalten erklärt aber auch nicht alle lebensverlängernden Aspekte der Zufriedenheit. Als die finnischen Forscher ihre Zwillinge etwas später noch einmal untersuchten, stellten sie fest, dass man aufgrund der Lebenszufriedenheit vorhersagen konnte, mit welcher Wahrscheinlichkeit ein Mensch später einmal eine Behindertenrente beziehen würde, gleich ob aus psychischen oder physischen Gründen. Das hatte auch Bestand, wenn die bekanntesten Gesundheitskiller wie Rauchen, Alkohol und Bewegungsmangel aus den Daten herausgerechnet wurden. Zufriedenheit verlängert also auch über andere Mechanismen das Leben.

Ob sich allerdings Optimismus und Zufriedenheit noch positiv auf die Lebensdauer auswirken, wenn man schon krank ist, ist heftig umstritten. Manche Studien haben Hinweise ergeben, dass Menschen, die sich geschätzt und unterstützt fühlen, etwa nach einer Bypass-Operation schneller genesen. Sie haben offenbar auch ein geringeres Risiko, dass sich ihre neu verlegten Umleitungen um die verstopften Herzkranzgefäße bald wieder zusetzen. 15 Jahre nach einer Bypass-Operation lebten noch 2,5-mal so viele Patienten, die eine gute Beziehung zu ihrem Partner hatten, im Vergleich zu solchen, die mit ihrer Beziehung unzufrieden waren.

Andere Studien aber fanden solche Zusammenhänge bei sehr ernsten Krankheiten nicht. »Wahrscheinlich ist, dass schwerste Krankheiten nicht von der Haltung eines Menschen beeinflusst sind«, sagt Ed Diener. Zwar könnten gute

Gefühle die Lebensqualität eines Menschen während eines gravierenden Leidens verbessern, so der Psychologieprofessor. »Aber auch wenn positive Gemütszustände das Immunsystem stärken und andere wünschenswerte Auswirkungen haben, scheint dies nicht ausreichend zu sein, um sehr ernste Krankheiten wie die Tollwut oder Bauchspeicheldrüsenkrebs zu bekämpfen.«

Solange man nicht ernsthaft krank ist, hilft es der eigenen Gesundheit aber offenbar auch spät im Leben noch, wenn man an seiner Zufriedenheit arbeitet. Denn es kommt nicht so sehr darauf an, dass man sein ganzes Leben lang zufrieden war. Wichtig ist im hohen Alter vielmehr der aktuelle Zustand: Eine Studie des schwedischen Zwillingsregisters hat einmal ihr Augenmerk eigens auf hochbetagte Menschen gelegt, immerhin 320 über 80-Jährige an der Zahl. Zehn Jahre wurden die jeweils gleichgeschlechtlichen, geistig noch gesunden Zwillingspaare nachverfolgt. Wer aktuell besonders unzufrieden mit seinem Leben war, hatte ein doppelt so hohes Risiko zu sterben wie sein besonders zufriedener Zwilling. Dabei war es gleichgültig, wie zufrieden die Herrschaften früher in ihrem Leben waren.

Dass die positiven Effekte der Zufriedenheit schon sehr bald zu spüren sind und man keineswegs erst als Rentner davon profitiert, konnte Mohammad Siahpush vom Center for the Advancement of Health an der University of Nebraska an fast 10 000 australischen Erwachsenen zeigen. Er verglich Menschen miteinander, die sich zu Beginn der Studie in ihrem Gesundheitszustand ebenso ähnelten wie in ihrem gesundheitsbezogenen Lebensstil. Die Probanden wurden nach ihrem Glück und ihrer Zufriedenheit gefragt: »Waren Sie in den vergangenen vier Wochen eine glückliche Person?«, lautete eine Frage. Und die zweite: »Alles zusammengenommen: Wie zufrieden sind Sie mit Ihrem Leben?« Schon zwei Jahre später zeigten sich körperliche Unterschiede: Jene Probanden, die zu Beginn der Studie zufriedener waren, waren zwei Jahre später gesünder als die unzufriedenen. »Wenn Sie jetzt glücklich und zufrieden mit Ihrem Leben sind, werden Sie sehr wahrscheinlich eine gesündere Zukunft haben als jemand, der unglücklich und unzufrieden ist und bei dem sonst alles gleich ist«, sagt Mohammad Siahpush. »Und wir haben noch etwas gefunden: Wenn Sie sich jetzt entschließen, zufriedener zu werden, dann verbessern Sie aktiv Ihre Gesundheit.«

Die Friedvolle:
Wie es einer Rheumapatientin gelingt,
trotz Schmerzen zufrieden zu sein

Klein sind ihre Hände. Viel zu klein für eine erwachsene Frau. Nur aus Höflichkeit gibt Katrin Becker sie zur Begrüßung her. Sie entkommt dem einfach nicht, es sitzt zu tief in den Menschen drin, einander mit einem Handschlag willkommen zu heißen. Katrin Becker drückt nicht gerne Hände. Sie kann ohnehin nicht richtig zupacken, dazu sind ihre Gliedmaßen zu stark verformt, und vor allem lässt sie andere nicht gerne ihre Hände drücken. Es tut jedesmal weh. Die Hände, sie sind das sichtbarste Zeichen für die vielen Schmerzen, die Katrin Becker seit Jahren erleiden muss.

Und doch schaut, wer der 47-Jährigen aus München begegnet, in ein ausgesprochen entspanntes, fröhliches Gesicht. Jugendlich sind ihre Züge noch dazu, aber das hat nicht nur mit ihrem frohen Gemüt zu tun: Die fast mädchenhaften Rundungen im Gesicht der blonden Frau stammen auch von dem vielen Cortison, das Katrin Becker tagtäglich einnimmt. Ohne Schmerzmittel kommt sie nun schon seit mehr als 40 Jahren nicht mehr aus.

Ihren sechsten Geburtstag hatte sie gerade gefeiert, als ihr plötzlich die Beine wehtaten. So schlecht ging es ihr, dass ihre Eltern von Arzt zu Arzt zogen, um herauszufinden, woran ihre jüngste Tochter litt. Als die Diagnose endlich feststand, traf es die Familie wie ein Donnerschlag: Rheuma! Mit sechs Jahren! Doch auf Katrin Beckers junges Alter nahm die Krankheit keine Rücksicht. Sie schlug mit voller Wucht zu. »Das Rheuma war bei mir gleich sehr massiv«, erzählt Becker, »ich konnte sehr schnell vieles nicht mehr: rennen, springen, toben, klettern – das war alles vorbei.« Voller Gefühl erzählt sie das, aber ohne Bitterkeit.

26 Mal wurde Katrin Becker seither operiert. Aus mehreren Gelenken wurden die Gelenkhäute entfernt, damit die ständig an den Knochen nagende Entzündung zum Stoppen kommt, ihre Sprung- und Handgelenke sind versteift worden, weil sie durch den Knochenfraß in eine so ungünstige Stellung zu gelangen drohten, dass sie sonst gar nicht mehr zu gebrauchen gewesen wären. Die 47-Jährige hat künstliche Knie, künstliche Hüften, künstliche Ellenbogen. »Ich bin voller Titan«, sagt sie. »Manchmal denke ich darüber nach, wie ich mich eines Tages beerdigen lasse. Wenn ich eingeäschert werde, bleibt ja eine Menge Metall übrig.« Katrin Becker lächelt, aber es ist ihr ernst damit.

»Die Operationen haben mich sehr ausgebremst, vor allem als es darum ging, eine Ausbildung zu machen und zu studieren«, erzählt sie. Sie konnte immer gut lernen, aber manchmal musste sie während ihrer Studentenzeit gleich zwei Operationen im Jahr über sich ergehen lassen, mit jeweils langen Krankenhausaufenthalten. So scheiterte sie letztlich daran, ihr Diplom in Psychologie zu machen. Damit hadert Katrin Becker nach wie vor; ihren Lebensunterhalt wird sie nie aus eigener Kraft bestreiten können. Doch zugleich weiß sie, dass die Operationen wichtiger waren: »Sie haben mir die Beweglichkeit erhalten, ich kann laufen.« So zieht sie insgesamt ein versöhnliches Fazit: »Ich sehe, dass ich im Bereich des beruflichen Vorankommens gescheitert bin. Aber ich kann damit umgehen, weil es in anderen Lebensbereichen so gut für mich gelaufen ist. Das Schönste ist, dass ich so selbstständig mit meinem Mann leben kann«, erzählt Katrin Becker bei Tee und Plätzchen, die eine Nachbarin gebacken hat. Die Nachbarin ist alleinerziehend; sie hat eine elfjährige Tochter, und Katrin Becker freut sich, manchmal helfen zu können. Eigene Kinder kamen für sie nie in Frage. »Wenn man froh ist, dass man sich selbst anziehen kann, ist das keine Option«, sagt sie. Aber sie hat eine Patentochter, die heute 23 Jahre alt ist, und sie hat viel dafür getan, für das Kind da zu sein: »Hannah habe ich von ihrer Geburt an zwei Mal die Woche gehabt. Das war wunderbar, so konnte ich ein bisschen Mutter sein.« Mit ihrer Nachbarin teilen sich Katrin Becker und ihr Mann nun eine Katze. Allein würden sich die Beckers nicht zutrauen, ein Tier zu halten. Katrin Beckers Mann Bernd ist ebenfalls schwer an Rheuma erkrankt, sie kennen sich von einem Seminar für junge Rheumatiker. Sie nehmen das Tier immer dann, wenn die Nachbarin in den Ferien ist. Eine Win-win-Situation. Auch für die Katze.

Dass Katrin Becker mit vielem so gelassen umgeht, mag auch am frühen Ausbruch ihrer Krankheit liegen. Wenn andere Menschen von ihrem Schicksal hören, sagen sie oft: Um Himmels willen! Da hast du ja eine schlimme Kindheit gehabt! Und das stimmt auch, bestätigt Katrin Becker ihnen dann. »Aber es hat auch seine Vorteile, wenn man früh erkrankt. Als Kind hinterfragt man nicht so viel. Man nimmt die Dinge, wie sie sind; akzeptiert, was man nicht kann«, sagt sie. »Ein Kind versucht, was eben geht, aus dem Leben herauszuholen.«

Von dieser Einstellung hat Katrin Becker sich viel bewahrt. Sie weiß, dass das Rheuma bei anderen Patienten mehr an der Zufriedenheit frisst. Als Vorsitzende der Arbeitsgemeinschaft München in der Deutschen Rheuma-Liga trifft sie regelmäßig auf andere Betroffene, sie kennt ganz verschiedene Arten, wie Menschen Krankheit, Schmerz und Behinderung bewältigen – oder eben auch nicht bewältigen. »Viele können mit den Gegebenheiten nicht so gut umgehen«, sagt Katrin Becker. »Sie wollen ihr Schicksal nicht akzeptieren, hadern mit den Schmerzen.« Darunter sind auch Menschen, die erheblich weniger schwer erkrankt sind als Katrin Becker.

Wie sehr ein Patient unter seiner Krankheit leidet, hat viel mit seiner Einstellung zu tun – und auch damit, ob er sich der Krankheit ausgeliefert fühlt oder Wege kennt, wie er mit ihr umgehen kann. Wer Entspannungsmethoden kennt, seinen Geist etwa durch eine Verhaltenstherapie im Umgang mit dem Rheuma schult und sich Ziele setzt, der profitiert auf erstaunliche Weise, haben Untersuchungen schon vor fast 30 Jahren ergeben: Das Gefühl der Selbstwirksamkeit wächst, die Schmerzen lassen nach – und am Ende wird sogar die Entzündung in den Gelenken schwächer.

Die Münchnerin sieht die Gründe für ihren gelassenen Umgang mit der schweren Krankheit vor allem in ihrer Familie. »Vieles hat mit der Persönlichkeit zu tun«, sagt sie, »aber auch damit, was einem von seinem Umfeld mitgegeben wird. Und meine Familie hat mich wirklich getragen, sie war immer für mich da. Meine Geschwister haben mit mir gespielt, auch wenn ich mich kaum bewegen konnte. Meine Mutter hat mich stets unterstützt. Und obwohl sie mit Sicherheit oft verzweifelt war, hat sie mir nicht vermittelt, dass die Krankheit der Untergang sei.«

Dabei war es durchaus dramatisch. Zwar hat das Rheuma nie Katrin Beckers Leben bedroht, aber der Verlauf war bei ihr so fulminant, dass die Krankheit mit Medikamenten nicht in den Griff zu bekommen war. Am Anfang half wenigstens die Therapie mit fein verteiltem Gold, die damals der neueste Schrei war. »Aber ich reagierte dann allergisch, und das Gold wieder aus dem Körper rauszukriegen, war sehr kompliziert. Ich lag lange im Krankenhaus, musste ein sehr ekliges Gegenmittel schlucken«, erzählt sie. »Ihnen kann man sowieso nicht helfen« – dieser Satz eines unsensiblen Arztes hat sich tief eingebrannt in Katrin Beckers Erinnerung. »Ich war ja schon oft mit starken Schmerzen bei Ärzten gewesen, aber nachdem ich als junge Frau diesen Satz gehört habe, bin ich zum allerersten Mal heulend aus einer Praxis rausgegangen.« Doch selbst diese schlimme Begegnung weiß Katrin Becker versöhnlich zu interpretieren – auch das sei letztlich zu etwas gut gewesen: »Von da an hatte ich keine Erwartungen mehr an Ärzte. Ich habe angefangen mich zu informieren, meine Behandlung selbst in die Hand zu nehmen. Ich wurde zur Expertin.« Seither engagiert sich Becker in der Rheuma-Liga. Die Aufgabe bedeutet ihr viel. »Ich kann mir nichts Besseres vorstellen. Das ist es, was ich am allerbesten kann. Wo ich mich auskenne und mein Wissen für andere einsetzen kann.«

So hörte sie auch früh von der neuen Generation von Medikamenten, den Biologica, die um die Jahrtausendwende auf den Markt kamen. Unaufhaltsam war ihr Rheuma bis dahin vorangeschritten. Doch mit den Biologica ging es ihr endlich besser, zum ersten Mal seit 30 Jahren erfuhr sie deutliche Linderung – auch wenn selbst diese hochwirksamen Medikamente ihre Krankheit nicht zum Stillstand brachten. »Das Rheuma geht trotzdem weiter, die Entzündung ist immer da. Ich merke sie momentan vor allem an den Schultern, das sind noch meine eigenen Gelenke. Die sind immer mal wieder angeschwollen. Aber alles in allem habe ich nicht mehr diese ganz schlimmen Schmerzen«, sagt sie fröhlich und lächelt dabei. Es fällt so häufig in ihren Erzählungen, dieses versöhnliche »aber«. Katrin Becker gelingt es, in vielem das Positive zu sehen. »Ich habe zum Glück wenig Nebenwirkungen von den Medikamenten«, fährt sie fort. »Wenn man neben dem Rheuma noch einen empfindlichen Magen hat, ist man echt elend dran.«

Das Schlimme am Rheuma ist, dass es immer schlimmer wird. Bald stehen die nächsten Operationen an. Schließlich hat Katrin Becker ihre künstlichen Hüften schon 25 Jahre lang, die werden nicht mehr ewig halten. Ihre Finger sind an manchen Tagen geschwollen und dann noch weniger beweglich als sonst. »Die Hände können immer weniger. Inzwischen fällt mir oft etwas aus der Hand, und ich habe zugleich Mühe, mich zu bücken. Es ist ein Teufelskreis.«

Als Jugendliche hatte sie sich immer gesagt: »Wenn ich mir nicht mal mehr selber die Haare kämmen kann, weil ich mit der Hand nicht bis zum Kopf komme, oder wenn ich Mühe habe, mir die Schuhe zuzubinden, dann will ich nicht mehr. Das mache ich nicht mit.« Aber sie macht mit: All das, was ihr als unerträglich erschien, ist längst eingetreten, doch sie genießt das Leben trotz allem. »Ich habe gelernt, dass man sich da anpasst und nach Lösungen sucht«, sagt sie. Sie plant jetzt mehr Zeit ein, um sich fertig zu machen, wenn sie einen Termin hat. »Schnell-schnell geht gar nicht mehr. Aber man gewöhnt sich an vieles, und das Leben macht trotzdem Spaß.«

Dennoch schmerzt der Blick in die Zukunft manchmal. »Es bereitet mir schon Sorgen, wie es mal wird, wenn ich noch weniger kann. Wenn ich zum Beispiel nicht mehr Auto fahren kann. Aber dann denke ich wieder: Heute gibt es so viele Möglichkeiten. Dann wird es eben anders, aber es wird.« Katrin Becker weiß, dass sie bisher in jeder schwierigen Phase einen neuen Zugang zum Leben gefunden hat. Besonders schwierig wurde es für sie zum Beispiel im Teenageralter, als ihre Freundinnen ihre ersten Liebschaften hatten. »Da konnte ich nicht mithalten«, erzählt sie. Aber sie hat sich ihren eigenen Weg gesucht: »Ich habe mir andere Gebiete erschlossen, habe mit dem Lesen angefangen. So habe ich trotz meiner Behinderungen sehr viel erfahren von der Welt. Ich konnte mich in andere Welten hineinlesen. Das hat mich gerettet.«

Manchmal muss sie darüber lächeln, wie sehr andere sich vor einem Leben wie dem ihren fürchten. Ihr Vater zum Beispiel, der kein Rheuma hat. »Er hat einen Horror, sich eines Tages vielleicht pflegen lassen zu müssen, abhängig zu sein«, erzählt sie. »Wenn er das wieder einmal erwähnt, schaue ich ihn an und sage: ›Hallo?! Ich brauche ganz viel Hilfe. Ich bin aber deswegen nicht jemand, wo's sich nicht lohnt, das zu machen. Man kann doch lernen, um Hilfe zu bitten.‹«

Natürlich nimmt auch Katrin Becker nicht alles klaglos hin. »Mein Mann und ich beschweren uns natürlich schon mal, dass alles großer Mist ist. Aber wir entdecken dann sehr schnell den Weg da wieder raus und sehen, was wir können.« Vor ein paar Jahren begann das Rheuma zu allem Überfluss auch noch ihre Augen anzugreifen. »Da knabbert man schon dran.« Musste das nun auch noch kommen?, fragte sie sich. Und sie gibt sich gleich selbst die Antwort, lächelnd: »Ja, es musste anscheinend.«

Solche Momente wird es wohl immer wieder geben. »Was man noch allein kann, wird immer weniger werden. Der Abschied davon ist auch mit Trauerprozessen verbunden«, sagt Katrin Becker. »Aber ich habe nun einmal keinen Einfluss darauf. Ich kann mich also nur fragen: Wie integriere ich die neuen Ereignisse in mein Leben? Wie schaffe ich es, trotzdem wieder die Dinge zu tun, die mir wichtig sind?« Sie sei oft hart zu sich selbst, sagt Katrin Becker. »Aber wenn ich sehe, dass das Ergebnis gut ist, dann gibt mir das viel zurück. Ich habe einerseits gelernt, meine Grenzen zu erkennen. Und andererseits versuche ich immer wieder, meine Grenzen zu verschieben. Man hat ja nicht das Versprechen gekriegt, dass man ewig gesund ist.«

Dass viele Kranke eine so negative Einstellung zum Leben haben, kann die Münchnerin für sich nicht nachvollziehen. »Ich verstehe, dass sie krank sind und Schmerzen haben; dass es ihnen dreckig geht, auch mal länger, und dass das runterzieht. Aber es bringt einen ja nicht weiter. Man muss doch das Beste draus machen. Es ist doch wahrscheinlich das einzige Leben, das man hat.«

4 Wie man Zufriedenheit lernen kann

Zufriedenheit fühlt sich gut an, aber sie ist kein Gefühl. Zum Glück! Das macht sie dauerhafter. »Zufriedenheit hält länger an als ein Dopaminsignal«, sagt der Psychologieprofessor Todd Kashdan. »Man sollte deshalb auch nicht von ihr denken, als sei sie eine Emotion.« Wie zufrieden man ist, resultiert aus einem inneren »Daumen hoch« oder »Daumen runter«. Wenn ein Mensch sich selbst betrachtet, seinen Körper, seinen Verstand, seine Ehe, seinen Hund, seine Arbeit, seine Freunde – sagt er dann: Das ist gut so, Daumen hoch? So ist er zufrieden. Oder kommt er zu dem Schluss, dass es zu viel Unfrieden, Ärger, Verlust, Angst, Traurigkeit in seinem Leben gibt oder dass sein Leben zwar so weit ganz gut verläuft, aber doch nicht gut genug ist? Dann geht der Daumen runter und mit ihm die Zufriedenheit. Welchen Blick wir auf unser Leben haben, hängt nur zu einem geringen Teil davon ab, wie wir uns gerade fühlen. »Der Rest ist das Produkt mentaler Arithmetik«, sagt Todd Kashdan. Zufriedenheit ist ein »State of Mind«, ein Geisteszustand. Erwartungen fließen hinein, Ideale, aber auch eine Portion Realitätssinn, Akzeptanz und Lebensklugheit.

Das ist wunderbar! Denn es bedeutet, dass man Zufriedenheit lernen kann. Glückszustände lassen sich nun mal kaum beeinflussen, außer vielleicht dadurch, dass man sich hin und wieder etwas Schönes leistet, dass man jemanden hat, der einem eine Freude macht, oder dass man sich ab und zu einen Bleistift quer zwischen die Lippen schiebt, sodass er die Mundwinkel berührt. Kein Witz: Der Reiz, den das auf die Lachmuskeln ausübt, steigert tatsächlich die Laune. Doch während man das Glück vor allem dem Zufall überlassen muss, kann man Zufriedenheit aktiv erreichen. Sie hat viel mit Vorsatz, Absicht, Bewusstsein und Strategie zu tun. Man muss die Strategien nur erkennen und einüben.

Das heißt beileibe nicht, dass man mit allem zufrieden sein oder sich vor den Problemen dieser Welt wegducken soll, wie dies zum Beispiel die Klimawandelleugner, die sich selbst euphemistisch »Klimaskeptiker« nennen, mit bewundernswerter Ignoranz tun. Grundsätzlich zufrieden zu sein, schließt nicht aus, dass man zwischendurch Phasen und Momente der Unzufriedenheit erlebt oder dass man sich für persönliche, gesellschaftliche oder politische Veränderungen engagiert. (Im Gegenteil: Etwas für andere oder im Sinne eines großen Ganzen zu tun, kann sehr zufrieden machen.) Und es ist sicher auch nicht sinnvoll, sich dem Zwang zum Dauergrinsen zu unterwerfen, der in vielen Kulturen der westlichen Welt Einzug gehalten hat. In den USA ist es schon fast zur Staatsmaxime geworden, in noch so negativen Ereignissen das Gute zu sehen, beklagte unlängst die amerikanische Journalistin Barbara Ehrenreich. Selbst als sie Brustkrebs bekam und an der Diagnose fast verzweifelte, hätten ihre Freunde ihr gesagt, sie solle die Krankheit als Herausforderung annehmen, ärgert sie sich. Sie zieht ein bitteres Fazit. Die Aufforderung, positiv zu denken und nach jeder Niederlage gleich wieder in die Hände zu spucken, habe letztlich nur ein Ziel: »Die Menschen sollen weitermachen, sie sollen funktionieren, damit die Leistungsgesellschaft weiter Gewinn machen kann.«

Trauer, Verzweiflung, Leid und Ärger brauchen ihren Platz im Leben, zweifellos. Auf ständiges Rummäkeln an sich selbst und anderen, auf chronische Unzufriedenheit mit sich und der Welt kann man dagegen getrost verzichten. Wer sich in seinem Nörglertum wohlfühlt, ist gut dran. Aber wer an seiner eigenen Unzufriedenheit leidet und sich dadurch Lebensfreude nimmt, der sollte etwas ändern. Zufriedenheit ist, wenn sie wahr und ehrlich ist, ein Fundament für die seelische und geistige Gesundheit. Sie ist ein wohltuendes Gegenkonzept zu einer Doktrin der nicht enden wollenden Kritik, des deprimierenden Umgangs mit den eigenen Fähigkeiten und des ständigen Ansporns zum Noch-mehr-Wollen, Noch-mehr-Kaufen und Noch-mehr-Leisten. Sie lädt ein zum kraftschöpfenden Innehalten, zum genießerischen Rückblick auf das, was schon erreicht ist, und zu einem nachhaltigen Umgang mit dem Planeten und sich selbst. Deshalb lohnt es, die Strategien der Zufriedenheit einmal genauer zu betrachten.

Was erwarte ich vom Leben? Was habe ich mir als Kind von meinem Erwachsensein erträumt, was als junger Mensch? Wie viel von dem, was mir von meinen früheren Vorstellungen immer noch wichtig ist, ist tatsächlich eingetreten? Bin ich der Mensch geworden, der ich immer werden wollte? Oder habe ich etwas nicht erreicht, was ich bis heute schmerzlich an mir und meinem Leben vermisse?

Wie zufrieden ein Mensch ist, ist das Ergebnis dieser Art von Bestandsaufnahme, die er – mehr oder weniger bewusst – vielleicht nicht jeden Tag, aber doch regelmäßig macht. Das Maß an Unzufriedenheit, das wir in uns spüren, entspricht damit ziemlich genau der Kluft zwischen Wunsch und Wirklichkeit, die sich zwangsläufig auftut, wenn unser innerer Buchhalter Bilanz zieht.

Der Selbsttest zur Lebenszufriedenheit (siehe *Selbsttest: Wie zufrieden bin ich?*, S. 41) konnte bereits Aufschluss darüber geben, wie zufrieden wir mit dem Gesamtkonzept unseres Daseins sind. Ein weiterer – ebenso umfangreicher wie einfacher – Test zeigt ein entscheidendes Detail: Er hilft uns herauszufinden, wie zufrieden wir mit uns als Mensch sind. Es handelt sich dabei, anders als bei der ›Satisfaction With Life‹-Skala, nicht um einen wissenschaftlich validierten Test. Er ermöglicht dennoch einen wichtigen Einblick, denn er veranschaulicht, wie sehr ein Mensch seinen Ansprüchen an sich selbst genügt: Welche Eigenschaften sind mir eigentlich wichtig? Und wie viele davon vereine ich auf mich? Wäre ich gerne anders? Oder finde ich mich okay, so wie ich bin? Wie diese Bilanz ausfällt, bestimmt das ganze Leben. Denn zufrieden mit sich selbst zu sein, ist die wichtigste Voraussetzung dafür, auch mit dem Leben im Allgemeinen zufrieden zu sein, mit der Partnerschaft und mit dem Beruf. Ein starkes Selbstwertgefühl ist ein Garant für Zufriedenheit. Herauszufinden, wie es eigentlich um das eigene Selbstbild steht, kann deshalb die Augen dafür öffnen, wo und wie wir an den Stellschrauben unserer Zufriedenheit drehen können.

1. Schritt: Kreuzen Sie all jene Eigenschaften an, von denen Sie sich wünschen, dass sie auf Sie zutreffen. Dabei ist es gleichgültig, ob Sie über diese Eigenschaften verfügen oder nicht. Zählen Sie die Kreuze. Das Ergebnis ist eine Zahl zwischen 0 und 100, die Zahl X.

Wie möchten Sie sein?

1. aktiv	☐	31. gebildet	☐
2. angesehen	☐	32. geduldig	☐
3. attraktiv	☐	33. gefühlvoll	☐
4. ausdauernd	☐	34. geradlinig	☐
5. begeisterungsfähig	☐	35. gerecht	☐
6. beherrscht	☐	36. gewissenhaft	☐
7. beliebt	☐	37. großzügig	☐
8. bestimmend	☐	38. gutaussehend	☐
9. charismatisch	☐	39. gutmütig	☐
10. charmant	☐	40. herzlich	☐
11. dominant	☐	41. hilfsbereit	☐
12. draufgängerisch	☐	42. ideenreich	☐
13. effektiv	☐	43. innovativ	☐
14. ehrgeizig	☐	44. intelligent	☐
15. ehrlich	☐	45. klug	☐
16. einfühlsam	☐	46. kommunikativ	☐
17. emotional	☐	47. konsequent	☐
18. energiegeladen	☐	48. kontrolliert	☐
19. energisch	☐	49. kreativ	☐
20. engagiert	☐	50. leidenschaftlich	☐
21. enthusiastisch	☐	51. leistungsorientiert	☐
22. entschlussfreudig	☐	52. liebenswert	☐
23. entspannt	☐	53. liebevoll	☐
24. erfolgreich	☐	54. lustig	☐
25. experimentierfreudig	☐	55. mitfühlend	☐
26. extrovertiert	☐	56. mitreißend	☐
27. freigiebig	☐	57. mutig	☐
28. freundlich	☐	58. nachdenklich	☐
29. friedlich	☐	59. neugierig	☐
30. fröhlich	☐	60. objektiv	☐

61. optimistisch	☐	81. tonangebend	☐
62. phantasievoll	☐	82. treusorgend	☐
63. positiv	☐	83. überlegen	☐
64. redegewandt	☐	84. überlegt	☐
65. ruhig	☐	85. überzeugend	☐
66. sanft	☐	86. umgänglich	☐
67. schlagfertig	☐	87. unternehmungslustig	☐
68. selbstbewusst	☐	88. verantwortungsbewusst	☐
69. siegreich	☐	89. verlässlich	☐
70. sorgfältig	☐	90. verletzlich	☐
71. sorgsam	☐	91. vertrauensvoll	☐
72. sparsam	☐	92. vielseitig	☐
73. spendabel	☐	93. vorsichtig	☐
74. sportlich	☐	94. warmherzig	☐
75. stark	☐	95. weltoffen	☐
76. stolz	☐	96. willensstark	☐
77. strebsam	☐	97. wissbegierig	☐
78. strukturiert	☐	98. zielstrebig	☐
79. tatkräftig	☐	99. zugewandt	☐
80. tolerant	☐	100. zupackend	☐

Summe = Zahl X

2. Schritt: Kreuzen Sie nun all jene Eigenschaften an, von denen Sie denken, dass sie auf Sie zutreffen. Dabei geht es nicht darum, dass der jeweilige Wesenszug ständig bei Ihnen vorherrscht, sondern nur darum, ob Sie ein Merkmal ab und zu erfüllen. Zählen Sie am Ende die Kreuze. Das Ergebnis ist eine Zahl zwischen 0 und 100, die Zahl Y.

Wie sind Sie?

1. aktiv	☐	7. beliebt	☐
2. angesehen	☐	8. bestimmend	☐
3. attraktiv	☐	9. charismatisch	☐
4. ausdauernd	☐	10. charmant	☐
5. begeisterungsfähig	☐	11. dominant	☐
6. beherrscht	☐	12. draufgängerisch	☐

13. effektiv	☐	51. leistungsorientiert	☐
14. ehrgeizig	☐	52. liebenswert	☐
15. ehrlich	☐	53. liebevoll	☐
16. einfühlsam	☐	54. lustig	☐
17. emotional	☐	55. mitfühlend	☐
18. energiegeladen	☐	56. mitreißend	☐
19. energisch	☐	57. mutig	☐
20. engagiert	☐	58. nachdenklich	☐
21. enthusiastisch	☐	59. neugierig	☐
22. entschlussfreudig	☐	60. objektiv	☐
23. entspannt	☐	61. optimistisch	☐
24. erfolgreich	☐	62. phantasievoll	☐
25. experimentierfreudig	☐	63. positiv	☐
26. extrovertiert	☐	64. redegewandt	☐
27. freigiebig	☐	65. ruhig	☐
28. freundlich	☐	66. sanft	☐
29. friedlich	☐	67. schlagfertig	☐
30. fröhlich	☐	68. selbstbewusst	☐
31. gebildet	☐	69. siegreich	☐
32. geduldig	☐	70. sorgfältig	☐
33. gefühlvoll	☐	71. sorgsam	☐
34. geradlinig	☐	72. sparsam	☐
35. gerecht	☐	73. spendabel	☐
36. gewissenhaft	☐	74. sportlich	☐
37. großzügig	☐	75. stark	☐
38. gutaussehend	☐	76. stolz	☐
39. gutmütig	☐	77. strebsam	☐
40. herzlich	☐	78. strukturiert	☐
41. hilfsbereit	☐	79. tatkräftig	☐
42. ideenreich	☐	80. tolerant	☐
43. innovativ	☐	81. tonangebend	☐
44. intelligent	☐	82. treusorgend	☐
45. klug	☐	83. überlegen	☐
46. kommunikativ	☐	84. überlegt	☐
47. konsequent	☐	85. überzeugend	☐
48. kontrolliert	☐	86. umgänglich	☐
49. kreativ	☐	87. unternehmungslustig	☐
50. leidenschaftlich	☐	88. verantwortungsbewusst	☐

89. verlässlich	☐	95. weltoffen	☐
90. verletzlich	☐	96. willensstark	☐
91. vertrauensvoll	☐	97. wissbegierig	☐
92. vielseitig	☐	98. zielstrebig	☐
93. vorsichtig	☐	99. zugewandt	☐
94. warmherzig	☐	100. zupackend	☐

Summe = Zahl Y

3. Schritt: Errechnen Sie Ihren Zufriedenheits-Quotienten: Nehmen Sie die Zahl Y mal 100 und teilen Sie sie durch die Zahl X. Es ergibt sich Ihr Maß an Zufriedenheit mit sich selbst in Prozent.

(Beispielrechnung: Sie haben im 1. Schritt 80 Eigenschaften angekreuzt, die Zahl X ist damit 80. Im 2. Schritt haben Sie 50 Eigenschaften angekreuzt, die Zahl Y ist damit 50. Die Rechnung lautet: 50 mal 100 ist gleich 5000. 5000 geteilt durch 80 ergibt 62,5. Ihr Maß an Zufriedenheit mit sich selbst beträgt damit 62,5 Prozent.)

Einordnung des Ergebnisses:

90 bis 100 Prozent: Sie sind mit sich selbst ausgesprochen zufrieden. Sie gefallen sich so, wie Sie sind. Ihr Selbstwertgefühl ist stark. Wahrscheinlich haben Sie einen großen Freundeskreis, und es geht Ihnen meistens gut. Ihre geistige und psychische Gesundheit ist stabil, und Sie erfüllen die Ziele und Aufgaben, die Sie haben, größtenteils mit Freude.

75 bis 89 Prozent: Sie sind sehr zufrieden mit sich und vermissen nur wenige Eigenschaften an sich selbst. Ihr Selbstbild entspricht dem, was Sie sich von einem Menschen wünschen. Dass Sie über manche Charakteristika nicht verfügen, die Ihnen an anderen Leuten gefallen, stört Sie nicht allzu sehr. Und wahrscheinlich kommen Sie nicht nur mit sich selbst, sondern auch mit anderen Menschen gut aus. Wenn Sie manchmal trotzdem unzufrieden mit sich sind, dann beschäftigt es Sie offenbar, dass Sie eine der wenigen

Eigenschaften nicht haben, die Sie gerne hätten. Sie könnten versuchen herauszufinden, warum das so ist: Trauern Sie einem Idealbild nach, das Sie selbst entworfen haben, oder haben Ihre Eltern Ihnen womöglich immer gesagt, Sie seien zum Beispiel nicht gewissenhaft genug? Sie könnten lernen, damit zu leben, dass Ihnen dieses eine Merkmal fehlt, wo Sie doch über so viele andere wünschenswerte Charakterstärken verfügen. Oder Sie versuchen, sich manche der wenigen Tugenden, die Ihnen in Ihren Augen fehlen, doch noch anzueignen.

50 bis 74 Prozent: Sie haben, auch wenn Sie beim Betrachten Ihrer eigenen Person einige Abstriche von Ihrem Idealbild machen, alles in allem ein positives Selbstbild. Vieles von dem, was Sie sich von einem Menschen wünschen, finden Sie auch bei sich selbst. Zugleich fehlen Ihnen aber auch zahlreiche Eigenschaften, die Sie gerne hätten. Wahrscheinlich plagen Sie deshalb immer mal wieder Selbstzweifel, die Sie daran hindern, Ihre positiven Eigenschaften zu nutzen und zu leben.

25 bis 49 Prozent: Sie sehen mehr Defizite an sich selbst, als dass Sie Positives entdecken. Das macht Sie wahrscheinlich oft traurig und unzufrieden. Sie könnten sich mehr auf das besinnen, was Sie haben, als auf das, was Ihnen fehlt. Und Sie sollten überprüfen, ob Ihre Ideale wirklich Ihren eigenen Vorstellungen entsprechen. Wenn dem so ist, könnten Sie sich fragen, was oder wer Sie daran hindert, manche der in Ihren Augen wünschenswerten Eigenschaften auch für sich selbst umzusetzen. Womöglich haben Sie nur Angst davor, es zu probieren.

0 bis 24 Prozent: Sie scheinen sehr unzufrieden mit sich selbst zu sein. Wenn Sie damit gut leben können, ist das völlig in Ordnung. Wenn Sie aber unter Ihrem negativen Selbstbild leiden, könnte es Ihnen Erleichterung verschaffen, sich professionelle Hilfe zu suchen.

Das Auto hat einen Platten, die Miete ist schon wieder erhöht worden und der seit Tagen andauernde Nieselregen schlägt einem aufs Gemüt. Keine Frage: Jeden Tag passieren Dinge, über die man mit Fug und Recht unzufrieden sein kann. Das kann man ruhig ausleben, ohne gleich Angst um seine seelische Gesundheit haben zu müssen. Besser aber fühlt es sich an, wenn man das Unglück des Tages mit einer gewissen Gelassenheit einordnet:

Nur ein Platten, der ist zwar ärgerlich,
aber das Reserverad ist schnell montiert!

Oder wenn man an dem Missgeschick sogar noch etwas Positives entdecken kann:

Wie gut, dass es nicht gestern passiert ist,
als ich den wichtigen Termin hatte!
Außerdem ist es sowieso gesünder, häufiger
das Fahrrad zu benutzen.
Die Miete kann ich mir immerhin noch leisten.
Und das miese Wetter bietet die Gelegenheit,
den schönen, bunten Regenmantel herauszuholen.

An den Kleinigkeiten des Alltags zeigt es sich schon: Es gibt zwei Wege, mit Widrigkeiten umzugehen: Entweder man akzeptiert die Unannehmlichkeiten, die sich ereignen, weil man sowieso nichts daran ändern kann (platter Reifen, Mieterhöhung, Wetter), und man macht das Beste draus (bunter Regenmantel, mehr Bewegung), oder man beseitigt die Plage, um sich nicht mehr darüber ärgern zu müssen (Reifen wechseln). Psychologen sprechen vom defensiven und vom offensiven Weg zu mehr Zufriedenheit. Beim offensiven Weg setzen wir uns ein, wir strengen uns an – und bekommen, im besten Fall, am Ende die Belohnung, die uns zufrieden macht. Beim defensiven Weg werden wir zufriedener, weil wir unsere Ansprüche zurückschrauben.

Diese Wahl haben wir nicht nur beim Umgang mit den Widrigkeiten des Alltags, sondern auch mit uns selbst. Fast jeder Mensch wird beim Ausfüllen des Selbsttests (siehe *Selbsttest: Die Kluft zwischen Wunsch und Wirklichkeit*, S. 149) gemerkt haben, dass er manchen seiner Idealvorstellungen nicht entspricht, weil er zum Beispiel gerne sportlich wäre, aber feststellen muss, dass das Jahresabo fürs Fitnesscenter bald ausläuft und letztlich nicht mehr als zwölf Mal zum Einsatz kam; weil er gerne gebildeter wäre und sich als Jugendlicher vorgenommen hatte, alle Klassiker der Weltliteratur zu lesen, aber bis heute keinen Thomas Mann zu Ende gebracht hat; oder weil er gerne anderen Menschen mit größerer Selbstsicherheit gegenübertreten würde, aber in Diskussionen doch meist schweigt, anstatt laut und vernehmbar seine Meinung zu sagen. Dafür kann man sich selbst ebenso die Schuld geben wie seinen Eltern, die womöglich mit ihrer Nörgelei ein so schlechtes Selbstbild in ihrem Kind zumindest mitverursacht haben, die ihr Kind nicht stärker zum Lesen angehalten haben und die es sofort vom Turnverein abgemeldet haben, als es nur einmal anmerkte, es wolle da nicht mehr hingehen.

Die Suche nach der Schuld ändert allerdings – nichts. Und sie verursacht noch dazu furchtbar schlechte Gefühle. Sicher ist: Wenn man anders sein möchte, als man ist, und sich tagtäglich über die eigenen Defizite ärgert oder den verpassten Chancen nachtrauert, ist Unzufriedenheit programmiert. Das gilt nicht nur für den Blick auf sich selbst, sondern für alle Wertschätzung, die man seinem Leben entgegenbringt. Was hatte man sich vor Jahren als junger Mensch erträumt? Die Altbauvilla, die zwei wohlgeratenen Kinder, den Hund, eine große Liebe für ein langes, langes Leben mindestens auf dem Helmut-und-Loki-Niveau, dreimal Sex pro Woche und niemals solche Falten zu bekommen, dass die Mundwinkel herunterhängen? Punkte könnte man auch für all jene Diskrepanzen sammeln, die sich bei der Bewertung dieser Entwicklungen auftun: Wollte man nicht immer ein Reitpferd haben? Hat man keines? Minuspunkt. Hat man eines, aber das beißt? Noch ein Minuspunkt. Wäre man gerne Führungskraft geworden, hat aber keinen Menschen, dem man etwas zu sagen hat? Schon wieder ein Minuspunkt. Hat man zwei Kinder? Ja? Ein Punkt. Aber das eine ist ein Pummelchen und das andere frech wie Oskar, obwohl die beiden in der Vorstellung immer bildhübsch, brav und begabt waren? Doppelminuspunkt. Die Kluft zwischen Wunsch und Wirklichkeit, sie lässt sich auf das ganze Leben ausdehnen. Genauso wie der Umgang mit ihr.

Dinge mögen sich anders entwickelt haben, als wir uns das einst vorstellten. Das mag traurig oder ärgerlich sein. Aber es heißt nicht, dass wir zur Trauer, zum Ärger und zur Unzufriedenheit verdammt sind – selbst dann nicht, wenn sich zwischen Wunsch und Wirklichkeit gleich ein ganzer Graben auftut. Wir können schließlich etwas ändern! Nämlich entweder, ganz defensiv, unsere Wünsche oder, offensiv, die Wirklichkeit.

Zweifelsohne gibt es manche Entwicklungen, an denen wir nichts (mehr) drehen können. Wer seinen 60. Geburtstag feiert und einst einen Beruf ergriffen hat, der ihn heute nicht (mehr) erfüllt, wird es schwer haben, noch umzuschulen und etwas ganz Neues anzufangen. Und wenn eine Frau mit Mitte vierzig noch nicht Mutter geworden ist, lässt sich daran kaum mehr etwas ändern. Auch manche Charaktereigenschaften sind sehr fest in uns verankert. Ein schüchterner Mensch wird nicht zum Partyclown werden, selbst wenn er ein solches Auftreten erstrebenswert findet. Und jemand mit einem Hang zum genialischen Unorganisiertsein kann sich zusammenreißen, aber er wird wohl nicht zur personifizierten Gewissenhaftigkeit werden. Und doch stehen uns zu jeder Zeit und an jedem Ort verschiedene Handlungsmöglichkeiten offen, Wunsch und Wirklichkeit einander anzunähern.

Wie wir mit etwas umgehen, das uns fehlt oder stört, haben wir immer noch selbst in der Hand. Wir entscheiden, ob wir weiterhin traurig sein wollen, ob der Ärger uns tagein, tagaus begleiten soll oder ob wir ihn abschütteln, indem wir beschließen, unseren Frieden mit der Situation zu schließen und Freude aus anderen Dingen zu schöpfen bzw. indem wir ändern, was noch zu ändern ist. Wir haben selbst die Entscheidungsgewalt darüber. Wenn wir alles so belassen, wie es ist, ist auch das unsere Wahl. Wir beschließen dann, weiterhin unzufrieden zu sein.

»Es ist wichtig, dass wir uns klarmachen: Wir sind in unseren Entscheidungen frei«, sagt der Münchner Coach und Verhaltenstherapeut Jens Corssen. Jeder Mensch legt selbst fest, wie er sich zu einem Ereignis, einer Pflicht, einer Eigenschaft verhält. »Da, wo ich bin, will ich sein«, sagt Corssen. »Wenn ich einen Termin habe, den ich vielleicht nicht so gerne wahrnehmen möchte, und wenn ich dann trotzdem hingehe, dann passt mir das offenbar immer noch besser ins Konzept, als nicht hinzugehen.« Der berufliche Abendtermin, die Verabredung mit den nervigen Nachbarn: Wer es trotzdem tut, tut es aus freien Stücken. Er entscheidet sich dafür, weil er die ihm stets offenstehende Option abzusagen beim inneren Abgleich als die schlechtere Möglichkeit empfindet.

Den Nachbarn einen Korb geben? Sie würden es nicht verstehen, und ein gutes Verhältnis zu ihnen ist wichtig, also geht man hin. Sich bei der Arbeit krankmelden? Das scheint immer noch die schlechtere Variante zu sein, als sich den Abend im Kreis der Kollegen bei der langweiligen Fortbildung um die Ohren zu schlagen. »Es gibt in diesem Moment offenbar nichts Besseres«, sagt Corssen. Sich das zu vergegenwärtigen, hilft, viele innere Konflikte und Aversionen zu lösen und sich dem, was wir machen, mit mehr Herzblut zu widmen: Mit dem Besuch bei den Nachbarn tut man ein gutes Werk und kann sich außerdem vielleicht noch auf das gute Essen freuen. Und bei der Fortbildung trifft man mal wieder den netten Kollegen aus Bochum, mit dem es später an der Bar bestimmt lustig wird. Indem man sich vor Augen führt, dass man selbst der Entscheider ist und dann das Beste daraus macht, beugt man letztlich auch psychischen und psychosomatischen Krankheiten vor, weil diese oft aus einem Ohnmachtsgefühl heraus entstehen, aus dem Gefühl, nur Spielball zu sein und das eigene Leben nicht mehr in der Hand zu haben. »Tue das, was du tust, mit ganzem Herzen«, sagt der Dalai Lama.

Zunächst einmal gilt es also bei allem, was einen stört, abzuwägen: Will ich es überhaupt abstellen? Oder bin ich eigentlich ganz zufrieden mit meiner Unzufriedenheit in diesem

Punkt? Vielleicht ziehe ich aus meinem Nörgeln Kraft und habe es mir in meiner Unzufriedenheit ganz behaglich eingerichtet. Schließlich muss man beim Thema Zufriedenheit ja nicht gleich wieder in den nächsten Wettbewerb eintreten. Falls sich die Unzufriedenheit aber nicht gut anfühlt und man wirklich etwas daran ändern möchte, dann gilt es, einen der beiden Wege zu mehr Zufriedenheit einzuschlagen, den offensiven oder den defensiven Weg.

Ändern oder akzeptieren? Wenn man nur wüsste, welcher Weg im Einzelfall der klügere zu mehr Zufriedenheit ist. Wie heißt es doch so schön:

Gib mir die Gelassenheit,
Dinge hinzunehmen, die ich nicht ändern kann,
gib mir den Mut,
Dinge zu ändern, die ich ändern kann,
und gib mir die Weisheit,
das eine vom anderen zu unterscheiden.

Diesen Spruch kennt fast jeder. Es handelt sich nicht, wie oft behauptet wird, um eine östliche Weisheit; und er stammt auch nicht aus dem 18. Jahrhundert. Vielmehr hat der protestantische US-amerikanische Theologe Reinhold Niebuhr das »Gelassenheitsgebet« wohl zur Zeit des Zweiten Weltkriegs verfasst. Es ist nicht umsonst ein frommer Wunsch, denn die Entscheidung, ob wir etwas hinnehmen oder kämpfen wollen (und ob sich das überhaupt lohnt), ist bei fast jedem wunden Punkt im Leben ungeheuer schwer. Um es herauszufinden, hilft eine innere Bestandsaufnahme. Zum Beispiel mit Hilfe folgender Fragen:

1. Was macht mich eigentlich unzufrieden? Was genau schmerzt mich? Was stört?
2. Ist das, was mich stört, überhaupt wahr oder bilde ich es mir nur ein?
3. Will ich wirklich etwas an meiner Unzufriedenheit ändern?
4. Kann ich etwas an der Sache ändern, die mich unzufrieden macht, oder will ich lernen, sie zu akzeptieren?

1. Frage: Was macht mich unzufrieden?

Selbsterkenntnis und eine realistische Selbsteinschätzung sind eine unabdingbare Voraussetzung, um die erste Frage zu beantworten. Wer den Selbsttest zur Kluft zwischen Wunsch und Wirklichkeit ehrlich beantwortet hat, hat schon einen Schritt in diese Richtung getan. Nicht umsonst mahnte das Orakel von Delphi die Pilger in der Antike bereits am Eingang zum Tempel: »Erkenne dich selbst.« Nur wer ehrlich zu sich ist, kann dann auch etwas ändern an dem, was ihn wirklich stört. Dabei gilt es, immer abzuwägen: Stört es mich? Oder stört es meinen Mann/meine Eltern? Schon Rousseau bemängelte, dass es den Menschen an gesunder Selbstliebe fehle, weil sie sich in erster Linie über die Augen der anderen wahrnehmen würden.

2. Frage: Ist das, was mich stört, überhaupt wahr oder bilde ich es mir nur ein?

Dazu gehört es auch zu klären: Stimmt denn die eigene Bestandsaufnahme? Womöglich ist man gar nicht so menschenfeindlich, antriebslos und passiv, wie man sich das selbst bescheinigt. Womöglich haben Menschen, von denen man glaubt, sie würden mit einer ungeheuren Selbstsicherheit auftreten, ganz ähnliche Probleme wie man selbst. Viele Menschen denken, dass das Bild, das sie von sich haben, korrekt ist. Sie hinterfragen es gar nicht erst. Schließlich, so sagen sie, schätzten ja nicht nur sie selbst sich als zurückhaltend, empfindlich und vorsichtig ein; auch ihre Bekannten und Freunde sähen das so.

»Wir haben einen sehr stabilen Blick auf uns«, sagt Bella DePaulo, Psychologieprofessorin an der University of California in Santa Barbara. »Deshalb erwarten wir von anderen Menschen, dass sie uns mit dem gleichen Blick betrachten.« Und das ist wahrscheinlich sogar so – weil wir unsere Bekannten und Freunde durch unser Verhalten dazu bringen, uns in dem zu bestätigen, was wir denken. Wie wir uns selbst sehen, hat großen Einfluss auf unser Verhalten. Das fängt schon bei Äußerlichkeiten an: Wer sich attraktiv findet, strahlt dies auf andere Menschen aus, egal ob er jetzt objektiv betrachtet eher Durchschnitt ist und bei Computeranalysen wie der von der Universität Zürich (www.faces.ethz.com) mit einem enttäuschenden »Hmm ...« oder »Okay« bewertet wird oder ob die künstliche Intelligenz ihm wirklich außergewöhnliche Schönheit bescheinigt und ihn unter »stunning« (atemberaubend) oder gar »godlike« einsortiert. In jedem Fall lässt seine Ausstrahlung andere Menschen seine Meinung teilen. Leider funktioniert das mit negativen Überzeugungen genauso.

»Menschen möchten im Zweifelsfall lieber recht behalten als bewundert werden«, sagt William Swann, Professor für Sozial- und Persönlichkeitspsychologie an der University of Texas. Was wir über uns denken, ist stark von dem geprägt, wie unsere Eltern auf uns als Kleinkind reagiert haben. »Genauso glauben wir auch von anderen gesehen zu werden«, sagt Mark Leary, Psychologe an der Duke University in Durham, North Carolina. Deshalb beeinflussen wir andere unbewusst, das Gleiche über uns zu denken wie wir selbst.

Selbst wenn unsere Mitmenschen einmal einen völlig anderen Eindruck von uns haben als wir selbst, werden wir das nur in den seltensten Fällen zur Kenntnis nehmen. Als »Metaperzeption« bezeichnet man jene Vorstellung, die wir davon haben, was andere von uns denken. Und diese hängt stark von unserem Selbstkonzept ab. »Man filtert die Signale, die man von anderen bekommt, durch das eigene Selbstkonzept«, sagt Leary. »Was sie über uns sagen und wie sie auf uns reagieren, filtern wir in diesem Sinne.«

Auch das sogenannte ruminierende Denken steht einer objektiven Bestandsaufnahme im Wege. So nennen Psychologen kreisende Gedanken: wenn wir also über ein Ereignis von gestern, das nicht gelungen ist, immer noch grübeln oder gedankliche Schleifen darum drehen, was morgen alles schiefgehen könnte. Will das ruminierende Denken gar nicht aufhören, dann ist das ein Zeichen von Depressionen. Solches Denken ist sehr belastend. Vor allem aber ist es unnütz. Wichtig ist es, in einem solchen Moment »Stopp!« zu rufen und sich zu fragen: Was ist eigentlich in diesem Augenblick los? Wie geht es mir jetzt? Womöglich kann ich mit dieser Situation, wenn ich sie mit Gelassenheit betrachte, eigentlich ganz zufrieden sein.

3. Frage: Will ich wirklich etwas an meiner Unzufriedenheit ändern?

Aber selbst wenn viel dran ist an der Einschätzung von uns selbst oder von einer Situation, wenn wir tatsächlich nicht so gesellig, geistreich und schlagfertig sind, wie wir gerne wären, oder ein Auftritt nur mäßig erfolgreich verlief: Dann kommt es immer noch auf die Bewertung an! Schon die Philosophen der antiken Schule der Stoa sagten: Nicht die Ereignisse oder andere Menschen machen uns das Leben schwer, sondern vor allem unsere Bewertung. Schlagfertige Menschen mögen zwar sehr unterhaltsam sein und sich in kritischen Situationen an der Supermarktkasse geschickter zur Wehr setzen können. Aber wer wohlüberlegt seine Lösungen findet, muss die Zungenfertigkeit nicht unbedingt schmerzlich vermissen. Wie stark die Bewertung einer Fähigkeit vom kulturellen Kontext abhängt und wie sehr man sich im Zweifelsfall mit Unfähigkeit schmücken kann, zeigt das Kokettieren mit nicht vorhandenen mathematischen Fertigkeiten: »Ich war in der Schule immer schlecht in Mathe«, »Rechnen ist überhaupt nicht mein Ding« – mit solchen Aussagen machen sich Menschen gemeinhin eben nicht lächerlich. Rechnen, sollte man meinen, ist eine der wichtigsten Kulturtechniken. Und trotzdem kann man sich sogar damit brüsten, nicht rechnen zu können. Selbst Prozentrechnung nicht zu beherrschen, scheint überhaupt kein Defizit zu sein. Vielleicht ist man sogar ein bisschen stolz darauf, weil man damit zeigt, dass man kein Technik-Nerd ist, sondern ein wahrer Intellektueller, womöglich mit humanistischem Bildungsideal und Bestnote in Altgriechisch.

Genauso könnte man es mit anderen menschlichen und kulturellen Errungenschaften halten. »Ich war schon in der Schule nicht schlagfertig, aber wenn ich etwas gesagt habe, hatte das Hand und Fuß.« – »Ich war nie eine Sportskanone, aber ich bin geschickt im Handarbeiten.« – »Zu wilden Partys tauge ich schon deshalb nicht, weil ich spätestens um 22.30 Uhr müde werde. Aber dafür kann man mit mir wunderbare Abende zu zweit verbringen.« In ähnlicher Weise ist es immer wieder erstaunlich, dass Menschen nicht gerne über ihr Alter sprechen, da sie mit der »40« oder »50« ein gewisses Konzept verbinden. Dabei kommt es doch darauf an, wie man diese Zahl lebt. Statt über die Anzahl der Jahre zu jammern, könnte man stolz darauf sein, dass man immer noch fit ist oder gut aussieht. Genauso wie jemand, der kein Abitur gemacht hat, stolz auf den Weg sein kann, den er – trotz des vermeintlichen Defizits – genommen hat. Wir sollten insgesamt nicht so viel urteilen und bewerten, sagt der Zen-Experte Ezra Bayda vom Zen Center San Diego, »auch nicht uns selbst«.

Die Bestandsaufnahme zu machen übt gleich den defensiven Weg zu mehr Zufriedenheit, sagt Bayda, der ein Buch über den ›Zen-Weg zu tiefer Zufriedenheit‹ geschrieben hat. Denn man lernt, sich über seine negativen Gefühle und Ansichten klar zu werden und sie anzunehmen – auch wenn man sie als falsch oder störend empfindet. »Man kann negative Emotionen von sich weisen, aber dann nimmt insgesamt der Gefühlsreichtum ab«, sagt Bayda. Besser ist es, sich anzufreunden mit dem Ungeliebten, wohlwollend auf sich selbst zu blicken. Auch auf die eigene Vergangenheit und ihre vermeintlichen Fehler: Ja, ich habe gestern wieder einmal zu viel gegessen. Aber ich freue mich noch heute daran, wie vorzüglich es schmeckte.

4. Frage: Kann ich etwas ändern oder will ich lernen, es zu akzeptieren?
Wer die letzten beiden Fragen mit Ja beantwortet hat, ist angekommen an der Weggabelung, wo man links in den offensiven Weg abbiegen kann und rechts in den defensiven Weg. Ändern oder akzeptieren? Die Frage lässt sich manchmal sehr leicht beantworten. Es gibt Dinge, die nicht in unserer Hand liegen. Aber selbst dann haben wir immer noch die Chance, ihnen auf verschiedene Arten zu begegnen.

Unser Partner hat uns verlassen? Eine chronische Krankheit ist festgestellt worden? Die Rente ist am Ende eines Arbeitslebens erschreckend klein? An diesen Tatsachen können wir nicht rütteln. Der defensive Weg scheint vorgezeichnet. Wir müssen unsere Ansprüche senken: Der Traum vom gemeinsamen Altwerden mit dem Menschen, den man einmal geheiratet hat, ist unwiederbringlich geplatzt. Gesund altern geht nicht mehr. Und die Zeit, in der man noch in die Rentenkasse einzahlen konnte, ist auch vorbei. Damit aus tiefstem Herzen zufrieden zu sein, erscheint als Ding der Unmöglichkeit.

Und doch kann man solchen unangenehmen Entwicklungen, Widrigkeiten und Schicksalsschlägen begegnen, indem man sie noch schlimmer macht oder indem man aus seiner unglückseligen Situation trotz allem das Beste herausholt (siehe *Die Zutaten zum Zufriedensein*, S. 209). Schlimme Situationen sind schlimm genug. Noch schlimmer aber werden sie, wenn wir uns damit beschäftigen, sie schlimm zu finden. Wenn man die Umstände nicht ändern kann, kann man immer noch seine Einstellung ändern. Es steht in unserer Macht, unsere einstigen Ziele den Gegebenheiten anzupassen.

Das muss nicht zwangsläufig schmerzlich sein. Denn manchmal kann man feststellen, dass die Ansprüche, die einen quälen, schlicht und ergreifend zu hoch sind. Wer überzogene Erwartungen an sich und das Leben hat, der weiß noch so hohe Leistungen am Ende nicht zu schätzen. Alles, was er erreicht, ist nichts wert. Die Kluft zwischen Wunsch und Wirklichkeit ist nicht zu überwinden. Wer die Goldmedaille will, kann sich mit Silber nicht anfreunden. So können selbst Erfolgstypen unter einem schwachen Selbstwertgefühl leiden, und womöglich ist das schwache Selbstwertgefühl ohnehin der Ansporn für ihren Erfolg. Der US-amerikanische Psychologe und Philosoph William James, Professor in Harvard und Begründer der Psychologie in den USA, hat schon Ende des 19. Jahrhunderts bei seiner Theorie des »Selbst« erkannt, dass das Verhältnis von Erfolgen und Ansprüchen entscheidend für das Selbstwertgefühl ist.

Die Vorzüge und Fallen

Kämpfen oder akzeptieren – beides bringt seine Vorzüge und seine Fallen mit sich. Nur erkennen wir den Vorteil des offensiven Wegs leichter: Er kann uns Befriedigung verschaffen. Wer seine Ziele umsetzt, kann Erfolge feiern. Man zieht Kraft daraus, etwas erreicht zu haben, und freut sich an dem Ergebnis. Der offensive Weg mag zwar anstrengend sein, aber mental ist er leichter, weil er in unserer Kultur sehr viel mehr Anerkennung genießt als der defensive. Und es ist der Weg der Jugend: Vor allem junge Menschen werden sich eher dafür entscheiden. Das ist auch richtig so. Schließlich steht ihnen »die ganze Welt« offen, wie es nicht ganz korrekt, aber immer so schön heißt. Sie wollen und sollen in ihrem Leben noch etwas erreichen, etwas aus sich machen. Deshalb ist ihnen die Kluft zwischen Wunsch und Wirklichkeit vor allem ein Ansporn, und sie blicken eher herablassend auf Menschen, die sich mit etwas zufriedengeben. Würden sie selbst das allzu oft tun, würden sie zwangsläufig aufhören zu lernen und sich nicht mehr weiterentwickeln.

Aber Achtung: Der offensive Weg beinhaltet selbstverständlich auch immer die Möglichkeit des Scheiterns. Die gesteckten Ziele nicht zu erreichen, schafft Frust und Unzufriedenheit. Das schlägt auf Dauer aufs Selbstwertgefühl und führt im schlechtesten Fall zu Depressionen und Burn-out. Es gilt also immer gut abzuwägen, wann sich der Einsatz lohnt und wann es besser ist, sich zurückzuhalten, um sich in einem aussichtslosen Kampf nicht selbst zu verlieren.

Außerdem kann der offensive Weg auch eine Flucht sein, an deren Ende man sich nicht in einer besseren Situation befindet. Man kann, wie die Rastlose (siehe S. 69), ständig seinen Partner oder seinen Beruf wechseln, ohne Zufriedenheit zu finden. Für die Arbeitswelt hat das die texanische Managementprofessorin Wendy Boswell untersucht, indem sie Führungskräfte befragte: Demnach machen Jobwechsel nur für einen äußerst überschaubaren Zeitraum zufriedener. Etwa ein Jahr nach dem Antritt einer neuen Stelle flaut die frisch erworbene Zufriedenheit schon wieder ab, fand Boswell heraus. Sie spricht vom »Honeymoon-Hangover-Effekt«, einer Art Kater nach den Flitterwochen: Am Anfang wird man auf der neuen Arbeitsstelle besonders zuvorkommend behandelt, man geht auch selbst mit Kollegen, Mitarbeitern und Vorgesetzten sorgsam um, erledigt die Aufgaben mit hohem Einsatz. Aber mit der Zeit normalisiert sich die Situation, Ärger entsteht, Frust bleibt nicht aus. »Man merkt, dass das Gras im neuen Job auch nicht grüner ist«, sagt Boswell. Ein erneuter Stellenwechsel will also gut überlegt sein.

Bleiben oder gehen? Offensiv oder defensiv? Bei der Entscheidung, welchen Weg man nehmen will, muss man immer auch berücksichtigen, wie hoch der Aufwand wäre, etwas so zu ändern, dass man am Ende wirklich zufriedener ist. Vielleicht hätte man nach wie vor gerne eine Altbauvilla, von der man seit Jahren träumt, und könnte dieses Ziel auch erreichen. Allerdings würde es bedeuten, dass man sich grässlich verschulden muss oder Jahre auf der Baustelle lebt. Ist es das wert? Wenn der Aufwand sehr groß wird, kann der defensive Weg durchaus der erfüllendere sein.

Einfacher ist er aber nicht unbedingt. Faul mag sein, wer sich für das Verharren in der Unzufriedenheit entscheidet. Die beiden Wege zur Zufriedenheit jedoch bedeuten Arbeit. Der oft negative Blick auf das Sichzufriedengeben in unserer Gesellschaft ist schon deshalb durch nichts gerechtfertigt. Noch dazu ist der defensive Weg in letzter Zeit nicht gerade leichter geworden. Konsumgüter sind immer bequemer verfügbar, die technischen Grenzen der Machbarkeit erweitern sich ständig – einfach mal zu verzichten, sich zu bescheiden, wird dadurch noch schwieriger. In fast allen Lebenslagen gibt es unzählige Möglichkeiten, was man alles tun, erreichen, anschaffen, verwirklichen könnte. Selbst auf Gebieten wie dem Kinderwunsch, wo vor einigen Jahrzehnten einfach nichts mehr half. Heute nährt eine gut verdienende Fortpflanzungsindustrie auch in diesem Bereich immer neue Hoffnungen, und Menschen, die sich ihnen hingeben und trotz allem kein Kind bekommen, gehen häufig jahrelang durch ein Tal der Tränen, bevor sie vielleicht eines Tages feststellen, dass der defensive Weg, das Abschließen mit dem großen Wunsch nach einem Baby, für sie die bessere Wahl ist (siehe *Die Einsichtigen,* S. 170).

Gerade an diesem Beispiel zeigt sich: Der Weg des Verzichts kann sehr schmerzhaft sein. Akzeptieren ist Arbeit. Denn dazu muss man seine Einstellung aktiv ändern, man muss Abschied nehmen von seinen Wünschen und Idealen und versuchen, in dieser Entscheidung das Positive zu sehen: Ein Leben mit

Kind wäre wunderschön gewesen, aber sich aus den Armen der Fortpflanzungsindustrie zu winden, hat etwas ungeheuer Befreiendes. Endlich hört der Teufelskreis aus Hoffnung und Niedergeschlagenheit auf. Das gilt auch für alle anderen Abschiede von unseren Wunschvorstellungen: Meine Ehe ist zwar nicht so, wie ich mir das ursprünglich mal vorgestellt habe. Aber im Gegensatz zu vielen unserer Freunde sind wir immerhin noch zusammen, und uns verbindet nach wie vor eine tiefe Zuneigung. Die Kinder sind nicht perfekt, aber gesund. Dass die Attraktivität mit den Jahren schwindet, ist schmerzlich, aber es hat auch etwas unglaublich Entspannendes; ich bin nicht mehr so sehr auf mein Äußeres fixiert wie früher. Meine Krankheit schränkt mich ein, aber sie ist mir ein Ansporn, mich auf das Wesentliche zu besinnen.

Der defensive Weg ist auch deshalb so schwierig, weil bei fast jedem Schritt eine Gefahr für die Zufriedenheit lauert: Allzu leicht tappen wir in die Vergleichsfalle. Ihr zu entkommen, ist eine der größten Herausforderungen unserer Zeit. Zunächst einmal ist es nichts Negatives, sich zu vergleichen. Es ist angeboren und wichtig für die Entwicklung jedes Menschen. Nicht zuletzt entsteht daraus vor allem für junge Menschen der bereits erwähnte Antrieb, den offensiven Weg zu beschreiten. Kinder ziehen Kraft und den Willen zum Probieren, zum Lernen und zum Scheitern vor allem daraus, dass sie bei anderen sehen, was die schon alles können, und weil sie dasselbe auch schaffen wollen. Aus dem Vergleich lernen wir, sagt der Entwicklungspsychologe Hartmut Kasten von der Universität München. Die verbreitete Behauptung, Kinder seien bei ihrer Geburt noch frei von Konkurrenzdenken und würden erst durch unsere Leistungsgesellschaft zur Konkurrenz getrieben, sei wissenschaftlich längst widerlegt. »Auch Kinder aus Kulturen, in denen es viel weniger um Leistung und mehr um Solidarität geht, messen sich oft und gerne miteinander«, sagt der Frühpädagoge. Der Vergleich bietet den wichtigen Anreiz, sich weiterzuentwickeln.

Auch im Erwachsenenalter hält die Bedeutung des Vergleichs noch an: Hier dient er vor allem der sozialen Einordnung. Indem wir uns mit dem vergleichen, wie andere denken und leben, finden wir heraus, wer wir sind und wer wir nicht sind, wie wir sein möchten und was uns fernliegt. In der Leistungsgesellschaft, in der wir leben, hört das Vergleichen aber nicht mehr auf. Es hat viele Gebiete erobert, wo man früher seine Ruhe vor ihm hatte. Längst geht es nicht mehr nur ums Jahresgehalt, ums Haus und ums Auto. Wir befinden uns im ständigen Wettbewerb: Wer ernährt sich am besten? Wer hat die exotischsten Reiseziele, wer das tollste Hobby? Wer hat den klügsten Nachwuchs, wer den hübschesten? Wer hat die hippste Wohnungseinrichtung? Und wer den besten Sex? Früher wurden solche Vergleiche auch gezogen, aber sie waren meist auf einen halbwegs überschaubaren Freundeskreis beschränkt. Heute finden sie öffentlich statt, im Internet. Die sozialen Medien leben davon, dass Menschen ihre Errungenschaften, ihre Klugheit, ihre Ideen mit möglichst vielen anderen teilen. Aber auf diese Weise nimmt der Wettkampf überhaupt kein Ende mehr. Die Folge ist, dass man sich selbst regelmäßig unterlegen und schlecht fühlt. Denn während man bei den eigenen Präsentationen um deren Willkürlichkeit weiß, schätzt man das Leben der anderen viel besser und schöner ein, als es in Wahrheit ist.

In den sozialen Medien finde ein ständiges »Compare and Despair« (Vergleichen und Verzweifeln) statt, seufzte kürzlich die Psychologin Kim Schneiderman in ihrem Blog auf der Psychologen-Website »Psychology Today«. Die sozialen Medien beförderten Neid durch die Illusion, dass andere Menschen ein besseres Leben haben. Schließlich präsentieren Menschen auf Facebook und Instagram nicht ihren langweiligen und mitunter bedrückenden Alltag, sondern laden die schönsten Momente ihres Lebens hoch – oder die gelungensten Inszenierungen ihrer Vorstellung von schönen Momenten. Wie sie an entlegenen Orten der Welt ungewöhnliche Dinge tun, wie hübsch ihre Kinder lächeln, wenn sie kunstvoll mit dem Einrad fahren, wie liebevoll sie ihrem Partner in die Augen blicken. Tränen und Wut sind dort selten zu sehen – und wenn, dann in ihrer vollkommensten Form. Facebook und Instagram zeigen eben nicht das Leben, sondern nur den Teil des Lebens, den Menschen zeigen möchten, mit dem sie ihre

Freunde und Freundesfreunde dazu bringen wollen, das über ihr Leben zu denken, was *sie* wollen.

Und die Strategie fruchtet: Wer unser Leben im Internet verfolgt, schließt daraus zwangsläufig, dass wir ein besseres Leben haben, als es in Wirklichkeit ist. Menschen neigen dazu, die Unzufriedenheit der anderen zu unterschätzen, haben Psychologen der Stanford University mit Hilfe mehrerer Experimente belegt. »Die Studenten, die wir befragt haben, waren davon überzeugt, dass jeder andere ein perfektes Leben führt«, sagt Alexander Jordan, der als Doktorand an der Studie mitgearbeitet hat und heute am Dartmouth College in New Hampshire lehrt. Das habe in Bezug auf das Glück schon der französische Philosoph Baron de Montesquieu gewusst, als er formulierte: »Wollten wir einfach nur glücklich sein, dann wäre das ja einfach; aber wir möchten glücklicher als andere sein und das ist sehr schwer, da wir im Glauben sind, dass die anderen glücklicher sind als wir.«

Alexander Jordan und seine Kollegen fragten 80 Erstsemesterstudenten regelmäßig danach, mit wie vielen positiven und negativen emotionalen Ereignissen sie und ihre Kommilitonen jüngst konfrontiert waren. Die Befragten unterschätzten jeweils die negativen Erlebnisse der anderen (»hatten eine schwere Auseinandersetzung«, »fühlten sich traurig, weil sie jemanden vermisst haben«) und überschätzten, wie viel Spaß diese hatten (»gingen mit Freunden aus«, »besuchten Partys«). In einem zweiten Teil der Studie überschätzten 140 Studenten die emotionale Lage ihrer Freunde und Mitbewohner, selbst wenn sie diesen sehr nahestanden. Und schließlich zeigte sich, dass Studenten, die die negativen Emotionen der anderen besonders stark unterschätzten, sich selbst besonders häufig einsam fühlten und über ihr eigenes Elend brüteten.

Selbstbewusst den defensiven Weg zu mehr Zufriedenheit zu beschreiten, ist vor diesem Hintergrund eine große Herausforderung. Was hilft, ist dem unreflektierten Vergleich mit anderen zu widerstehen und sich auf sich selbst zu besinnen. Es wird immer Menschen geben, die es besser haben oder etwas besser machen als man selbst. Es gibt aber auch immer Menschen, denen es nicht so gut ergeht. Wichtig ist deshalb die Rückschau auf das eigene Leben: Habe ich etwas gelernt? Habe ich meine Ziele erreicht? Bin ich heute klüger, selbstbewusster, friedvoller, gelassener als früher? Wer solche Fragen mit Ja beantworten kann, kann doch zufrieden mit sich sein.

Die Einsichtigen:
Wie erlösend es sein kann, einen innigen Wunsch aufzugeben

Sie wusste, dass sie reichlich spät dran war. Ihr 40. Geburtstag lag bereits hinter Marion Steinberg*, als sie sich gemeinsam mit ihrem Mann Peter für ein Kind entschied. Sie wollten Eltern werden, das war ihnen jetzt klar, nachdem der Wunsch nach einem Baby in ihrem bisherigen Leben sehr unkonkret geblieben war. Andere Dinge waren für die beiden Kölner in ihren ersten gemeinsamen Jahren wichtiger gewesen. Sie wollten ihre Zweisamkeit genießen, reisen. »Wir haben uns erst kennengelernt, als ich schon 35 war, und irgendwie kam der Gedanke an ein Kind bei uns zunächst gar nicht auf«, erzählt Marion Steinberg. Aber jetzt freute sie sich auf ein Baby. Im Kopf hatte sie schon ein Kinderzimmer eingerichtet und dachte über Vornamen nach. Noch die große Reise durch Indien, dann setzte sie die Pille ab. Aber nichts passierte. Ihre Regel kam regelmäßig wie immer. Keine Eizelle wollte sich in ihre Gebärmutter einnisten. Offenbar sollte den Steinbergs eine Familie nicht so einfach vergönnt sein.

Natürlich wusste die Finanzberaterin, dass Schwangerwerden mit den Jahren immer schwieriger wird. Oft genug hatte sie das in den Zeitungen gelesen. Und oft genug hatte ihr das schon mit Anfang dreißig einen Stich versetzt, weil sie ziemlich sicher war, dass sie eines Tages ein Kind wollen würde und weil sie zu dieser Zeit entweder gar keinen festen Partner hatte oder keinen, mit dem Familienplanung ein vernünftiger Schritt gewesen wäre.

***

* Name geändert

Aber so klar ihr auch war, dass derzeit ein Baby nicht in Frage kam, so sicher wusste sie zugleich, dass die Sehnsucht sich eines Tages einstellen würde. Und nun das: keine Verhütung und trotzdem kein Kind. Weil Marion Steinberg wusste, dass die biologische Uhr immer weiter tickte, ging sie schon nach ein paar Regelblutungen zum Arzt, um sich Hilfe beim Schwangerwerden zu holen. Höchste Eisenbahn, sagte der, und gab ihr Hormone. Das half: »Ich bin unter dieser Therapie sofort schwanger geworden«, erzählt sie. »Aber leider habe ich das Kind auch sehr bald wieder verloren, schon in der neunten Woche.« Marion Steinberg war am Boden zerstört. Noch zwei Mal wiederholte sich das: schwanger dank Hormonbehandlung. Große Vorfreude. Große Hoffnung. Und dann: Abort. Trauer. Die totale Enttäuschung. Und eine umso größere Sehnsucht.

Nach jeder Fehlgeburt verstärkten Marion und Peter Steinberg ihre Bemühungen. Sie waren zu immer größeren Investitionen bereit – körperlicher wie finanzieller Art. Die mannigfachen Möglichkeiten der modernen Medizin erschienen den beiden verheißungsvoll am Horizont. Schließlich bot die Fortpflanzungsmedizin weit mehr als nur Hormonbehandlungen. Ihr Arzt riet ihnen, weitere Methoden zu nutzen, denn auf natürlichem Wege, war er sich sicher, würde es nach den bisherigen Erfahrungen der beiden wohl nicht mehr klappen. Inzwischen hatte Marion Steinberg schon ihren 41. Geburtstag gefeiert. Es war kein fröhlicher Tag gewesen.

Mehr als ein Jahr lang ließen sich Marion und Peter Steinberg auf immer weitere Eingriffe ein, um das ersehnte eigene Kind zu bekommen. Erst waren es nur die Hormone, dann kam Sex nach Plan hinzu mit abgesagten Dienstreisen und striktem Alkoholverbot an den Tagen davor. »Völlig bizarr war das«, sagt sie heute. Der nächste Schritt: Inseminationen, bei denen das Sperma des Mannes möglichst tief in den Unterleib der Frau gespritzt wird. Und schließlich die erste vollständig künstliche Befruchtung, für die Eizellen nach einer Hormonkur aus Marion Steinbergs Bauch geholt und in der Petrischale mit dem Samen ihres Mannes vermengt wurden, bevor die Zellen, bei denen eine Befruchtung gelang, zurück in ihren Körper kamen.

Doch nichts von all dem brachte Erfolg. Meistens klappte es gar nicht mit der Schwangerschaft, manchmal aber wuchs ein Embryo heran, ließ in Marion Steinberg für kurze Zeit Muttergefühle aufkommen, bis sie ihr ungeborenes Kind nach einigen Wochen angstbesetzter Hoffnung doch wieder verlor. Das Einzige, was anhaltend wuchs, war der Wunsch nach einem Baby. Und die potenzielle Machbarkeit ließ Peter und Marion Steinberg immer noch mehr versuchen. »Solange es noch Möglichkeiten gibt, ist es unglaublich schwer aufzuhören«, sagt Marion Steinberg. »Das ist wie eine Drogenabhängigkeit.« Die Spirale drehte sich schneller und schneller.

Eines Tages fuhren die beiden für eine Eizellspende nach Prag. »Wenn mir das ein paar Jahre vorher jemand erzählt hätte, hätte ich ihn für verrückt erklärt«, erzählt sie. Denn eigentlich hatte sie grundsätzliche ethische Bedenken gegen einen solchen Schritt. Das Kind, das mit den Eizellen einer fremden, jüngeren Frau entstanden wäre, hätte schließlich neben ihr noch eine andere, eine genetische Mutter. Die Frau spendete ihre Eizellen, weil sie Geld brauchte. Ob sie es später bereuen würde? Doch in ihrer Sehnsucht wischte Marion Steinberg alle Bedenken beiseite. »Wenn man erst einmal in dieser Reproduktionsmaschinerie drin ist, rutscht man immer tiefer rein«, sagt sie. »Man wünscht sich doch so sehr ein Kind, und man wagt es nicht, eine Möglichkeit unversucht zu lassen. Man hat das Gefühl, den Schmerz nicht auszuhalten. Schon gar nicht, wenn man freiwillig auf das verzichtet, was einem angeboten wird.«

Rein rechnerisch wird mit einer Eizellspende immerhin jede zweite Frau schwanger. Doch bei den Steinbergs klappte es nicht. Nun gab es nur noch eine Möglichkeit: eine Leihmutter. Eine andere, jüngere Frau könnte ein Kind austragen, das mit Hilfe einer Eizellspende und dem Samen von Peter Steinberg gezeugt würde. »Wir waren knapp davor, auch das noch zu probieren«, erzählt Marion Steinberg. »Aber dann war da auf einmal dieser Moment der Einsicht. Plötzlich erinnerten wir uns daran, wie wir Leihmutterschaft immer als inakzeptable Ausbeutung von Frauen angesehen hatten, und sagten: Für Wünsche muss es Grenzen geben. Und wir erkannten auch, dass wir uns auf unserem Weg selbst ein Stück weit verloren hatten, dass uns das ständige Ausloten des medizinisch Machbaren eigentlich mehr und mehr ins Unglück trieb. Wir schworen uns aufzuhören.« Das hatte bisher keiner dem anderen vorzuschlagen getraut. Sie waren wie im Rausch gewesen. Immer weiter, höher, schneller, bloß nicht aufgeben. So wollten sie dem Schicksal entgegentreten, das ihnen ihre aufkeimenden Hoffnungen stets auf so grausame Weise nahm. Nun, nach fünf Jahren im festen Griff der Fortpflanzungsmedizin, entschieden sie sich gemeinsam auszusteigen.

»Das klingt jetzt leichter, als es war«, sagt Marion Steinberg heute. »Der Abschied vom Kinderwunsch war extrem schmerzhaft. Wir hatten uns ja jahrelang mit kaum etwas anderem beschäftigt. Hatten Zehntausende Euro investiert und geglaubt, ohne Kind könnten wir nicht glücklich werden.« Monate haben die beiden gebraucht, um mit ihren Vorstellungen vom Elternsein, von einer eigenen kleinen Familie abzuschließen. »Jedesmal, wenn ich eine Frau mit Kinderwagen sah, versetzte mir das einen Stich. Ich wäre so gerne Mutter geworden.«

Geholfen haben vor allem die Reaktionen der anderen. Ihre Eltern und Schwiegereltern, die Geschwister und Freunde: Alle waren erleichtert. »Sie hatten das Gefühl, wir beide seien endlich von einer zerstörerischen Droge losgekommen«, sagt Marion Steinberg. »Sie unterstützten uns nach Kräften. Halfen, neue Pläne für unser Leben zu schmieden, wieder die guten Seiten an unserer Zweisamkeit zu sehen.« Und sie suchten auch Hilfe bei einer Therapeutin. »Ohne sie wäre es wahrscheinlich nicht gegangen«, lautet Marion Steinbergs Fazit.

Sie müssten loslassen, hatten ihre Freunde und Bekannten ihnen immer wieder gesagt. Loslassen, das klingt so einfach. Als müsste man nur eine Hand öffnen, und schon purzelten die unerfüllten Wünsche und unerfüllbaren Träume heraus und man wäre sie für immer los. Aber so einfach ist es nicht: »Den Kinderwunsch loslassen bedeutet trauern«, sagt Petra Neels, die sich in ihrer Praxis in Oldenburg unter anderem auf Hilfe beim »Abschied vom Kinderwunsch« spezialisiert hat. Der Wunsch, einmal Kinder zu haben oder Eltern zu werden, ist lange Zeit die selbstverständlichste Sache der Welt und entsteht oft bereits in der frühkindlichen Lebensplanung. Schon im Kindergartenalter sagen viele Kinder mit großer Überzeugung: Wenn ich einmal groß bin, möchte ich zwei Kinder haben. »Die Vorstellung von einem Leben mit Kindern ist somit unbewusst tief im eigenen Lebenskonzept verankert«, so Neels.

Der Trauer, die entsteht, wenn man einen innigen Wunsch aufgibt, müsse Zeit und Raum gegeben werden, empfiehlt die Therapeutin. Trauerrituale seien eine große Hilfe dabei, auch Gottesdienste oder Beerdigungen der ungeborenen Kinder. Sigmund Freud, der Begründer der Psychoanalyse, prägte als Erster den Begriff von der »Trauerarbeit«: Er war der Meinung, dass sich ein Mensch nicht ohne Trauer von einem anderen Menschen, einem Objekt oder einer Vorstellung lösen könne und erst nach dem durchlebten Schmerz wieder in der Lage sei, zukunftsgewandt zu leben. Trauer bedeutet letztlich, den Verlust zu realisieren und zu akzeptieren und neue Bindungen einzugehen. Denn nur wer sicher gebunden ist, kann es riskieren, alte Bindungen zu lösen.

Marion und Peter Steinberg haben einiges an Trauerarbeit geleistet. Für jedes Kind, das durch eine der Fehlgeburten gestorben war, legten sie ein kleines Grab im Garten von Peter Steinbergs Eltern an. Und in einem weiteren Grab beerdigten sie ihren Traum. Die Gräber ließen sie dann überwuchern. Nach einigen Monaten der Zerrissenheit und der Trauer stellte sich für Peter und Marion

Steinberg schließlich echte Erleichterung ein. »Das war vorher alles so anstrengend, dieses Leben nach Plan, die ständigen Überlegungen, was man als Nächstes probieren kann und ob man das überhaupt möchte«, sagt sie. »Nun genossen wir es, wieder einfach leben und genießen zu können, ohne uns den Regeln des Babymachens zu unterwerfen.« Sie besannen sich gezielt auf ihre Zweisamkeit, erinnerten sich an die Dinge, die sie früher so gerne gemeinsam gemacht haben. Zwei Jahre nach dem Entschluss aufzuhören, sieben Jahre nach dem ersten Versuch, schwanger zu werden, sind Marion und Peter Steinberg mit sich und ihrem kinderlosen Leben wieder zufrieden. Es funktioniert. Und es fühlt sich gut an.

Die Kunst des Loslassens

Die Marktleute ärgerten sich wahnsinnig über den alten Mann. Fast täglich stromerte er mit einer Horde junger Leute über den Markt im Zentrum von Athen, sah sich an jedem Stand neugierig um, stellte unendlich nervige Fragen – und am Ende kaufte er doch nichts. Was das eigentlich solle, fragten die Verkäufer ihn eines Tages, und da antwortete Sokrates etwas, das die Marktleute wirklich nicht erwartet hatten: »Ich sehe mit Freude, dass es so viele Dinge gibt, die ich nicht brauche.«

Den Satz, mit dem der griechische Philosoph auf dem Markt von Athen für Überraschung gesorgt haben soll, könnten wir heute, fast 2500 Jahre später, genau so sagen. Bei jedem Besuch im Kaufhaus oder in den Weiten des Onlineshoppings ließe er sich formulieren, und das nicht nur, wenn uns dort ein Eierschalensollbruchstellenverursacher zum Enthaupten des Frühstückseis begegnet oder die Bluetooth-fähige Gabel »Hapifork«, die leuchtet und vibriert, wenn man zu schnell isst. Doch oft sehen wir gar nicht, was wir alles nicht brauchen. Wir entdecken vielmehr jede Menge Sachen, von denen wir meinen, dass sie uns guttun würden, dass sie unser Leben schöner machen könnten und dass es einfach ein tolles Gefühl wäre, sie zu besitzen. Es ist faszinierend, wie ein Ausflug in die Warenwelt Wünsche nach Dingen aufkommen lässt, von denen wir kurz zuvor noch nicht einmal wussten, dass es sie gibt. Und ist das Begehren erst geweckt, ist es oft schwere Arbeit, es wieder loszuwerden. Es sei denn, man erfüllt sich den Wunsch. Dann ist ziemlich sicher garantiert, dass der begehrte Gegenstand schon bald seinen Reiz verliert …

Loslassen klingt so einfach, aber es ist so unendlich schwierig – vor allem dann, wenn es nicht mehr nur um käuflich zu erwerbende Gegenstände geht, sondern um lieb gewonnene Gewohnheiten, lang gehegte Vorstellungen oder tief verwurzelte Sehnsüchte. Um einen innigen Wunsch aufzugeben, reicht ein einfacher Entschluss meist nicht aus. Es schmerzt, einen Partner gehen zu lassen, der sich trennen möchte, eine Krankheitsdiagnose zu akzeptieren, die unsere Vorstellung von einem Leben in Gesundheit für immer beenden wird, oder sich einzugestehen, dass unser Plan von einer fröhlichen Geburtstagsfeier total danebengegangen ist. Loslassen tut weh. Natürlich! Wir hängen ja an unseren Konzepten vom Leben, eben weil sie uns so wichtig sind. Die Trennung von ihnen muss deshalb mit Schmerz und Trauer verbunden sein – vor allem dann, wenn wir durch einen Schicksalsschlag oder durch das Verhalten anderer Menschen dazu gezwungen sind. Aber wer bereit dazu ist, den Abschiedsschmerz zu ertragen, der kann daraus viel Kraft ziehen, weil ihn der Verzicht am Ende davon befreit, seinen unerfüllten Träumen weiter nachzuhängen oder auf ewig mit seinem Schicksal zu hadern. Loslassen bedeutet Freiheit.

Sokrates war zweifellos ein Experte im Loslassen. So stellt es zumindest Platon in seinem ›Phaidon‹-Dialog dar. Der Altmeister der Philosophie hing nicht einmal an seinem Leben. Als Sokrates zum Tode verurteilt wurde, betonte er zwar noch einmal seine Unschuld; er habe sich weder der Gotteslästerung noch des Verderbs der Jugend schuldig gemacht, sagte er. Aber er akzeptierte den staatlich verordneten Verlust seines Lebens ausdrücklich: »Vielleicht musste dies alles so kommen, und ich glaube, es ist die rechte Fügung«, sagte er. Die Möglichkeit zu fliehen schlug er aus – aus Respekt vor den Gesetzen.

Selbst einen Tag, bevor Sokrates den Schierlingsbecher leeren sollte, erörterte er noch mit philosophischer Gelassenheit die Vorzüge des Sterbens. Während seine Frau, seine Freunde und Schüler aus Verzweiflung weinten, philosophierte Sokrates über die verschiedenen Möglichkeiten, was mit einem Menschen nach seinem Tod geschehen könne. »Aber schon ist es Zeit, dass wir gehen – ich, um zu sterben, ihr, um zu leben: Wer aber von uns den besseren Weg beschreitet, das weiß niemand, es sei denn der Gott«, sagte er Platon zufolge (›Die großen Dialoge‹). Das Gift trank er offenbar vollkommen gefasst.

Nun hat nicht jeder Sokrates' Größe. Und sich mit ihm zu vergleichen, könnte eher misslich enden. Aber viel von ihm lernen lässt sich zweifelsohne, eben auch, was das Loslassen betrifft. Oder doch nicht? Kann man ernsthaft Gelassenheit üben? Ist es nicht ein Unsinn, gerade dieses Ziel angestrengt und mit festem Willen verfolgen zu wollen? Es klingt beim ersten Hören ebenso absurd wie jemanden mit einem »Mach dich mal locker« zur Entspannung bringen zu wollen.

Und doch kann man sich Gelassenheit durch »angestrengtes Mühen« aneignen, wie es der emeritierte Trierer Psychologieprofessor Jochen Brandtstädter ausdrückt. Sie kommt schließlich nicht aus dem Nichts. Vielmehr ist eine gelassene Haltung den Wirrungen des Lebens gegenüber das »Ergebnis von Weisheit und tieferer Einsicht«, wie Brandtstädter schreibt. Im Grunde zieht man auf dem Weg zu mehr Gelassenheit – wieder einmal – Bilanz: Man wägt die Vor- und Nachteile ab, die damit verbunden sind, an etwas festzuhalten oder es loszulassen. Wenn man zu dem Schluss kommt, dass sich der Schmerz lohnen könnte, der mit dem Verzicht und dem Aufgeben verbunden ist, dann kann es auch gelingen, seine Wünsche zu dämpfen; Gelassenheit ist, wie es der Philosoph Martin Heidegger schon 1959 in seinem gleichnamigen Brevier formulierte, das Ergebnis eines »rechnenden Wollens«. Man gelangt zu der Einsicht, dass man für den Verzicht etwas Wunderbares erhält: eines Tages die Befreiung von quälenden Gedanken, die Seelenruhe, das Aufhören des quälenden Begehrens. Wer einmal Gelassenheit geübt hat, nimmt auch später die Unwägbarkeiten des Lebens leichter hin, lässt sich von den Turbulenzen nicht mehr so stark durchschütteln. Nicht umsonst predigen Dichter und Denker die Gelassenheit seit Jahrtausenden als erstrebenswertes Gut. »Wohl dem Menschen, wenn er gelernt hat, zu ertragen, was er nicht ändern kann, und preiszugeben mit Würde, was er nicht retten kann«, schrieb Friedrich Schiller in seiner Schrift ›Über das Erhabene‹.

Sich weniger aufzuregen, weniger zu leiden, weniger zu hadern, Veränderungen hinzunehmen, kann vieles im Leben leichter und entschieden zufriedener machen. Wem es dagegen nicht gelingt, zerstörerische Gedanken und negative Gefühle loszulassen, der kann schwer erkranken. Depressive Menschen sind häufig auf ihre Lebensentwürfe fixiert, sie verharren in negativen Gedankenschleifen; das ist Teil ihrer Krankheit. Gesund ist aber auch das vollkommene Gegenteil nicht: Totale Gelassenheit allem und jedem gegenüber ist genauso wenig erstrebenswert wie krampfhaftes Festhalten. »Der Grenzfall, wo alles gleichgültig wird, wäre freilich wieder gleichbedeutend mit stumpfer Apathie oder Sinnverlust«, schreibt Jochen Brandtstädter. »Diese degenerierte Form von Gelassenheit kann nicht mehr mit Vorstellungen lebenswerten, sinnerfüllenden Lebens verbunden werden.«

»Anklammern ist unsere Natur«

Wenn Loslassen aber so wichtig und förderlich ist, warum fällt es dem Menschen dann so schwer? Weshalb verharren wir oft sogar lieber in einer unangenehmen Situation, als uns auf etwas Neues einzulassen? Die Antwort liegt in unserer Natur: Der Mensch ist ein Gewohnheitstier, und das aus gutem Grund. Sicherheit und Verlässlichkeit bilden die Grundlage unseres Überlebens. Wir finden es schlicht und einfach bedrohlich, uns auf neues Terrain zu begeben. Deshalb ziehen wir allzu oft das Leid vor, wenn wir die Wahl haben zwischen dem altbekannten Schmerz in einer altbekannten Situation und etwas neuem Unbekannten. So schleppen wir Altlasten lange mit uns herum, verharren in ungesunden Gewohnheiten, bleiben mit einem Partner zusammen, der uns nicht guttut, leben in einer Wohnung, die furchtbar nervt, und behalten den Job, der uns schon lange nicht mehr befriedigt. Solange wir nicht Klarheit haben, dass es in der neuen Welt, in die wir vorstoßen könnten, Gold und unermessliche Reichtümer gibt, bleiben wir lieber in der alten. Da wissen wir wenigstens, woran wir sind. Zwar besteht stets die Hoffnung, dass eine Veränderung Positives bedeuten könnte, aber sie könnte eben auch kämpferische Indianer oder unbekannte Krankheiten mit sich bringen. Die große Mehrheit der Menschen setzt deshalb auf Routine, Rituale und vertraute Strukturen.

Dahinter stecken neurobiologische Prozesse ebenso wie die große Bedeutung von Bindung für das soziale Wesen Mensch. »Anklammern ist unsere Natur, Loslassen müssen wir dagegen erst lernen«, sagt Katharina Ley, Psychoanalytikerin und Soziologin aus Bern, die ein Buch über die ›Kunst des guten Beendens‹ geschrieben hat. Schließlich ist Bindung am Beginn des Lebens unverzichtbar. Jedes gesunde Baby sucht sie, es kann ohne sie nicht überleben. Erwachsene kuscheln sich zwar nicht mehr an ihre Mutter, aber im Grunde genommen reagieren sie immer noch ähnlich: »Wann immer im Leben Angst auftaucht, aktiviert das unser Bindungssystem«, sagt der Münchner Psychiater und Bindungsforscher Karl Heinz Brisch. Man wagt sich also nur dann auf ein neues Gebiet vor, wenn man sich sicher ist, dass man geborgen ist.

Der Schmerz beim Verlust eines geliebten Menschen, eines Traums oder einer gewohnten Umgebung ist, biologisch betrachtet, ähnlich wie der Schmerz beim Entstehen einer Wunde: Im Gehirn werden die gleichen Areale aktiviert, egal ob wir vor dem Scheidungsrichter stehen oder uns jemand einen Schlag in die Magengrube versetzt. Es wird jeweils derselbe Botenstoff ausgeschüttet, die »Substanz P«. Und dabei steht »P« für »Pain«.

Nur wenige Menschen sind so frei, dass sie zum Abenteurer taugen. Die Wissenschaft schätzt den Anteil derjenigen, die Lust am Kick haben und Aufregung wunderbar finden, auf unter 20 Prozent. Die gemäßigten unter diesen »Sensation Seekers« sind einfach nur offen, neugierig und wissbegierig, die extremeren Exemplare suchen aktiv das Risiko. Man findet sie im Kletterverein und beim Bungee-Jumping ebenso wie in den übelsten Fahrgeschäften auf dem Jahrmarkt oder, wenn es nicht so gut läuft, als Dauergast im Spielcasino und in den Drogenentzugskliniken.

Um den Zauber zu erleben, der jedem Anfang innewohnt, wie es Hermann Hesse in seinem zum Loslassen ermunternden Gedicht »Stufen« beschrieben hat, muss man eben erst einmal einiges auf sich nehmen. Und wie sehr ein Mensch dazu bereit ist, steht nicht nur in seinen Genen, sondern auch in seiner Lebensgeschichte geschrieben. Wer schon als Kind traumatische Abschiede erlebt hat, wird vor der nächsten Trennung größere Angst haben als jemand, bei dem Ablösungsprozesse eher einfach verliefen. Doch die eigene Geschichte lässt sich überwinden, sagt der Bindungsforscher Brisch: »Unser Bindungssystem bleibt immer offen für neue, sichere Bindungserfahrungen, weil sie das sind, was wir suchen.« Wer eines Tages einen verlässlichen Partner findet oder gute Freunde, die ihn durchs Leben begleiten, kann frühere Traumata kompensieren.

Das Prinzip der kleinen Schritte

Zweifelsohne ist Loslassen dann am einfachsten, wenn das, von dem man lassen will, nicht allzu bedeutend ist, wenn man persönlich und emotional nicht allzu stark involviert ist. »Gelassen ist man nun einmal am ehesten, wenn einen etwas nicht berührt«, schreibt der Psychologe Brandstädter. Wer die Hapifork und den Eierschalensollbruchstellenverursacher vor allem lächerlich findet, kann leicht darauf verzichten. Dinge im Laden liegenzulassen, die er sehr reizvoll findet, fällt aber nur dem leicht, der wiederum an anderer Stelle nicht gut im Loslassen ist: was das Geld betrifft. Und ganz besonders schwierig wird das Loslassen, wenn uns Dinge einmal gehört haben. Das merkt man schon, wenn man versucht seinen Kleiderschrank auszumisten und selten mehr als ein altes T-Shirt entsorgt. Noch schwieriger ist es, zu eng gewordene Verhaltensweisen auszumustern. Richtig schmerzhaft wird es, wenn einen Dinge wirklich berühren: einen geliebten Menschen gehen zu lassen, fiel sogar Sokrates' Schülern schwer. Und sich von der Vorstellung, gesund zu sein, zu verabschieden, ist unendlich tragisch.

Der griechische Philosoph Epiktet empfahl daher, im Kleinen anzufangen. Als einer der bedeutendsten Vertreter der Denkschule der Stoa war er auch ein Vorreiter in Sachen Gelassenheit. »Stoische Ruhe« bedeutet schließlich, sich nicht aus der Fassung bringen zu lassen. In seinem ›Handbüchlein der Moral‹ legte Epiktet dem Leser nahe, sich bei jedem Verlust klarzumachen, dass Gelassenheit ein hohes Gut ist, welches in allen Lebenslagen hilft und das es wert ist, sich dafür anzustrengen. »Fange also mit geringfügigen Dingen an«, riet er. »Man verschüttet dir dein bisschen Öl, man stiehlt dir dein Restchen Wein. Denke dabei: ›So teuer kauft man Gelassenheit, so teuer Gemütsruhe.‹ Umsonst bekommt man nichts.« Nutze die Gelegenheit, soll das heißen. Übe immer dann, wenn etwas wehtut. Wenn es bei den kleinen Dingen klappt, wird es später auch bei schwerwiegenden Verlusten besser gelingen.

Natürlich können wir uns jederzeit dafür entscheiden, beim Alten zu bleiben. Aber dann sollte das aus guten Gründen passieren und nicht aus Angst vor der Veränderung: Wer ernährt mich, wenn ich mich von meinem Mann trenne? Werde ich dann einsam sein? Sondern weil wir uns sagen: Ich will wieder eine bessere Ehe führen. Und ich liebe meinen Mann, er hat ja auch viele gute Seiten.

Perfektionisten fällt das Loslassen naturgemäß besonders schwer. Sie definieren sich so sehr über ihre Leistung, dass sie nie den Zustand von Zufriedenheit erreichen und oft nicht nur Haustyrannen, sondern auch noch arbeitswütig sind. Selbst solche Menschen können aber zu mehr Gelassenheit finden, wenn sie mit kleinen Schritten anfangen, sagt Rainer Sachse, Leiter des Instituts für Psychologische Psychotherapie in Bochum. Mal nicht alles aufräumen, sondern auch was rumliegen lassen, wenn Besuch kommt. Aus dem Büro gehen, obwohl die Arbeit noch nicht ganz gemacht ist. Gezielt etwas unternehmen, das völlig sinnfrei ist. Zu einem Termin gehen, ohne vorher alle zugehörigen Aktenberge gewälzt zu haben. Nur wer der Unvollkommenheit Raum gibt, macht die Erfahrung, dass 90 Prozent Einsatz auch reichen können.

Zum Üben von Gelassenheit gehört es auch, jeden Tag kleine Pausen einzubauen und ab und zu richtig faul zu sein. Zu tun hat man ohnehin ständig etwas. Wenn es danach ginge, kämen wir nie mehr zur Ruhe. Also muss man sich ab und an die Zeit nehmen. Das Leben darf ruhig stressig und auch mal unangenehm sein – wenn es zwischendurch Phasen der Regeneration und des Loslassens gibt. Dabei darf man sich ausdrücklich über das freuen, was man erreicht hat – und zwar auch dann, wenn man sich gerade in einer Phase der schmerzhaften Ablösung befindet. Die Sachen, die wichtig sind, brauchen ihren Raum. »Wir müssen lernen, dass sich ein normales Leben immer im suboptimalen Zustand befindet«, sagt Gert Kaluza vom GKM Institut für Gesundheitspsychologie in Marburg. Dinge können ruhig mal unerledigt bleiben.

Jochen Brandtstädters Rezept heißt deshalb »reflektierte Indifferenz«: Durch geistiges Abwägen sollen Dinge an Bedeutung verlieren. Man nimmt von ihnen Abstand, weil man über sie nachdenkt. Dabei hilft es, sich nicht an einzelne Wünsche zu klammern, sondern stets für Alternativen offenzubleiben. Denn Abstand erleichtert das Loslassen: Das kann jeder feststellen, der in einem neuen Lebensbereich ankommt. Dinge, die uns an einem früheren Arbeitsplatz oder in einer früheren Beziehung noch geärgert haben, sind plötzlich bedeutungslos geworden; die Distanz ermöglicht von ganz allein eine gewisse Gelassenheit, ohne dass man sonst noch viel dafür tun muss. Aussteiger suchen das gezielt. Um die Gelassenheit nicht mitten im Hier und Jetzt erringen zu müssen, wählen sie radikal den Abstand. Das bedeutet zwar neben aller Freude über das Neue auch einigen Schmerz, aber die vielen Ärgernisse, Probleme und Aufgaben bleiben dafür mit einem Mal zurück.

Ein Sabbatical ist dagegen ziemlich genau das Gegenteil von Loslassen. Es ist ein Abschied auf Zeit – oft in der Hoffnung, danach genauso weitermachen zu können wie zuvor. Wenn es nicht darum geht, in einem Sabbatical ein konkretes

Projekt zu verwirklichen (eine Reise machen, ein Buch schreiben, die Eltern ins Altersheim umsiedeln und dabei für sie da sein), sondern durch eine Auszeit Abstand von unangenehmem Erleben im Beruf zu nehmen, dann hilft es zwar kurzfristig Kraft zu tanken. Aber wer nach dem Sabbatical einfach so wieder an seinen Arbeitsplatz zurückkehrt, lässt nicht los. Er ändert ja nichts. Nach kürzester Zeit wird er im Beruf wieder am gleichen Punkt der Unzufriedenheit oder des Erschöpftseins ankommen. Um ein Sabbatical gewinnbringend zu nutzen, sollte man also Pläne schmieden und neue Strukturen schaffen, um nicht aufs Neue im Hamsterrad zu landen – wie die Mütter, die in der Kur erst wieder lernen müssen, sich abzugrenzen (siehe *Die Perfekte,* S. 106). Dafür wiederum ist das Sabbatical gut: Man hat die Zeit, die Pläne wirklich zu durchdenken und neue zu machen. Um wieder handlungsbereit und handlungsfähig zu sein.

Selbstwirksamkeit macht gelassen

Handlungsfähigkeit ist eine wichtige Voraussetzung, um gelassen reagieren zu können. Es hilft enorm, wenn man das Gefühl hat, die unangenehme Situation, die sich da gerade breitmacht, wenigstens noch etwas zurechtrücken, womöglich sogar zum Guten wenden zu können. Deshalb sind Menschen, die über ein gehöriges Maß an Selbstbewusstsein verfügen und über das Vertrauen in sich selbst, das eigene Leben in der Hand zu haben, eher gelassen – auch wenn etwas Unerwünschtes passiert. Psychologen sprechen auch von »Selbstwirksamkeit«. Denn solche Menschen wissen, dass sie Ideen haben, wie sie es in ihrem Leben wieder hinbiegen können. Das ist nötig, damit die Bereitschaft entstehen kann, auch unerwünschte Ereignisse zu akzeptieren und ihnen womöglich noch etwas Positives abzugewinnen. Dinge, von denen man weiß, dass sie einen nur ins Elend stürzen, ohne dass etwas Gutes daran ist, kann man kaum willkommen heißen oder mit einer gewissen Coolness über sich hereinbrechen lassen. Zur Gelassenheit gehört immer der Glaube, mit einer Situation umgehen zu können und eine Lösung zu finden.

Allzu große Selbstwirksamkeit kann beim Thema Gelassenheit allerdings auch hinderlich sein. Wer ein Macher-Typ ist, wer weiß, dass es ihm oft gelingt, die Dinge zu richten, bei dem stellt sich die Überzeugung, dass etwas unabänderlich ist, »oft erst spät ein«, wie Jochen Brandtstädter sagt. Dieser Überzeugung bedarf es aber häufig, um überhaupt in den Prozess des Loslassens eintreten zu können. Solange Kampf noch möglich ist, ist man oft nicht bereit, etwas hinzunehmen. Das macht ja bei Themen wie Kinderwunsch oder Krankheit das Abschiednehmen so schwer. Paradoxerweise nimmt ein starker, selbstbewusster Mensch Hindernisse und Einschränkungen aber so lange eher als Ärgernis wahr, solange er glaubt, dagegen angehen zu können. Erst wenn er die Sinnlosigkeit dieses Kampfes eingesehen und akzeptiert hat, kann auch der Ärger verschwinden.

Um die Grenzen der Machbarkeit zu erkennen, ist es nötig, nicht nur die Situation, sondern auch sich selbst richtig einschätzen zu können. »Gelassenheit und Selbsterkenntnis gehören zusammen«, sagt die Philosophin Ina Schmidt. Die Kunst des Loslassens übt man deshalb am besten, indem man »Dinge einen Moment ruhen lässt«, rät Schmidt. Man beobachtet sich und seine Wünsche, nimmt sich Zeit, »seinen Geist auf sich selbst zu richten«, wie es laut Platon und Xenophon Sokrates' Gewohnheit gewesen sein soll, der dann »taub gegen die nachdrücklichste Ansprache« war. Schmidt sagt, sie gehe schwierige Entscheidungen heute langsamer an als früher. »Ich schlafe dann darüber, gönne mir einen ruhigen Blick. Das hat weder meine Probleme gelöst noch meine Entscheidungen verbessert. Aber ich fühle mich ruhiger und fokussierter. Und das ist ein Fortschritt.«

So kann man beginnen, nach und nach Abstand von seinen Gewohnheiten zu nehmen. Dabei sollte man durchaus einmal seine bisherigen Ziele in Frage stellen. Es hilft auch, neue Ziele zu formulieren, um die schmerzhafte Lücke des Abschieds zu füllen (siehe *Wie wichtig es ist, eigene Ziele zu verfolgen*, S. 192).

Vorsicht ist allerdings geboten, wenn man sich als perfektionistisch veranlagter Mensch neue Ziele auferlegt. Da kann leicht wieder die Leistungsfalle zuschnappen – wie bei dem Manager, von dem Rainer Sachse berichtet: Er tritt in den Tennisclub ein, um sich zu entspannen, aber er ist nach ein paar Monaten schon der beste Spieler von allen. »Am Ende«, sagt Sachse, »hat er noch mehr Stress.«

Die Losslass-Liste

Loslassen bedeutet, dass man aufhört, Dinge erzwingen zu wollen, Widerstand zu leisten oder weiter für etwas Aussichtsloses zu kämpfen, sagt der Molekularbiologe und Zen-Lehrer Jon Kabat-Zinn, der Erfinder der Achtsamkeitsmethode Mindfulness-Based Stress Reduction. »Wir können nur dann wirklich loslassen, wenn es uns gelingt, uns eine verfahrene Situation in ihrem vollen Ausmaß zu Bewusstsein zu bringen und sie mit einer akzeptierenden Haltung anzuschauen.«

Wer loslassen will, muss sich also Folgendes sagen:
1. Was da gelaufen ist, ist nicht schön. Aber es ist nun einmal so. Dinge geschehen, Fehler passieren und Menschen verhalten sich nicht immer so, wie ich das gerne hätte. »Warum ich?« ist keine gute Frage.
2. Wenn ich diese Entwicklung akzeptiere, bedeutet das nicht, dass ich kapituliere. Etwas loszulassen kann eine ausgesprochen kluge Strategie sein.
3. Ich ziehe Bilanz: Was gewinne ich, wenn ich loslasse, was verliere ich? Und wie sieht die Rechnung aus, wenn ich nicht loslasse?
4. Ich will nicht immer dieselben schlimmen Gefühle haben. Ich will loslassen. Ich kann meine Gefühle lenken, indem ich versuche, anders über diese Entwicklung zu denken.
5. Ich gräme mich nicht, dass ich so lange an meinen schmerzlichen Gedanken festgehalten habe. Die Situation war eben so. An manches kann ich vielleicht sogar mit Dankbarkeit zurückdenken.
6. Ich weiß, dass das Loslassen wehtun wird, aber ich entscheide mich trotzdem dafür. – Damit es mir leichter gelingt, suche ich mir neue Ziele.

Loslassen heißt, seinem Denken eine neue Richtung zu geben. Man lenkt den Fokus weg von den Dingen, die man als belastend empfindet, und sucht einen neuen Blickwinkel. Schließlich haben die belastenden Momente schon viel zu lange die Aufmerksamkeit auf sich gezogen. Es reicht.

Der Pfennigfuchser:
Wie der Versuch finanzieller Optimierung den Blick vom Wesentlichen ablenkt

Noch bevor er morgens unter die Dusche ging, checkte er die Börsenkurse. Seit Florian Reuter* ein kleines Vermögen in Aktien investiert hatte, bereitete es dem Buchhändler aus der Nähe von Dortmund enorme Freude, seine Firmenbeteiligungen genau im Auge zu behalten. Es war das Jahr 1998, und die Aktienkurse gaben fast immer mehr Anlass zur Freude denn zum Ärger. Deshalb schaute Reuter so gerne nach. Viel öfter, als es nötig gewesen wäre.

Angefangen hatte seine Zuneigung zu Börsenkursen mit einer Erbschaft. Eine kinderlose Tante war verstorben, so hatte Reuter plötzlich 130 000 Mark, die es anzulegen galt. Ein sparsamer Mensch war der Buchhändler immer gewesen, schon als Kind. Seine Schwester setzte ihr Taschengeld sofort um, aber Reuter füllte lieber seine Spardose und zählte den sich mehrenden Inhalt regelmäßig durch. Später kam das Geld aufs Jeans-Sparbuch bei der Volksbank und nun waren eben Aktien modern.

Während seine Schwester mit ihrem Teil des Erbes erst einmal einen großen Urlaub machte und ihren Kleiderschrank bestückte, gönnte sich Reuter für 3500 Mark eine neue Musikanlage. Den Rest aber wollte er möglichst gewinnbringend anlegen. Für Immobilien fühlte sich Reuter mit seinen damals 32 Jahren noch zu jung. Und alle Welt gab sich ohnehin gerade dem Rausch der New Economy hin. Klar, dass die Anlageberater verschiedenster

---

* Name geändert

Banken auch ihm dazu rieten. Und das Geld war zu der Zeit ja sehr gut in Aktien angelegt. Jeden Tag konnte sich Reuter ein deutliches Plus ausrechnen.

Das gute Gefühl, das er beim Kurs-Check erfuhr, wollte er bald öfter haben. Überall dort, wo er Zugriff auf einen Computer hatte, schaute und rechnete er nach: Wieder ein bisschen mehr Vermögen angehäuft, wunderbar! In immer kürzeren Abständen klickte er sich durch sein Depot. Die langen Kennnummern seiner Wertpapiere, mit denen er die Kurse abrufen konnte, wusste Reuter im Schlaf. Ohne Laptop und Internetverbindung ging er bald nirgends mehr hin. Es könnte ja sein, dass ihn eine Nachricht aus der Wirtschaftswelt überraschte, die ihn zu sofortigem Handeln zwang. Hätte es damals schon Smartphones gegeben, hätte Reuter den Stand seiner Aktien wahrscheinlich so häufig gecheckt wie die Menschen heute ihre E-Mail-Postfächer.

Bald entdeckte er auch eigene Strategien, seine Aktien anzulegen. Statt sich auf die Fonds der Banker zu verlassen, wurde er selbst mutiger; wollte aktiv mitgestalten und sich die besten Papiere sichern. Das war natürlich aufwändiger. Doch zugleich war der Reiz groß, es besser zu machen als die professionellen Fondsmanager. Und es gelang ihm oft sogar. Nur manchmal ging etwas schief, dann verlor er in kürzester Zeit ein paar hundert Mark. »Diese Erfahrungen stachelten mich nur noch mehr an. Ich versuchte umso mehr, den richtigen Moment fürs Kaufen und Verkaufen abzupassen«, erzählt Reuter. Aber wann ist der richtige Moment? Jetzt gleich? Oder doch noch ein paar Stunden warten? Bis morgen etwa? Seine Aktien beherrschten sein Denken.

Abgesehen davon, dass es am Ende mit den Aktienkursen bekanntermaßen nicht mehr nach oben ging: Leider lenkte das Aktienbusiness Florian Reuters Aufmerksamkeit immer mehr aufs Finanzielle. Mit den Jahren begann er damit, aus seinem ganzen Leben möglichst viel herauszuholen: Welcher Mobilfunkvertrag war am günstigsten? War es gestern noch O_2? Aber heute bietet die

Telekom ein Schnäppchen? Reuter kündigte und wechselte. Das war zwar mit einigem Aufwand verbunden: Schließlich war nicht nur der Papierkram zu erledigen. Man konnte damals ja noch nicht einmal seine Handynummer mitnehmen. Bekannte und Kollegen mussten über die neue Nummer informiert werden. Doch das war Reuter egal. Ihm bereitete es Freude, jeden Monat wieder etwas Geld zu sparen.

Und noch einen Grund gab es, weshalb seine Finanzen ihm keine Ruhe mehr ließen: Er konnte es mit der Zeit kaum noch aushalten, auch nur ein bisschen zu viel auszugeben. Reuter war im Rausch der Optimierung: die Krankenkasse? Kann man heutzutage schließlich ohne Weiteres wechseln, und irgendeine ist immer die mit dem niedrigsten Beitragssatz. Fünf Mal suchte sich Reuter in sieben Jahren eine neue Krankenversicherung. Er verschlang Testberichte und nutzte Preisroboter, die ihm sagten, wo man den neuen Rasierapparat oder Staubsauger mit dem besten Preis-Leistungs-Verhältnis am billigsten bekommen konnte. Telefonanschluss, Stromanbieter, Internetprovider: Reuter fand immer neue Einsparmöglichkeiten.

Das ging schließlich so weit, dass er Supermärkte nach ihren Angeboten abfuhr. Wenn bei Lidl gerade die Salami und der Gouda am billigsten waren und bei Tengelmann die Butterkekse und die Milch, dann klapperte er die Märkte nacheinander ab, mit einem genauen Plan, was er wo kaufen konnte. Mehr noch als die Lust am Sparen motivierte ihn das quälende Gefühl, etwas falsch zu machen, wenn er nicht so genau auf sein Geld achtete. Statt sich über die Schnäppchen zu freuen, die er vielleicht in dem einen Supermarkt mitnehmen konnte, bohrten in ihm die Gedanken an diejenigen, die ihm entgangen waren. Diesem brennenden Gefühl wollte er unbedingt entkommen. Koste es, was es wolle, könnte man fast sagen. Oder eher umgekehrt: Kosten durfte sein Leben nur möglichst wenig, auch wenn das langsam auf Kosten seines Lebens ging.

Irgendwann las Reuter die ›Save Studie‹ der Bertelsmann-Stiftung: Um die Allgemeinbildung der Deutschen in Finanzangelegenheiten stand es demnach sehr schlecht. Die meisten Deutschen seien richtiggehende Finanzanalphabeten. Sie hätten keine Ahnung von Indexfonds, Portfolios und Vorzugsaktien. Ähnliches ergab ein paar Jahre später auch eine Untersuchung des Center for Economic and Entrepreneurial Literacy in den USA: »Eine überwältigende Zahl von Amerikanern ist außerstande, auch nur die einfachsten Fragen zu Kredit, Zinsen und wirtschaftlichen Grundbegriffen zu beantworten«, lautete das Ergebnis. Reuter fühlte sich gut: Das konnte von ihm nun wirklich niemand behaupten.

Aber natürlich gelang auch ihm nicht alles. Immer wieder musste er empfindliche Verluste einstecken. Dabei beobachtete der Finanzjongleur an sich Folgendes: Misserfolge schmerzten stets erheblich stärker, als dass ihm Erfolge in gleicher Höhe Freude bereiteten. Die Fokussierung des Menschen auf Fehler, sie war bei Florian Reuters Finanzgeschäften ausgezeichnet zu studieren. »Aber das stachelte mich nur an. Ich war immer auf der Suche nach dem neuen Gewinn«, sagt er. Er musste den Schmerz über den Verlust wiedergutmachen, indem er seine Hoffnung auf eine neue Aktie setzte: Hier musste es doch klappen, diese Firma hatte ein super Produkt in der Pipeline!

Dabei wusste Reuter es als belesener Mensch eigentlich besser. Mit zu viel Fachwissen und zu viel Denken schneidet man nicht unbedingt besser ab. Auch nicht an der Börse. Gerd Gigerenzer, Psychologe und Direktor am Max-Planck-Institut für Bildungsforschung in Berlin, hat das in einem ungewöhnlichen Experiment belegt: Im Jahr 2000 nahm er gemeinsam mit seinem Kollegen, dem Ökonomen Andreas Ortmann, an einem Börsenspiel des Magazins ›Capital‹ teil. Der Chefredakteur der Zeitschrift hatte 50 Internetaktien ausgewählt, die Teilnehmer sollten daraus ein erfolgreiches Portfolio zusammenstellen.

»Viele der mehr als zehntausend Teilnehmer versuchten, sich möglichst viel Information und Insiderwissen zu verschaffen oder Hochleistungscomputer einzusetzen«, erzählte Gigerenzer einmal dem ›Handelsblatt‹. Er und Ortmann folgten dagegen der Empfehlung des bekannten Investmentfondsmanagers Peter Lynch: »Investiere in das, was du kennst.« Das soll so viel heißen wie: Die wirklich guten Sachen sprechen sich schon rum, sie sind auch den Nicht-Fachleuten bekannt. »Man braucht also halbignorante Personen, die nicht alle Aktien kennen«, sagt Gigerenzer, und die fanden die beiden Wissenschaftler auf der Straße: Sie fragten in Berlin einfach 100 Passanten – 50 Männer und 50 Frauen –, von welchen der 50 Aktien des ›Capital‹-Chefredakteurs sie schon gehört hatten. Aus den zehn Papieren, die am häufigsten genannt wurden, bildeten sie ein Portfolio. Mit erstaunlichem Erfolg: Die Wertpapiere von Gigerenzer und Ortmann entwickelten sich besser als die von 88 Prozent aller Teilnehmer. Obwohl der Markt gerade ungünstig war, machten die beiden Wissenschaftler mit ihrem begrenzten Finanzwissen ein Plus von 2,5 Prozent. Das Aktienpaket des ›Capital‹-Chefredakteurs, der sich viel besser auskannte, verlor dagegen fast ein Fünftel an Wert.

Doch bei Florian Reuter half alles Wissen nichts gegen sein Verlangen: Er versuchte, seine Aktien zu kontrollieren, und nahm sich unendlich viel Zeit dafür. Reuter war wie getrieben von den Zahlen auf seinen diversen Konten. Es brachte ihm eine unglaubliche Befriedigung, sie wachsen zu sehen. Am Ende war ihm das sogar wichtiger, als Freunde zu treffen oder Sport zu treiben. Ob er mitwolle ins Kino oder zu einem Ausflug ans Wasser, fragte ihn bald sowieso keiner mehr. »Den Pfennigfuchser« nannten sie ihn nur noch. So spürte Reuters nun manchmal neue, lange gar nicht wahrgenommene Verluste: »Ich fühlte mich hin und her gerissen«, erzählt er. »Einerseits wollte ich mit den Aktien jonglieren, aber es kam auch eine große Leere in mir auf. Einfach die Sehnsucht nach Lässigkeit.«

»In so einer Situation muss man dringend seine eigenen Prioritäten klären«, rät der Marburger Psychologe und Anti-Stress-Trainer Gert Kaluza. »Alles geht eben nicht, schon gar nicht alles auf einmal.« Als Erstes müsse man sich die Frage stellen, was wirklich wichtig ist. Wer sich das klargemacht hat, der kann auch wieder Dinge ohne schlechtes Gewissen tun: Ja, ich würde gerne mein Konto auf Vordermann bringen und ein paar Aktiendepots umfinanzieren, aber ich möchte irgendwie auch mit meinen Freunden zusammen sein. Also: Wie viel bringt die Umschichterei der Finanzen am Ende wirklich? Sind die Freunde nicht wichtiger? Wer sich bewusst entschieden hat, dem setzt das Nichterledigte automatisch weniger zu. Und wir haben jederzeit die Möglichkeit zu beschließen, uns um manche Dinge nicht mehr zu kümmern. »Wir müssen in unserer Multioptionsgesellschaft dringend lernen, Nein zu sagen. Auch zu uns selbst«, sagt Kaluza.

An jedem Punkt im Leben ist Optimierung möglich. Es wird stets eine noch lukrativere oder effektivere Alternative geben. Aber: Wie hoch ist der Aufwand, um ein bisschen mehr herauszuholen? Zufrieden machen solche Verbesserungsversuche jedenfalls nicht, selbst wenn sie gelingen. Denn ein echter Optimierer wird sich am Ende immer fragen, ob es nicht eine Möglichkeit gegeben hätte, die noch besser gewesen wäre. Wer sich für den geringeren Aufwand und damit auch gegen die Perfektion entschieden hat, für den ist ein suboptimales, aber gutes Ergebnis gut genug.

So begann Florian Reuter eines Tages, neu zu rechnen: Die Rendite, die seine Optimierungsbemühungen abwarfen, wurde durch den Abzug aller Steuern und Fondsgebühren erheblich geschmälert. Wenn er das, was blieb, einmal auf die Zeit umrechnete, die er damit zubrachte, waren das wirklich hart erarbeitete Gewinne. Der Stundenlohn war am Ende nicht gerade überwältigend.

Finanzanalphabeten, dachte sich Reuter nun, haben es irgendwie gut: »Wie entspannt könnte ich sein, wenn ich von all diesen Dingen keine Ahnung hätte«, dachte er sich. Wenn er einfach nur die müden paar Prozent an Zinsen mitnehmen würde, die ungepflegt herumliegendes Festgeld einfach so einbringt. Der Gewinn auf der anderen Seite seines Lebens wäre umso größer: Mindestens 40 Stunden Zeitgewinn würde das pro Monat bedeuten. Eine ganze Arbeitswoche!

Nach und nach gelang es Florian Reuter, seine Fonds seltener aufzurufen. Er nahm sich gezielt Zeiten vor, in denen er sich um seine Finanzen kümmerte. Außerhalb dieser Phasen war das tabu. Erst kümmerte er sich noch jeden Abend um seine Finanzoptimierung, dann jeden zweiten, später nur noch zwei Mal pro Woche. Mit dem größeren Abstand wurde sein Interesse geringer. Heute liegt sein Geld friedlich in verschiedenen Depots. In Zeiten von instabilen Märkten sind die Kurse ohnehin kein verlässlich schöner Anblick mehr. Da heißt es: abwarten. Genau das Richtige also, um Zeit zum Leben zu haben.

Wie wichtig es ist, eigene Ziele zu verfolgen

Die Menschen, die Michael Edwards zusahen, waren zerrissen zwischen Mitleid, Belustigung und Respekt. Edwards genoss den Respekt. Der Rest war ihm egal. »Ich wusste, dass meine Leistungen die Welt nicht in Flammen setzen«, erzählte der Mann, der als »Eddie, the Eagle« bei den Olympischen Spielen in Calgary für Aufsehen sorgte, vor einigen Jahren dem Magazin ›Stern‹. »Aber darum ging es mir nie.«

Edwards wurde berühmt als der mit Abstand schlechteste Skispringer, der je an Olympischen Spielen teilgenommen hatte. Bei den Winterspielen 1988 wurde der Engländer mit der sehr dicken Brille, den sie als Kind »Vierauge« geschimpft hatten, Letzter. Teilnehmen durfte der damals 25-Jährige sowieso nur, weil er im Jahr zuvor bei den Nordischen Skiweltmeisterschaften in Oberstdorf mit dabei war. Auch da war er zwar Letzter geworden, aber die 73,5 Meter, die er als erster britischer Skispringer schaffte, bedeuteten nun einmal britischen Rekord – und damit, so wollten es die damaligen Regeln noch, das Ticket für Olympia.

Olympia! Da wollte Edwards unbedingt hin. Der gelernte Maurer war ein talentierter Skifahrer, keine Frage. Den Einzug ins olympische Abfahrtsteam der Briten verpasste er nur knapp. Damit er es trotzdem zu den Spielen schaffte, verlegte er sich aufs Skispringen, auch wenn er dafür ein bisschen schwer geraten war und der internationalen Konkurrenz schon deshalb etwas behäbig hinterherplumpste. »Ich war der Schlechteste, das wusste ich, aber ich wollte nur mich selbst übertreffen«, erzählte er. Viele Zuschauer liebten ihn dafür, bei der Abschlussfeier riefen 100 000 Menschen begeistert »Eddie, the Eagle«.

Edwards hatte sein Ziel erreicht. »Ich habe hart dafür gearbeitet, das war nicht nur Jux«, sagte er in der Rückschau. »Was ich alles tun musste, um nach Calgary zu kommen, ohne Geld und Sponsoren! In Kuhställen schlafen, Essen aus Mülleimern kramen, einmal habe ich in der Psychiatrie übernachtet, weil dort das billigste Bett war. Aber ich habe es zu den Olympischen Spielen geschafft.« Dass die Leute ihn mochten, sei ein schöner Nebeneffekt gewesen. »Das Schönste jedoch war: das zu schaffen, was *ich* mir vorgenommen habe. Ich wollte nicht besser als die anderen sein. Sondern erreichen, was *mir* wichtig war: Ich habe einfach mein eigenes Ziel gesetzt.«

Eigene Ziele zu erreichen, macht ungeheuer zufrieden. Doch was unsere ureigenen Ziele sind, wissen wir oft gar nicht. Von Kindesbeinen an durch die Erwartungen, durch Lob und Tadel unserer Eltern geprägt, erfüllen wir Ansprüche, die wir gar nicht entwickelt haben. Häufig wollen wir unsere Eltern zufriedenstellen, statt uns selbst. Das gilt sogar dann, wenn wir nicht Papas Familienunternehmen fortführen oder Mutters Traum vom Arztsein leben. Viele junge Menschen schlagen einen Weg ein, der nicht ihrer eigenen Vorstellung entspringt – und sei es nur, dass sie krampfhaft den Anti-Entwurf zu den Wünschen der Eltern umsetzen.

Das merken sie oft lange nicht. Die meisten Menschen müssen erst einmal in eine Krise geraten, bevor sie hinterfragen, auf welchen Schienen sie da eigentlich unterwegs sind. Denn die anerzogenen Vorstellungen und Ideale sitzen tief. Wenn wir es wagen, den vorgezeichneten Weg zu verlassen, uns den elterlich vermittelten Zielen nicht zu beugen, müssen wir gegen die innere Stimme kämpfen, die uns sagt, dass wir falsch handeln, dass wir uns schlecht benehmen oder dass wir nicht genug taugen.

Zwangsläufig tut sich deshalb eine große Leere auf, wenn wir eines Tages registrieren, wie unzufrieden wir mit dem sind, was wir tun, und wenn wir es dann tatsächlich schaffen, die alten Erwartungen abzuschütteln. Auch wenn unsere bisherigen Vorstellungen vom Leben nicht unsere ureigenen waren: Die Ziele, die wir bis dahin hatten, fehlen nun. Sie hatten ja ihr Gutes, sagt Veronika Brandstätter-Morawietz, Professorin für Motivationspsychologie an der Universität Zürich. Sie haben uns Halt und Struktur und unserem Streben einen Sinn gegeben. Halt, Struktur und Sinn fehlen nun.

Da sollte eine Alternative her. Sinn ist wichtig für ein Leben in Zufriedenheit. Nur wenigen Menschen gelingt es, ohne feste Vorstellungen von dem, wofür es sich zu leben lohnt, ein zufriedenes Dasein zu führen. Diese Menschen leben in »existenzieller Indifferenz«, wie Psychologen sagen. Ihnen geht es gut, obwohl sie nicht an ein höheres Wesen oder höhere Ideale glauben. Sie brauchen das nicht als Ansporn. »Allerdings ist das subjektive Wohlbefinden dieser Menschen geringer ausgeprägt«, sagt Tatjana Schnell, die als Psychologin an der Universität Innsbruck mit dem Schwerpunkt »Empirische Sinnforschung« arbeitet. »Erfährt eine Person ihr Leben dagegen als sehr sinnvoll, wird sehr wahrscheinlich auch ihre generelle Lebenszufriedenheit hoch und ihre Stimmung gut sein«, folgert Schnell aus ihrer Forschungsarbeit, in der sie die Bedeutung von Sinnerfüllung und Sinnkrisen für das menschliche Wohlbefinden untersucht hat. Deshalb ist die Frage so wichtig: Was gibt meinem Leben einen Sinn? Oder: Welches Ziel verfolge ich? Was will *ich* eigentlich? Was ist *mir* wichtig?

Menschen, die einen Sinn in ihrem Leben sehen, sind meist fröhlicher und fühlen sich besser als jene, die das nicht tun. Ihre Überzeugung, ihre Ziele geben ihnen Kraft: Somit verfügen sie auch über mehr Resilienz – jene psychische Widerstandskraft, die es Menschen ermöglicht, sich besser von Schicksalsschlägen zu erholen und an Krisen nicht zu zerbrechen. Das kann sogar in den finstersten Zeiten helfen, wie der jüdische Psychiater und Psychotherapeut Viktor Frankl während seiner Zeit in deutschen Konzentrationslagern an seinen Mithäftlingen feststellte. Frankl war der Erste, der die ungeheure Kraft der Sinngebung erfasste, eine Kraft, die sogar unter den schrecklichsten Umständen den Tod abwenden konnte. Frankl stellte nämlich fest: Diejenigen Häftlinge in den Konzentrationslagern, die die Hoffnung aufgaben, die keinen Sinn mehr im Durchhalten, im Weiterleben sahen, starben. Überleben konnten das Grauen nur jene Gefangenen, die wussten, wofür sie die Zeit im KZ ertrugen: Sie wollten ihre Familie wiedersehen, wieder in ihrem Beruf arbeiten, eines Tages wieder tanzen gehen oder, wie Frankl selbst, ein Buch schreiben. »Frankl hat (das Lager) auch überlebt, weil er für etwas lebte«, erklärte seine Schülerin Elisabeth Lukas. Eine Perspektive zu haben, aus den Erinnerungen eine Zukunft schmieden zu können, das verleiht Halt im Leben. Der Sinn des Lebens – für Frankl blieb er auch nach dem Krieg das entscheidende Sujet. Ob Menschen ihr Leben als sinnvoll erachten, sah er als ein wesentliches Element bei der Entstehung und Behandlung psychischer Krankheiten.

Die Bedeutung des Sinns ist inzwischen für viele Lebenssituationen nachgewiesen. Sie gilt für Menschen, die Bürgerkriege oder schwere Verkehrsunfälle überstehen mussten, ebenso wie für Hurrikan-Opfer oder Menschen, die von ihrem Partner verlassen werden. Vor einigen Jahren berichteten Mediziner von der Rush University in Chicago über 1238 ältere Leute, die im Großraum Chicago wohnten. Diejenigen Senioren, die in ihrem Leben noch Ziele hatten und einen Sinn in ihrem Dasein sahen, hatten in den folgenden fünf Jahren ein nur halb so großes Risiko zu sterben wie jene älteren Herrschaften, die Sätzen wie diesen zustimmten: »Ich fühle mich manchmal, als hätte ich alles getan, was im Leben zu tun ist«; »Ich habe mir früher immer Ziele für mich selbst gesetzt, aber das scheint mir nun Zeitverschwendung zu sein« oder: »Meine täglichen Aktivitäten erscheinen mir häufig trivial und unwichtig«.

Sinn im Leben findet man nicht, man muss ihn entwickeln

Um dem eigenen Dasein einen Sinn zu geben, muss man allerdings etwas tun. Viele Menschen glaubten, sie müssten den Sinn des Lebens nur finden, sagt der US-Psychologe Todd Kashdan. »Das ist ein Irrtum. Sinn fällt einem nicht in den Schoß.« Menschen müssen ihn vielmehr selbst entwickeln. Oder, wie es die Frankl-Schülerin Elisabeth Lukas erklärt: »Der Sinn, den die einen in ihrem Leben sahen, und die anderen nicht. Ein solcher Sinn kann nicht willkürlich gesetzt werden, den muss jeder für sich herausspüren.«

Das muss gar nicht der eine, große Lebenssinn sein. Die meisten Menschen bekommen ihren Halt durch mehrere Pfeiler. Die Familie ist ihnen wichtig, aber auch ihr Beruf oder ihr Einsatz für andere. Eine gute Strategie sei es, sich auf der Suche nach seinen persönlichen Zielen zu fragen, wofür es sich zu kämpfen lohnt, sagt Kashdan. Das kann sich im Laufe des Lebens durchaus verschieben. Während für junge Menschen Freundschaften das A und O sind, gewinnen später Partnerschaft und Beruf an Bedeutung – und auch der Genuss der Natur.

Sinn findet man nur dann im Leben, wenn verschiedene Voraussetzungen erfüllt sind, sagt die Sinnforscherin Schnell. Wichtig sei zum Beispiel »Orientierung«: Sie ergibt sich aus den Wertvorstellungen, denen man auch in schwierigen Situationen folgt, so wie Sokrates dies selbst unter extremen Umständen noch tat, als er, zum Tode verurteilt, aus Respekt vor dem Gesetz die Chance zur Flucht ausschlug. Auch Viktor Frankl sah seinen Sinn darin, »anständig zu bleiben und sich seine Würde zu erhalten«, wie Elisabeth Lukas sagt – selbst unter den abscheulichen Umständen, unter denen er leben musste, weil andere bereit waren, alle menschlichen Werte zu zertrampeln. »Es gab ja zum Beispiel auch Häftlinge, die vor lauter Verzweiflung das Brot ihrer Mithäftlinge geklaut haben«, erzählte Elisabeth Lukas. Frankl aber teilte seines. Für ihn hieß das: Ein kleiner Rest Entscheidungsfreiheit bleibt dem Menschen in jeder Lage, egal, wie schlecht es ihm geht. So hat er sich seine Würde erhalten, aber auch das Gefühl der Kontrolle: trotz allen Ausgeliefertseins immer noch Herr über einzelne Situationen zu sein.

Wichtig ist auch das Gefühl der »Zugehörigkeit«. Es ist sinn-stiftend, wenn sich Menschen als Teil eines Größeren erleben, in dem sie etwas geben können und gebraucht werden. Die Wahl der Ziele ist deshalb nicht unerheblich. Materielle Ziele, finanzieller Erfolg erhöhen die Zufriedenheit eher nicht. »Zu-frieden macht es dagegen, sich für andere einzusetzen«, sagt Todd Kashdan. Und Tatjana Schnell ergänzt: »Man muss da-von nicht unbedingt selber profitieren.«

Und schließlich braucht der Mensch »Kohärenz«: Hatte man sich in jungen Jahren nicht immer für die Schwachen eingesetzt? War einem nicht einst soziale Gerechtigkeit ein Anliegen? Und nun, mit Ende dreißig, findet man sich als Angestellter einer Bank wieder, die ihren Kunden unsinnige Geldanlagen aufschwatzt! »Wenn man eine solche Diskrepanz feststellt, ist es wichtig innezuhalten und nachzudenken«, sagt Tatjana Schnell. »Wie weit habe ich mich von meinen ursprünglichen Zielen entfernt? Und: Welche Möglichkeiten gibt es, mich ihnen wieder anzunähern?«

Das momentane Glücksgefühl kann dabei durchaus in den Hintergrund treten. Wenn man sich entschließt, den unbe-friedigenden Job aufzugeben und sich neu zu orientieren, dann ist das vielleicht der Weg zu mehr Kohärenz, Zugehö-rigkeit und Orientierung. Aber schwierig und anstrengend ist er allemal. Somit können Schritte, die dem Leben jetzt oder später einen Sinn geben, das aktuelle Wohlbefinden durchaus torpedieren. Aber ob wir am Ende unseres Lebens zufrieden damit sind, wie wir es verbracht haben, hängt nur wenig da-von ab, wie angenehm unser Leben war.

Ziele mit Augenmaß setzen

Damit die Bilanz am Ende gut ausfällt, gilt eines: Man muss sich vernünftige Ziele setzen. Es hilft, bei der Gelegenheit gleich einmal sein bisheriges Streben zu überprüfen, innerlich Abstand von alten Gewohnheiten zu nehmen und in Ruhe zu entscheiden, was man von all dem eigentlich fortsetzen will. Seinen bisherigen Vorstellungen sollte man dabei mit einiger Skepsis begegnen, denn es ist gar nicht unwahrscheinlich, dass man sie bisher oder gerade in Zeiten ihrer Unerfüllbarkeit glorifiziert hat. Eine verpasste Chance muss gar nicht verpasst sein, wenn man neue Ideen hat, die einen womöglich ganz woanders hinführen.

Nun klingt das immer so simpel: Sich Ziele setzen, angreifen und – chaka! – die Ziele auch verwirklichen. Das Problem ist, dass es auf dem Weg viele Fallstricke gibt. Vor allem wenn wir uns schon länger wünschen, etwas erreicht zu haben. Es gibt schließlich einen Grund dafür, dass wir diese Ziele bis jetzt nicht umgesetzt haben. Oder anders ausgedrückt: Wenn man nicht in die Puschen kommt, könnte das auch daran liegen, dass einem die Puschen gar nicht gefallen.

Gesetzt den Fall, man will wirklich: Dann sollte man sich möglichst realistische Ziele vornehmen – und sie auch möglichst konkret ausformulieren. Die üblichen Neujahrsvorsätze wie »Ich will mehr Sport treiben« oder »Ich will abnehmen« verpuffen auch deshalb, weil sie oft zu unspezifisch bleiben. Deshalb sollte man sich schon in dem Moment, in dem man Ziele entwickelt, präzise ausmalen, was die Umsetzung im Einzelnen bedeuten wird. Nicht im destruktiven Sinn – nach dem Motto: Lass es doch gleich bleiben, du schaffst es ja doch nicht –, sondern im konstruktiven: Ja, ich möchte mindestens zweimal die Woche ins Fitnessstudio gehen. Ja, es wird mir nicht besonders viel Spaß machen. Aber ich nehme mir Kopfhörer mit und motiviere mich durch Sportler-Musik à la ›Rocky Balboa‹. Und hinterher belohne ich mich mit meiner Lieblingsserie. Oder: Ich esse so gerne, abnehmen wird die Hölle werden. Aber es könnte gelingen, wenn ich in der Kantine auf den Nachtisch verzichte und zwischen den drei Mahlzeiten nicht noch zusätzlich etwas esse.

Zu viel Optimismus beim Formulieren von Zielen kann nämlich hemmen, sagt die Psychologin Gabriele Oettingen, die an der Universität Hamburg und an der New York University zum Thema Erwartungen forscht. Nicht allein, weil man die Hindernisse ausblendet; man fängt außerdem womöglich gar nicht erst mit der Umsetzung der Ziele an. Es fehlt einem nämlich die Motivation: Man hat im Geiste bereits durchdacht, wie gut sich etwas anfühlen wird, dass man die Tat gar nicht mehr folgen lässt. »Die Menschen träumen sich sozusagen in eine Sackgasse«, schließt Oettingen aus mehreren Studien. Motivierter zeigten sich in ihren Tests jene Probanden, die zwar auf einen Erfolg hofften, aber die Schwierigkeiten auf dem Weg dahin recht konkret vor Augen hatten und sich überlegten, wie sie sie umschiffen konnten. Wer zu stark davon überzeugt ist, dass er das schon schaffen wird, versäumt es, sich gut vorzubereiten. Sofern er sein Ziel überhaupt angeht.

Die Intuition hilft bei Entscheidungen

Um uns die richtigen Ziele zu setzen, müssen wir also nur noch die richtigen Entscheidungen treffen. Wahrscheinlich fällt auch deshalb das Finden eigener Ziele so schwer: Wer Ziele formulieren will, muss Prioritäten setzen und von manchen, womöglich auch ganz attraktiven Alternativen ablassen.

Gerade hat ein Headhunter angerufen, der eine Position im Ausland angeboten hat. Damit verbunden: ein deutlich höheres Gehalt, eine aufregende Aufgabe, ein gigantischer Karriereschub. Aber eben auch: noch mehr Überstunden, größere Verantwortung, die Gefahr, den Ansprüchen nicht zu genügen, und natürlich der Umzug. Wenn man nicht gerade der Abenteurertyp ist, vergehen nach so einem Anruf meist Nächte des Grübelns. Komplexe, lebensbestimmende Entscheidungen machen wir uns häufig furchtbar schwer. Aber nicht nur die: Oft genug finden wir sogar beim Italiener die Wahl zwischen Pizza und Pasta nicht leicht (siehe *Was zufriedene Menschen anders machen*, S. 112). Das liegt zum einen daran, dass wir uns manches nicht eingestehen wollen. Vielleicht mögen wir Erfolg, sind aber, ehrlich gesagt, gar nicht so der Karrieretyp, weil wir unsere Freizeit und unser Zuhause genauso lieben. Zum anderen fallen uns aber auch deshalb viele Entscheidungen schwer, weil wir Angst davor haben, etwas falsch zu machen. Weil wir fürchten, dass wir bei dem Job im Ausland die Erwartungen nicht erfüllen können, oder weil wir die unguten Gefühle scheuen, wenn am Ende auf unserem Teller Nudeln liegen, während die Pizza des Nachbarn so gut duftet.

Ein Weg zu sinnstiftenden Entscheidungen ist deshalb: weniger grübeln! Im Grunde kennen wir unsere Vorlieben gut. Wir wissen, was uns glücklich macht, was uns Kohärenz, Orientierung und Zugehörigkeit verleiht. In uns steckt mehr Weisheit, als wir glauben. Diese Weisheit heißt Intuition. Blitzschnell entscheidet unser sechster Sinn, was für uns gut ist. Und oft liegen wir damit tatsächlich richtig. Geheimnisvoll, irrational, irgendwie übersinnlich scheint die Intuition zu sein. Sie ist aber »nicht magic«, stellt Cornelia Betsch klar. Die Psychologin erforscht an der Universität Erfurt das Phänomen, das zugleich fasziniert und misstrauisch macht. Die Intuition falle nicht vom Himmel. »Vielmehr greift unsere innere Stimme auf unseren gesamten Erfahrungsschatz zurück«, sagt Betsch, »auf alle Reaktionsmuster, Einschätzungen und Kenntnisse, die sofort abrufbar sind – ohne dass wir darüber nachdenken.«

Anders als der Instinkt, der in Extremsituationen automatisch ein Verhaltensprogramm in Gang setzt, ist die Intuition pure Kreativität. Sie fällt Urteile, fördert Vorlieben oder treibt Entscheidungen voran. Intuition ist eine Art Begabung, die mit dem Erfahrungsschatz mitwächst. Nur aus einem Grund wirkt sie so unergründlich: Weil wir nicht wissen, was wir alles wissen.

Daran liegt es auch, dass Intuition oft verpönt ist. »Viele Manager schämen sich, wenn sie aus dem Bauch entscheiden«, sagt Betsch. »Dabei ist ihre Intuition im Geschäftsalltag oft sehr gut, weil sie in diesem Bereich so viel Erfahrung haben.« Der sechste Sinn ist also höchst individuell. Busfahrer haben eine andere Intuition als Kriminalkommissare. Und während der Laie hilflos vor einem Schachbrett sitzt, erkennt der erfahrene Schachspieler sofort, welche Figur er wohin ziehen muss. »Wenn sich ein Champion trotzdem Zeit für langes Überlegen nimmt, wird er fast immer auf seinen ersten Einfall zurückkommen«, sagt der Psychologe Markus Raab, Leiter der Abteilung Leistungspsychologie an der Deutschen Sporthochschule Köln. Gerade bei Experten führt das mentale Durchspielen aller Möglichkeiten also nicht unbedingt zu besseren Entscheidungen. Selbst Albert Einstein wusste: »Wenn man gar nicht gegen die Vernunft sündigt, kommt man zu überhaupt nichts.«

Schließlich ist die Vernunft keineswegs so vernünftig, wie sie zu sein verspricht. Dennoch distanziert sich der Mensch gern von jenen Begabungen, die es unterhalb der obersten Bewusstseinsebene gibt – spätestens seit der französische Philosoph René Descartes sein »Ich denke, also bin ich« von sich gab. »Der Mensch hat über viele Jahrtausende Entscheidungen bei sehr dürftiger Faktenlage treffen müssen, was ihn darin sehr gut gemacht hat«, sagte der Max-Planck-Direktor Gerd Gigerenzer, der ein Buch über ›Bauchentscheidungen‹ geschrieben hat, einmal der ›Welt‹. »Im Kielwasser der Aufklärung wurde die logische Abwägung möglichst vieler Fakten immer mehr zum anzustrebenden Ziel, Bauchentscheidungen waren verpönt.«

Dabei mischt sich Unbewusstes selbst in vermeintlich rationale Entscheidungen gehörig ein. Denn Emotionen und Erfahrungen entscheiden darüber mit, was auf die Für-und-Wider-Listen der Logik gesetzt wird. »Wir müssen lernen uns damit wohlzufühlen, dass wir manchmal einfach nicht wissen, warum wir etwas tun«, sagt Arvid Kappas, Psychologieprofessor an der Jacobs University Bremen. Oder anders ausgedrückt: Wer denken will, *muss* fühlen.

»In manchen Dingen ist unser Bauchgefühl erschreckend gut«, sagte der Intuitionsexperte David Myers vom Hope College in Michigan einmal. Andere Menschen einschätzen, Gefühle in ihren Gesichtern lesen oder Situationen beurteilen – darin sei die Intuition einfach unschlagbar. »Ich selbst habe vor langer Zeit spontan Gefallen an einer anderen Jugendlichen gefunden«, witzelte Myers. »Heute bin ich mit ihr fast 40 Jahre verheiratet.« Psychologen von der Harvard University gingen das Ganze wissenschaftlicher an: Sie haben Testpersonen wenige Sekunden lange Filmaufnahmen von Lehrern im Unterricht gezeigt. Was die Probanden anschließend über die Pädagogen sagten, stimmte in hohem Maße mit der Beurteilung von Schülern nach einem halben Jahr Unterricht überein.

Das intuitive Denken sei »wahrnehmungsähnlich, schnell und mühelos«, folgert der Kognitionswissenschaftler Daniel Kahneman; dagegen sei das logische Denken anstrengend und langsam. Schon deshalb kommen Menschen, die nur nach gründlicher Abwägung entscheiden, zu nichts.

Cornelia Betsch empfiehlt daher, die Begabung aus dem Bauchraum gezielt für Entscheidungen zu nutzen: Am besten wäre es, zunächst seine innere Stimme zu Wort kommen zu lassen, so die Psychologin; danach erst sollte man sich überlegen, ob man auf dem Gebiet, um das es geht, überhaupt genügend erfahren für eine Bauchentscheidung ist. »Jeder Mensch muss wissen, wann er seine Intuition einsetzt«, sagt Betsch. »Man sollte nicht voreilig auf sie hören oder nur, weil man zu faul zum Nachdenken ist.«

Das gilt zum Beispiel, wenn man sich ein neues Handy oder ein Auto kaufen will und nicht besonders viel von Technik versteht. Dann ist es durchaus ratsam, vorher einige Informationen einzuholen. Aber man sollte sich in der Recherche auch nicht verlieren. Wenn das Gerät erfüllt, was man vorrangig braucht und wichtig findet, reicht das aus. Mehr zu wissen, ist Zeitverschwendung.

Manchmal hilft auch ein Blick in die Zukunft, wenn eine Entscheidung besonders schwerfällt: Wie wird es mir wohl in fünf Stunden gehen, wenn ich den einen oder anderen Weg eingeschlagen habe? Wie in fünf Monaten? Wie in fünf Jahren? Wer dieses Gedankenexperiment vornimmt, merkt, dass Entscheidungen selten auf Dauer so grundlegend sind, wie sie sich in dem Moment anfühlen, in dem wir vor sie gestellt sind.

Ist die Intuition blockiert, dann gibt es zwei Möglichkeiten, ihr zu mehr Raum zu verhelfen: Als Erstes ist Ablenkung angesagt. Vor allem komplexe Entscheidungen trifft man am besten, wenn man sich nicht an den Für-und-Wider-Argumenten festbeißt, sondern indem man sich ablenkt, wie Wissenschaftler der Universität im niederländischen Nijmegen unlängst herausgefunden haben. Dann kann das Unbewusste in Ruhe arbeiten. Und es präsentiert einem dann, oft unerwartet, plötzlich beim Duschen, beim Frühstückmachen oder in der U-Bahn das Ergebnis.

Passiert nichts, kann man immer noch die allseits beliebte Plus-Minus-Liste anlegen. Die sieht zwar sehr nach Verstand aus, aber nur auf den ersten Blick. Am besten wertet man die einzelnen Punkte: Sind sie besonders wichtig, gehen sie mit fünf Plus- oder Minuspunkten in die Rechnung ein. Wenn sie kaum von Bedeutung sind, erhalten sie nur einen. Wer eine solche Kalkulation vornimmt, bekommt meist seine Intuition zu spüren. Entweder beeinflusst sie schon die Wertung oder sie zeigt sich deutlich, sobald man das errechnete Ergebnis sieht. Das Bauchgefühl sagt einem dann, ob man mit diesem Ergebnis zufrieden ist.

Es gibt eine Erleichterung in Sachen Entscheidungen schlechthin: Man sollte sich immer vor Augen führen, dass es keine perfekte Lösung gibt. Meist hat jede Möglichkeit ihre Vorzüge – aber auch ihren Preis. Deshalb fällt die Entscheidung ja so schwer! Das heißt aber auch: So falsch kann es eigentlich gar nicht laufen, egal wofür man sich entscheidet. Sofern man das gezielt einkalkuliert, akzeptiert man von vornherein die negativen Aspekte einer Entscheidung. Dann kann man am Ende auch besser damit leben, wenn man sich in der Fremde doch mal einsam fühlt oder wenn der alte Job in der Heimat gerade eher langweilig ist. Wer weiß, dass er gute Gründe dafür hatte, einen bestimmten Weg einzuschlagen, und die Nachteile ganz bewusst in Kauf genommen hat, der kann mit der Entscheidung leichter zufrieden sein.

Zufrieden mit dem Job

Die Arbeit ist ein wichtiger Teil der Identität. Auch sie kann Sinn stiften und Ziele attraktiv machen. Brent Rosso, der an der Montana State University Management unterrichtet, zeigte 2010, dass ein Sinn in der Arbeit die Motivation steigert, Stress mindert, Fehlzeiten herabsetzt und den Einsatz, die Karriere und die Zufriedenheit fördert.

Nun mag manch einer müde lächeln, der in seiner Tätigkeit am Fließband oder in der Verwaltung außer dem Broterwerb keinen tieferen Sinn erkennen kann. Und das betrifft offenkundig sehr viele Menschen: Laut dem ›Engagement Index‹ der Unternehmensberatung Gallup fühlen sich nur 15 Prozent aller Beschäftigten in Deutschland an ihren Arbeitsplatz »emotional hoch gebunden«, weitere 15 Prozent haben innerlich bereits gekündigt, und 70 Prozent sind »emotional gering gebunden«, was bedeutet, dass sie einfach Dienst nach Vorschrift machen. Doch neuere Forschung zeigt: Selbst Menschen in eher langweiligen, ermüdenden Jobs können Wege finden, ihrer Arbeit Bedeutung zu verleihen.

»Es gibt verschiedene Arten, in seiner Arbeit einen Sinn zu sehen«, sagt Michael Pratt, Professor für Management und Organisation am Boston College. Er erzählt die Geschichte von den drei Maurern, die gerade ihrer Arbeit nachgehen. Jemand fragt, was sie tun. Da sagt der erste mürrisch: »Ich setze einen Stein auf den anderen.« Der zweite sagt gelangweilt: »Ich errichte eine Mauer.« Der dritte aber sagt stolz: »Ich baue eine Kathedrale.« Das Fazit: Wir können das Gleiche tun, aber es macht einen Unterschied, wie wir das sehen, was wir tun. Und den Blick auf seine Arbeit kann jeder Mensch verändern.

»Sinn ist das Wie, nicht nur das Was«, sagt Pratt. Die Auffassung darüber kann sehr unterschiedlich sein. Für die einen steckt der Sinn bereits in dem, was sie tun. Die anderen wollen mit ihrer Arbeit vor allem Geld verdienen und ihre Familien ernähren. Wieder andere sehen einen Sinn im großen Ganzen, zu dem sie mit ihrer Tätigkeit beitragen. Dazu müssen sie nicht Tierpfleger oder Ärzte sein, denen eine tiefe Identifikation mit ihrem Beruf oft leichtfällt. »Menschen geben ihrem Beruf auch dann eine große Bedeutung, wenn sie ihre Talente einsetzen können oder für ihre Leistungen Anerkennung erhalten«, sagt Michael Steger von der Colorado State University. Deshalb ist es wichtig, dass es an einem Arbeitsplatz Maßstäbe dafür gibt, was gute und was schlechte Arbeit ist. »Seine eigenen Stärken richtig aufscheinen zu lassen, spielt eine große Rolle.« Das Gehalt dagegen ist in diesem Kontext quasi bedeutungslos.

Ohne Sinn ist Zufriedenheit im Job jedenfalls kaum zu bekommen, sagt Michael Steger. Nicht umsonst hängt »Beruf« mit »Berufung« zusammen. Dabei führt beruflicher Erfolg, anders als lange gedacht, keineswegs automatisch dazu, dass man mit seinem Leben zufriedener ist. Das hat die Sozialpsychologin Andrea Abele von der Universität Erlangen-Nürnberg in einer Studie gezeigt: Sie hat im Abstand von zwei Jahren zwei Mal 990 Berufstätige befragt. Das Ergebnis war eindeutig: Demnach macht beruflicher Erfolg nur dann zufriedener, wenn Berufstätige einen objektiven Erfolg auch selbst positiv bewerten. Die Zufriedenheit hängt also vor allem von dem subjektiven Urteil ab. Jemand kann einen Traumjob haben, um den ihn viele beneiden. »Aber vielleicht hat er sich seine Berufstätigkeit einmal ganz anders vorgestellt«, so Abele. Dann ist er trotz allem unzufrieden.

Drei Punkte für mehr Sinn im Arbeitsalltag

1. Die Arbeit so gestalten, wie es einem persönlich wichtig ist. Jane Dutton, Professorin für Business Administration und Psychologie an der University of Michigan, spricht vom »Job Crafting«, vom Basteln am Job. Innerhalb der vorgegebenen Grenzen kann der Arbeitnehmer dem mehr Raum geben, was ihn erfüllt – auch auf die Gefahr hin, dass er dann am Ende mehr arbeitet. Es gilt herauszufinden, was man eigentlich selbst will, es aufzuschreiben und regelmäßig Bilanz zu ziehen. Hat man Fortschritte gemacht? Falls nein: warum nicht? Wichtig ist es, an jedem Tag erst einmal die Dinge zu tun, die einen selbst zufrieden machen. Sonst geht das im Laufe des Tages unter.
2. In Beziehungen am Arbeitsplatz investieren! »Wir finden nie Sinn in einem Vakuum«, sagt Dutton. »Und Arbeit ist sehr sozial.« Zeit mit giftigen Kollegen zu verbringen, kann Gift sein. Nur fünf Minuten mit jemandem zu reden, zu dem man ein gutes Verhältnis hat, ist dagegen schon bereichernd.

3. Die eigene Arbeit in einen größeren Zusammenhang einordnen. Auch wenn man vor allem Rechnungen abheftet, trägt man zu einem großen Ganzen bei: Jeder Arbeitnehmer ist Teil einer Mission.

Die Unausgelastete:
Weshalb zu viel Freizeit unzufrieden macht

Die Mittvierzigerin hatte viel geleistet in den vergangenen 20 Jahren. Die Eltern hatten Andrea Falk* das Pharmaziestudium finanziert, aber das war auch alles. Mehr Unterstützung war von zu Hause nicht zu holen. So hatte sie sich immer selbst engagiert, musste ihren eigenen Weg im Leben finden – und sie tat viel dafür. Schon während des Studiums half Falk in Apotheken aus, um etwas Geld dazuzuverdienen. Während ihre Kommilitonen in den Semesterferien ferne Länder bereisten, stand sie morgens um halb sieben auf, um pünktlich zur Geschäftsöffnung in ihrer Ferienapotheke zu sein.

Als sie endlich Apothekerin war, arbeitete die gebürtige Niederbayerin jahrelang als Springerin. Wenn irgendwo jemand krankheitsbedingt über längere Zeit ausfiel oder einen ausgedehnten Urlaub plante, machte sie die Vertretung. So arbeitete Andrea Falk ein paar Monate hier, ein paar Monate da. Angenehm war das nicht immer, aber auf diese Weise lernte sie eine Menge. Sie erhielt Einblicke in die vielfältigen Arten, wie man eine Apotheke führen kann. Von jedem Springer-Job nahm sie neue Erkenntnisse mit. Als sie 35 war, hatte sie genug gelernt. Sie wagte den Schritt in die Selbstständigkeit, machte jede Menge Schulden und kaufte ihre erste Apotheke. Bald kam eine zweite hinzu. Die Frau arbeitete quasi pausenlos, und sie konnte die Früchte ihrer Arbeit direkt an ihrem Kontostand ablesen: Ihre Apotheken machten gute Umsätze, die Kredite schmolzen.

Bis ihr eines Tages im Jahr 2013 aufging: So viel arbeiten

---

* Name geändert

musste sie ja gar nicht mehr! Zehn Jahre führte sie nun schon ihre Apotheken. Zwar hatte es zwischendurch viele Wechsel von Mitarbeitern gegeben, aber manche waren geblieben. Sie hatte für beide Apotheken Filialleiterinnen, denen sie vertraute und denen sie das Geschäft gut allein überlassen konnte. Ihre eigene Anwesenheit war längst nicht mehr rund um die Uhr nötig. Die Läden liefen auch ohne sie. Sie konnte es sich leisten, später zu kommen und auch mal etwas früher zu gehen. Solange sie zwischendurch mal nach dem Rechten sah, liefen ihre Läden.

Das begann die Apothekerin immer mehr zu nutzen. Am Anfang ging Andrea Falk während der Arbeitszeit nur kurz mal etwas einkaufen, zunächst noch in Eile, um möglichst bald wieder im Laden zu sein. Doch dann begann sie sich Zeit zu lassen: Ein Stück Kuchen im Straßencafé war noch drin. Was brachte es, wenn sie jetzt schon in die Apotheke zurückkehrte? Es reichte doch, zur Hauptgeschäftszeit zurück zu sein, damit sich nicht zu lange Schlangen hinter der Kasse bildeten.

Anfangs genoss Andrea Falk das sehr. Schließlich war sie jahrelang früh aufgestanden. War immer die Erste gewesen, die die Apotheke aufschloss. Und die Letzte, die nach einem Rundgang durch den Laden noch die Bestellungen kontrollierte und schließlich das Geschäft zusperrte. Nun hatte sie endlich Zeit, auch einmal wie so viele andere tagsüber in der Sonne zu sitzen und Cappuccino zu trinken, sie konnte das ja in der edlen Münchner Einkaufsstraße, wo eine ihrer Apotheken liegt, nebenan in den schönen Cafés und Bars täglich beobachten. Sie freute sich, zu Zeiten einkaufen zu gehen, zu denen die meisten Menschen arbeiteten, und im Kino die Vorstellung am Spätnachmittag zu besuchen statt die am Abend, bei der sie doch so oft einschlief.

Mit der Zeit begann die Apothekerin sogar ein bisschen über die Stränge zu schlagen. Sie unternahm spontane Kurzreisen nach Italien oder blieb auch einfach mal einen Tag zu Hause, ohne dass etwas Besonderes anlag.

Diese Tage wurden häufiger – bis sie schließlich merkte, dass ihr diese Art zu leben gar nicht guttat. Morgens las sie viel zu lange Zeitung, löste auch noch die Sudokus, suchte dann etwas im Internet oder bestellte Dinge – nur um etwas zu tun zu haben. »Ich hab richtig gemerkt, wie ich versandel«, erzählt sie. »Es war einfach zu viel Freizeit. Das war nicht gut für mich.«

Denn die Apothekerin hat mit ihren Mußestunden nichts Sinnvolles angefangen. »Ich habe gedacht, ich mache etwas mit meiner Zeit. Aber das war nicht der Fall. Ich habe nichts auf die Beine gestellt, ich habe nicht so viel Sport getrieben, wie ich mir das ausgemalt habe. Und ich habe auch keine Pläne entwickelt.« Es herrschte ja kein Zeitdruck, immer war auch am nächsten Tag noch Gelegenheit dazu.

So fehlte am Abend das gute Gefühl, etwas geleistet zu haben. Zwangsläufig blieb jene herrliche Entspannung aus, die sich einstellt, wenn der Stress nachlässt und man zufrieden ist mit dem, was man geschafft hat. Und zugleich bedeuteten der Apothekerin die Freiheiten nichts mehr, die sie am Anfang ihres Lotterlebens noch so genossen hatte. Cappuccino in der Sonne und Kino am helllichten Tag, das war zur Gewohnheit geworden, viel zu häufig und zu leicht verfügbar. Die Café- und Kinobesuche fühlten sich einsam und sinnlos an. Der Stress der Apothekerin war deutlich geringer als früher, der Zeitdruck auch. Aber es fehlte die Belohnung, die Entspannung, die hart erarbeitete Gelegenheit zum Zurücklehnen.

Das geht nicht allein der Apothekerin so. Tatsächlich schmälert nicht nur zu wenig Freizeit die Lebensqualität – sondern auch zu viel davon. Und wenn man nicht gerade ein Lebenskünstler wie Felix Quadflieg ist (siehe *Der Genügsame*, S. 122), dann beginnt das Zuviel an Freizeit schon bei ein paar Stunden, die zur freien Verfügung stehen. »Optimal ist ein mittleres Maß an freier Zeit – also nicht zu gehetzt zu sein und auch nicht zu viele Mußestunden zu haben«, schreiben die Psychologen Chris Manolis von der Xavier University in Cincinnati und

James Roberts von der Baylor University im texanischen Waco. Sie haben mit Hilfe von 1300 jungen Erwachsenen untersucht, wie sich viele Verschnaufpausen auf die Zufriedenheit auswirken. »Der Zusammenhang ist eindeutig«, so Manolis und Roberts. »Durch zu viel Freizeit fühlt man sich schlechter.« Dabei beeinflusst eine ausgewogene Menge an Ruhephasen das Wohlbefinden nicht nur direkt, sondern auch noch auf einem indirekten Weg: In Aufgaben eingebunden zu sein, hilft nämlich gerade jungen Leuten, eine wohltuende Pause von ihrem oft konsumorientierten Leben zu machen.

Die Studie musste Andrea Falk nicht lesen, um das zu erfahren. »Mit jeder Woche fühlte ich mich unausgeglichener, ich kaufte immer mehr ein und suchte neue Hobbys, aber das änderte nichts«, erzählt sie. Eines Tages beschloss sie, wieder häufiger in die Apotheke zu gehen. Sie vereinbarte mit sich selbst einen neuen Arbeitsvertrag: Urlaub bekam sie nicht mehr als ihre Angestellten, Freiheiten auch nicht. »Menschen brauchen Regeln«, sagt sie, »sie brauchen ein System, in dem sich Phasen der Pflichterfüllung und Phasen der freien Gestaltung abwechseln.« Nun findet sie es zwar mitunter ätzend, morgens nach dem Weckerklingeln aufstehen zu müssen. Auch wünscht sie es sich zuweilen, mal wieder mitten am Tag etwas erledigen zu können. Aber sie verbietet es sich. »Ich weiß, dass es mir nicht guttun würde.«

Die Zutaten zum Zufriedensein

»Glück bricht über die Menschen herein, Glück ist Schicksal«, schrieb der Dichter Rainer Maria Rilke und pries die Freude, weil man diese »in sich zum Blühen« bringen kann. Der Mensch muss aber nicht darauf warten, dass ihm Glück beschieden ist, und er kann auch mehr tun, als sich nur hin und wieder zu freuen: Er kann seine Zufriedenheit befördern. »Es gibt Möglichkeiten, das eigene Wohlbefinden positiv zu beeinflussen«, betont die Psychologin Sonja Lyubomirsky. Sie

beschäftigt sich seit etlichen Jahren damit, wie sich das seelische Wohlbefinden steigern lässt, obwohl der Mensch doch
dazu neigt, sich nach kürzeren Phasen von Freude, Glück
und Jauchzen wieder auf seinen vertrauten Zufriedenheits-
Sollwert einzustimmen (siehe *Zufriedenheit als Wesenszug*,
S. 48). Neben Lyubomirsky ist inzwischen eine ganze Generation von Wissenschaftlern diesem Phänomen nachgegan-
gen und hat Techniken zur Zufriedenheitssteigerung entwickelt. Eine der wichtigsten Strategien ist es demnach, aktiv
jene Eigenschaften und Kräfte zu trainieren, die zufrieden
machen.

So merkwürdig das klingen mag, aber man kann tatsächlich Charakterstärken wie Neugier, Dankbarkeit, Optimismus
oder Realitätssinn üben. Und sogar so wesentliche Kräfte des
Daseins wie Selbstbewusstsein, Sinn und Hoffnung. Die Erkenntnis dazu wuchs vor 20 Jahren in einem Rosengarten,
wo sie als eine anrührende Geschichte zwischen Jäten und
Jähzorn begann: Damals wollte Martin Seligman das Unkraut
aus seinen Rosenbeeten zupfen. So hat es der Psychologieprofessor zumindest erzählt. Er arbeitete zu der Zeit bereits an
der University of Pennsylvania und war gerade zum künftigen
Präsidenten der American Psychological Association (APA) ge-
wählt worden. Depressionen waren sein Spezialgebiet. Seligman wollte wissen, weshalb seine Patienten in tiefer Trauer
und Antriebslosigkeit verharrten und wie es gelingen konnte,
sie von ihrer Depression zu heilen. Wie das die Psychologen
üblicherweise taten – und mitunter auch heute noch tun müssen –, achtete er vor allem auf die Schwächen seiner Patienten, um ihnen zur Gesundung zu verhelfen. Doch der Moment in seinem Garten veränderte seinen Blick auf die Seelen
der Menschen und ihre Krankheiten radikal. Er gilt als die Ge-
burtsstunde der Positiven Psychologie: Nicht mehr nur die
Störungen, Neurosen und Psychosen der Menschen sollten
im Mittelpunkt der Lehre von der Seele stehen, forderte Seligman seine Kollegen in einer Antrittsrede als Präsident auf
dem APA-Kongress zwei Jahre später auf. Psychologen sollten
vielmehr erforschen, was den Menschen stärkt und was sein
Leben lebenswerter macht.

Auf die Idee brachte ihn seine damals gerade mal fünf Jahre alte Tochter Nikki, die mit im Rosengarten war. Anders als ihr Vater sich das vorstellte, hatte die Kleine aber keinerlei Interesse am Unkrautjäten. Sie hüpfte stattdessen ausgelassen zwischen den empfindlichen Blumen herum, sang und warf das gerade gezupfte Unkraut in die Luft. Der Vater, zu dessen Stärken die Gelassenheit offenkundig nicht gerade gehörte, brüllte seine Tochter an und verscheuchte sie. Doch das Mädchen kam nach kurzer Zeit zurück und sagte mit sehr ernstem Gesicht: »Daddy, ich möchte mit dir reden. Erinnerst du dich noch, wie ich vor meinem fünften Geburtstag war? Ich war eine richtige Heulsuse. Aber als ich fünf wurde, habe ich beschlossen, dass ich nicht mehr weinen will. Das war das Schwierigste, was ich je getan habe. Und wenn ich mit dem Weinen aufhören kann, dann kannst du auch aufhören, so ein Miesepeter zu sein.«

Seligman war baff. Nikki hatte ihm mit einem Mal etwas klargemacht: Der Mensch kann seinen Charakter ändern – wenn er nur will. Er kann ihn trainieren wie einen Muskel. »Das sollten wir unseren Kindern und uns selbst beibringen: dass wir mehr auf unsere Stärken blicken als auf unsere Schwächen«, sagte er 1998 in seiner Antrittsrede vor einer begeisterten Zuhörerschaft. »Es geht nicht darum herauszufinden, was falsch an uns und unseren Kindern ist und was alles nicht klappt, sondern unsere stärksten Qualitäten zu identifizieren und zu fördern, herauszufinden, worin wir gut sind, und Nischen zu entdecken, in denen wir unsere Stärken am besten leben können.«

Um das tun zu können, muss man allerdings zunächst ermitteln, was die eigenen Stärken eigentlich sind. Dazu hat Martin Seligman einen Test entwickelt, den der Persönlichkeitspsychologe Willibald Ruch von der Universität Zürich für den deutschen Sprachraum validiert hat. Mit Hilfe von 254 Fragen ergründet der ›Values in Action‹-Test, in welchem Maß die nach Meinung der Wissenschaftler wichtigsten 24 Charakterstärken bei einem Menschen ausgeprägt sind. Ausdrücklich nur Stärken, keine Schwächen! (Zu finden ist der Test auch im Internet auf der Homepage der Universität

Zürich. Dort bekommt, wer sich die halbe Stunde Zeit fürs Ausfüllen nimmt, gleich das Ergebnis zu sehen.)

Viele Menschen, die den Test machen, freuen sich zunächst über das Ergebnis: »90 % Bindungsfähigkeit« steht vielleicht oben, »85 % Neugier« und »80 % Dankbarkeit«. Aber dann lesen sie zu Ende – und ihre Stimmung sinkt. Kaum Humor, wenig Ausdauer und extrem schwächelnde Hoffnung!

»Leider nehmen wir unsere Schwächen viel mehr wahr als unsere Stärken«, sagt Willibald Ruch. »Das wurde uns seit frühester Kindheit antrainiert.« Eltern und Lehrer kritisieren mehr, als dass sie loben, richten den Fokus auf die Vier in Mathe, statt sich über die Zwei im Lesen zu freuen. Mit großem Aufwand wird dann versucht, die Vier zu verbessern. Dabei wäre es viel effektiver, die Energie auf jene Gebiete zu richten, die dem Kind Spaß machen und auf denen es mit Freude und von sich aus Leistung bringt. »Die Verwirklichung unserer seelischen Potenziale befriedigt uns nachhaltig«, sagt Ruch. »Außerdem bietet sie den besten Schutz gegen psychische Erkrankungen.«

Die Konzentration auf Schwächen macht unglücklich und im schlimmeren Falle depressiv, Stärken machen zufrieden. Und Stärken hat jeder: Bei jedem Menschen sind zwischen drei und sieben der 24 Charakterstärken besonders ausgeprägt, wie Martin Seligman herausgefunden hat. Über diese persönlichen »Signaturstärken« sollte man sich freuen, auf sie sollte man achten, sie sollte man pflegen und ausbauen, statt seinen Blick betrübt auf die 17 bis 21 Charakterstärken zu richten, die nicht so ausgeprägt sind. »Build up what's strong, don't fix what's wrong« – baue aus, was stark ist, und bastle nicht an dem rum, was falsch ist –, so lautet Seligmans Credo. Die drei bis sieben Signaturstärken sind nicht nur eine Art Markenzeichen eines Menschen, sie haben noch eine Besonderheit: Diese Stärken auszuüben, strengt ihre Besitzer nicht an. Menschen finden es vielmehr reizvoll, ihre am meisten ausgeprägten Merkmale auszuleben.

Die Erfolge des Stärkentrainings können sich jedenfalls sehen lassen. In zahlreichen Studien weltweit konnten Wissenschaftler inzwischen belegen, dass die Zufriedenheit wächst, wenn Testpersonen jene Stärken ausbauen, die ihnen ohnehin wesenseigen sind. Wer unter diesen Voraussetzungen trainiert, zum Beispiel zugewandt, neugierig oder dankbar zu sein, gewinnt schon nach wenigen Wochen an Lebenszufriedenheit. In einer aktuellen Studie aus China wurde der Effekt des Trainings besonders gut kontrolliert: Von den 285 Studenten, die daran teilnahmen, wusste nur die Hälfte, dass es das Ziel ihrer Übungen war, ihnen mehr Zufriedenheit zu bescheren. So sollte ausgeschlossen werden, dass nicht schon der Glaube an das Training die Zufriedenheit steigerte. Auch machte von jeder dieser beiden Gruppen nur die Hälfte ein wirkliches Stärkentraining, während die anderen Placebo-Übungen absolvierten, die keinen Einfluss auf das psychische Wohlbefinden haben. Wie in früheren Studien internationaler Arbeitsgruppen auch, berichteten die Studenten schon nach sechs Wochen Stärkentraining von einem höheren Grad an Lebenszufriedenheit – egal, ob sie den Sinn ihrer Übungen gekannt hatten oder nicht. Wer andere Übungen machte, profitierte nicht. Die Effekte waren auch noch am Ende der Studie, also gut vier Monate später, zu finden. »Schon relativ kurze Trainings von wenigen Wochen führen zu einer höheren Zufriedenheit und zu weniger Depressionen«, sagt auch Willibald Ruch. »Das hält ein halbes Jahr an.«

Auf welche Weise ein Mensch zufrieden ist, ist eine ausgesprochen individuelle Angelegenheit. Und doch gibt es, wie dieses Buch bereits gezeigt hat, eine Liste von Zutaten, die bei fast jedem Menschen die Zufriedenheit steigern – gleichgültig, welche persönliche Ausprägung diese dann am Ende genau hat. Dabei fällt auf, dass fast alle Faktoren, die zur Zufriedenheit beitragen, zugleich seelisch stark machen. Somit verfügen zufriedene Menschen auch über mehr Resilienz. Und umgekehrt bedeutet seelische Robustheit ein festes Fundament für ein zufriedenes Leben. Denn psychisch stabile Menschen lassen sich weniger leicht einschüchtern und gehen eher ihren eigenen Weg.

Es handelt sich nicht bei allen Ingredienzen zur Zufriedenheit um Charakterstärken. Vielmehr gehören auch Konzepte und Strategien wie Sinnfindung, Kritikfähigkeit und Wohlwollen dazu oder das Selbstbewusstsein und die Selbstwirksamkeit. Diese Zutaten zum Zufriedensein lassen sich ebenso wie die Charakterstärken durch Übungen ausbauen.

Welche seiner Charakterstärken ein Mensch trainiert, ist nicht gleichgültig. Das haben inzwischen ebenfalls zahlreiche Studien gezeigt. Am besten funktioniert das Stärkentraining, wenn man unter seinen persönlichen Stärken manche der Zutaten zur Zufriedenheit findet oder wenn man sich auf jene Charakterstärken konzentriert, die am meisten zur Zufriedenheit beitragen (siehe *Abbildung*, S. 58): Hoffnung, Enthusiasmus (Tatendrang), Bindungsfähigkeit (Liebe), Neugier, Dankbarkeit, Tapferkeit und Humor. Nicht nur der letzte Aspekt kann auch richtig Spaß machen.

Zufriedener werden – ganz konkret

Bindungsfähigkeit/Liebe Einsam zufrieden zu sein gelingt nur wenigen Menschen. Der Schlüssel zur Zufriedenheit ist Liebe in all ihren Formen – zum Leben selbst, zur Natur, zu Tieren, zur Arbeit –, aber vor allem zu Menschen. Ein gutes Miteinander ist die Basis zufriedenen Lebens. »Der hervorstechende Unterschied zwischen besonders zufriedenen und besonders unzufriedenen Menschen ist in ihren starken Bindungen an Freunde und Familie zu finden«, sagt der Psychologe Ed Diener, der an der University of Illinois die Zufriedenheitsforschung mitbegründet hat. Und der australische Sozialwissenschaftler Bruce Headey sagt: »Menschen sind am zufriedensten, wenn sie von Freunden umgeben sind. Allein sein oder nur berufliche Erfüllung zu suchen, fördert die Zufriedenheit wesentlich weniger.« (Siehe S. 116 ff.)

▶ Pflegen Sie Ihre sozialen Beziehungen, drücken Sie anderen Ihre Zuneigung aus und nehmen Sie sich Zeit für Ihre Freunde und für Ihre Familie. Öffnen Sie sich neuen Menschen. Gehen Sie nicht so streitbar durchs Leben. Üben Sie stattdessen einen wohlwollenden, liebevollen Blick auf andere Menschen. Wenn Ihnen jemand die Vorfahrt nimmt, hat er Sie vielleicht nur nicht gesehen. Oder er hat es eilig. Nehmen Sie einen Menschen in den Arm, den Sie gernhaben, aber selten berühren. Lächeln Sie!

Altruismus »Geben ist seliger denn Nehmen«, heißt es so schön. Und Geben macht auch viel zufriedener als Nehmen, wie die Psychologieprofessorin Sonja Lyubomirsky betont. Solidarität, Nächstenliebe und Altruismus sind die Grundlage des gesellschaftlichen Zusammenhalts und befördern zudem die eigene Zufriedenheit. Es ist erfüllend, anderen Menschen zu helfen oder sie zu unterstützen, sich aktiv für die Gesellschaft einzusetzen oder sich politisch zu engagieren. So wird eine ganze »Kaskade positiver sozialer Folgen in Gang gesetzt«, sagt Lyubomirsky: »Wir fühlen uns besser; das heißt, dass auch andere Leute uns positiver betrachten, was wiederum unsere Beziehungen verbessert.« Altruisten tut aber noch etwas gut, meint Martin Seligman: »Sie sind weniger auf sich selbst fokussiert.« Deshalb sind sie aufgeschlossener – auch für positive Erfahrungen. Ähnlich, wie dies bei neugierigen Menschen der Fall ist. (Siehe S. 115 f.)

▶ Tun Sie ganz gezielt Gutes. Dazu müssen Sie keine Riesensummen spenden. Es geht um die kleinen Dinge des Alltags: Überlassen Sie jemand anderem den Parkplatz, gönnen Sie Ihrem Kollegen das attraktivere Projekt. Lassen Sie Menschen an der Supermarktkasse den Vortritt. Helfen Sie.

Neugier »Neugier, ja dieser pulsierende, aufregende Status des Nichtwissens – das ist die Grundlage eines zufriedenen Lebens«, sagt der Psychologe Todd Kashdan von der George Mason University in Fairfax, Virginia. Wer neugierig ist, erweitert seinen Horizont. Er unternimmt Aktivitäten, durch die er sich selbst und auch seine Fähigkeiten weiterentwickelt. Neugierige Menschen sind zudem häufiger guter Stimmung, und sie kalkulieren Misserfolge mit ein: Wer gezielt Unbekanntes erprobt, weiß, dass es dabei auch unangenehm zugehen kann. Neugierige Menschen suchen neue Erfahrungen. Sie genießen es, dass sich das Leben ändert, und akzeptieren es deshalb auch leichter, wenn dies zunächst einmal zum Schlechteren geschieht. (Siehe S. 112 ff.)

▶ Machen Sie jeden Tag etwas Neues: Sprechen Sie fremde Menschen an, gehen Sie in einer Gegend spazieren, wo Sie noch nicht waren, oder besuchen Sie ein Konzert, bei dem eine Ihnen nicht vertraute Musikrichtung gespielt wird. Kochen Sie mal Thailändisch, beginnen Sie ein neues Hobby. Lauschen Sie mit Interesse den Gedanken, Ideen und Argumenten anderer Menschen. Öffnen Sie sich der realen Welt, indem Sie Ihr Smartphone zu Hause lassen – so wie eine Schweizer Schulklasse während ihrer gesamten Klassenfahrt aufs Handy verzichtete. »Die Frage war: Was ist für mich eine Herausforderung?«, erzählte die Lehrerin Franziska Tanner von der Sekundarschule in Dietlikon (Kanton Zürich) nach der Fahrt ›Spiegel online‹. »Viele haben geschrieben, dass sie nicht ohne Handy könnten.« Konnten sie doch: Während der Klassenfahrt wirkten die Schüler sogar »viel zufriedener«, stellte die Lehrerin fest.

Offenheit Unliebsame Ereignisse hinzunehmen und trotzdem im Einklang mit sich und der Welt zu sein: Das gelingt am ehesten, wenn man offen für Veränderungen ist. Offene Menschen behalten stets im Hinterkopf, dass man über Ereignisse, die sich zunächst negativ anfühlen, später sehr positiv denken kann. Auftretende Schwierigkeiten nehmen solche Menschen nicht so leicht als Anschlag auf das eigene Wohlbefinden wahr, sagen Elisabeth Hahn und Frank Spinath von der Universität Saarbrücken. Sätze wie »Das muss auch immer mir passieren« gehören nicht zu ihrem Repertoire. Nur wer hin und wieder Herausforderungen begegnet und seine Schlüsse daraus zieht, kann etwas für die nächste Krise lernen. Das stärkt das Selbstbewusstsein und die psychische Widerstandskraft. (Siehe S. 55 f.)

▶ Machen Sie sich klar, dass das Leben nun einmal stetige Veränderung bedeutet. Auch wenn Sie sich noch so sehr für eine Sache einsetzen, werden Sie deren Ausgang nie sicher bestimmen können. Das Verhalten anderer Menschen (auch das Ihres Partners und das Ihrer Kinder) haben Sie ohnehin nicht im Griff. Wenn Dinge geschehen, die Sie nicht mögen, sagen Sie sich: »Wer weiß, wofür's gut ist!« Das gilt selbst dann, wenn es sich um schwerwiegende Ereignisse handelt wie eine Trennung. Womöglich blicken Sie in ein paar Jahren ganz anders darauf, weil Sie einen Partner gefunden haben, der viel besser zu Ihnen passt.

Akzeptanz   Nicht nur die Akzeptanz unliebsamer Ereignisse, sondern auch die von unangenehmen Gefühlen verhilft Menschen zur Zufriedenheit. Wer das erkennt, kann leichter mit Melancholie, Missmut und Traurigkeit umgehen und auch in trüber Stimmung zufrieden sein. »Don't worry, be sad!«, fordert deshalb der Psychologe Joseph Forgas von der University of New South Wales in Sydney. Menschen sollten sich nicht vor ihrer Traurigkeit verstecken, sondern »lernen, mit ihrem gesamten emotionalen Repertoire umzugehen«. Ohnehin sind negative Emotionen gar nicht so negativ: Sie machen nicht nur offener, sondern auch kreativ, wecken Trotz und erhöhen Gedächtnisleistungen. (Siehe S. 33 ff.)

▶ Negative Gefühle gehören ebenso wie unschöne Ereignisse zum Leben. Machen Sie sich das immer wieder bewusst. Laden Sie unangenehme Gefühle aktiv ein, einen Moment bei Ihnen zu verweilen. Nehmen Sie sich die Zeit dafür. Dann werden Sie erkennen, dass die Angst vor Trauer, Schmerz und Enttäuschung oft schlimmer ist als diese Gefühle selbst. Nur wer ab und zu bedrückende Emotionen hat, durchlebt auch Freude und Glück.

Selbstbewusstsein/Selbstwertgefühl Ohne ein positives Selbstbild ist es in einer so individualistischen Kultur wie der westlichen kaum möglich, wirklich zufrieden zu sein. Diese Abhängigkeit der Zufriedenheit vom Selbstwertgefühl hat schon Ed Diener herausgearbeitet. Menschen, die eine hohe Meinung von sich selbst haben, »sind mit sich und ihrem Leben relativ zufrieden, leben in befriedigenden Partnerschaften und zeigen hohe Leistungen«, sagt Astrid Schütz, Professorin für Persönlichkeitspsychologie an der Universität Bamberg. Ein starkes Selbstbewusstsein geht zudem oft mit einer gewissen Extrovertiertheit einher, und diese hängt ebenso wie emotionale Stabilität mit der Lebenszufriedenheit zusammen. Denn wer sich nicht so leicht aus der Fassung bringen lässt, wer nicht ständig zwischen Extremen schwankt, sondern eher gemäßigte Gefühlsausschläge mit einzelnen Höhepunkten und Tiefpunkten erlebt, der kann unschöne Entwicklungen besser verkraften. Wer extrovertiert ist, findet leichter Freunde und baut soziale Netze auf. Das steigert die Zufriedenheit, sagen Elisabeth Hahn und Frank Spinath. Da er primär Gutes erwartet, erlebt er auch mehr Positives. (Siehe S. 54 ff. und 97 f.)

▶ Testen Sie Ihre Charakterstärken (siehe *Selbsttest: Die Kluft zwischen Wunsch und Wirklichkeit,* S. 149) und drucken Sie sich nur den oberen Teil der Tabelle aus: Ihre ganz persönlichen Stärken! Kleben Sie die Liste an Ihren Kühlschrank, rufen Sie sich regelmäßig in Erinnerung, was Sie können. Hängen Sie im Büro Ihre Urkunden an die Wand. Legen Sie in Ihrem E-Mail-Postfach einen »Lob und Erfolge«-Ordner an. Denken Sie daran, was Sie schon alles in Ihrem Leben geleistet haben. Wenn Ihnen das schwerfällt: Schreiben Sie es auf. Überlegen Sie abends, was Sie heute besser gemacht haben als sonst. Lernen Sie, Kritik nicht ganz so ernst zu nehmen.

Hoffnung/Optimismus Wer Gutes erwartet, hat Hoffnung – und damit ganz grundsätzlich eine positive Einstellung zur Zukunft. Er ist zuversichtlich und optimistisch. Viele Menschen sind von Natur aus so – und sie sind nicht nur psychisch besonders stark, sondern auch besonders zufrieden. »Optimismus gehört neben Liebe, Dankbarkeit, Neugier und Tatendrang zu den Charakterstärken, die besonders stark mit der Lebenszufriedenheit korrelieren«, sagt der Züricher Persönlichkeitspsychologe Willibald Ruch. Wer optimistisch ist, kann leichter neugierig und offen sein und verfügt meist auch über eine ordentliche Portion Tatendrang. Er traut sich was und glaubt, dass sich am Ende alles zum Guten wenden wird. (Siehe S. 57 ff.)

▶ Denken Sie an ein Problem, mit dem Sie gerade kämpfen, und schreiben Sie drei optimistische Gedanken dazu auf. Lassen Sie sich Möglichkeiten einfallen, wie doch noch alles gut werden kann. Wenn Sie konkrete Sorgen haben: Malen Sie sich das schlimmste Szenario aus, das eintreten könnte, und denken Sie nach, wie Sie damit umgehen könnten. Fragen Sie sich, wie realistisch es ist, dass die Dinge wirklich so schlimm kommen. Schaffen Sie sich dabei gezielt Raum für Hoffnung. Beobachten Sie in Ihrem Alltag, wie häufig Sie vom Schicksal positiv überrascht werden. Überlegen Sie: Was habe ich und welche Umstände haben dazu beigetragen, dass es gut ausging? Was kann ich daraus lernen?

Humor Menschen mit Humor können schwierige Situationen »von einer leichteren Seite betrachten«, wie Willibald Ruch sagt. Sie heitern nicht nur sich selbst, sondern auch andere auf, was wiederum zu einem stabilen sozialen Netzwerk beiträgt. Humorvolle Menschen heißen das Leben willkommen und haben ihre Freude daran, dass sich Dinge überraschend anders entwickeln. Das Hemd schief zugeknöpft? Sich verplappert? Eine längst erledigte Aufgabe noch mal erledigt? Darüber kann man sich ärgern – oder einfach lachen. Wer nicht alles so bierernst nimmt und an den Wendungen des Lebens sogar seinen Spaß hat, der ist flexibel und wird nicht so leicht enttäuscht. Deshalb ist er mit dem, was passiert, zufriedener. (Siehe S. 130)

▶ Umgeben Sie sich mit lustigen Dingen. Gehen Sie mal wieder ins Kabarett oder schauen Sie eine Komödie im Fernsehen an. Beschließen Sie, die Darbietungen nicht blöd zu finden. Lassen Sie es zu, dass Sie Spaß daran haben. Sollte sich Ihr Intellekt allzu beleidigt fühlen: Überlegen Sie, wie sich die Komik entwickelt und weshalb andere den Sketch komisch finden. Üben Sie, über sich selbst zu lachen.

Gelassenheit Man muss sich trennen können. Nicht nur von lieb gewonnenen Gewohnheiten und Menschen, die nun einmal nicht ewig bleiben. Sondern auch von Traumvorstellungen, die doch nicht eintreten. Das bringt das Leben mit sich. Wer loslassen kann und Abschiede mit einer gewissen Gelassenheit hinnimmt, hadert deshalb weniger mit den Widrigkeiten des Lebens und ist zufriedener. Wichtig ist es auch, Wahlmöglichkeiten auszublenden. Wem das nicht gelingt, der beschäftigt sich in einer Welt der tausend Möglichkeiten nur noch mit der eigenen Optimierung. Zu tun gibt es schließlich immer etwas. Zu verbessern auch. Am Ende verbringt man seine Zeit damit, den gerade billigsten Mobilfunkanbieter zu suchen, statt mit einem Freund zu telefonieren, oder Workflows zu optimieren, statt zu arbeiten. Zufrieden macht es, sich auf das Wesentliche zu besinnen, sich an dem zu freuen, was man hat, und die Umstände schätzen zu lernen, wie sie sind. (Siehe S. 177 ff.)

▶ Gelassenheit beginnt im Kopf. Wenn Sie merken, dass Ihre Hormone zu kochen beginnen, atmen Sie erst einmal durch. Analysieren Sie die Situation: Welche Möglichkeiten tun sich Ihnen jetzt auf? Wie könnten Sie reagieren? Was würde das eine bewirken, was das andere? Wenn Sie sich durch eine andere Person provoziert fühlen: Ziehen Sie in Betracht, dass die Person nicht auch eine ganz andere Intention gehabt haben könnte, als Sie zu ärgern. Klären Sie, inwieweit Ihr Gegenüber recht haben könnte. Wenn Sie unter Stress geraten: Besinnen Sie sich darauf, dass eiliges Handeln nicht unbedingt zu einem besseren Ergebnis führt. Tun Sie eines nach dem anderen.

Überlegen Sie, womit Sie beginnen sollten. In jedem Fall hilft es, sich vorzustellen, wie wichtig das Ereignis, das Ihnen gerade die Gelassenheit nimmt, in fünf Jahren noch für Sie sein wird. Das relativiert vieles.

Selbstwirksamkeit Zur Gelassenheit gehört der Glaube, mit einer Situation zurechtzukommen und eine Lösung zu finden. Es wirkt entspannend, wenn man das Gefühl hat, handlungsfähig zu sein und auch unangenehme Situationen zurechtbiegen oder womöglich gar zum Guten wenden zu können. Wer über Selbstwirksamkeit verfügt (»Wir schaffen das!«), fühlt sich nicht hilflos, nicht gegängelt, nicht als Spielball gesellschaftlicher Umstände. Selbst gestalten zu können, macht zufrieden. »Es ist eminent wichtig, über das eigene Leben bestimmen zu können«, sagt der Psychologe Kahneman. Dinge, von denen ein Mensch denkt, dass sie ihn ordentlich durchschütteln werden, kann er leichter annehmen, wenn er wenigstens etwas Einfluss nehmen kann – zum Beispiel darauf, wie er sie in sein Leben integriert. (Siehe S. 183 ff.)

▶ Rufen Sie sich Schwierigkeiten und Krisen aus den vergangenen Jahren ins Gedächtnis. Überlegen Sie, wie Sie diese Situationen gemeistert haben und wie gut es Ihnen am Ende ging. Machen Sie sich bewusst, was dazu beigetragen hat, diese Herausforderungen zu bewältigen. Sagen Sie sich, dass Sie auch bei künftigen Problemen Lösungen finden werden.

Tatendrang/Enthusiasmus Beim Finden einer Lösung hilft natürlich Tatendrang. Menschen mit dieser Eigenschaft sind begeisterungsfähig, sie »streben mit viel Energie und Enthusiasmus nach ihren Zielen«, sagt Willibald Ruch. In einer schwierigen Situation bemühen sie sich darum, das Beste für sich oder ihr Umfeld herauszuholen. Sie sind voller Lebensfreude und suchen sich auch gerne ein Betätigungsfeld, auf dem sie selbst etwas schaffen und sich so verwirklichen können. Tatkräftige, enthusiastische Menschen verfügen gemeinhin über viel Selbstwirksamkeit und ein gutes soziales Netz, da sie bereit sind, für Beziehungen etwas zu tun. Außerdem haben sie Ziele, die sie erreichen wollen. »Sie setzen sich für ihre Aufgaben jeweils voll ein und bringen sie zu Ende«, so Ruch. Das macht sie zufrieden und gibt ihnen die Kraft, aktiv zu sein. Außerdem fragen sie sich: Was kann *ich* heute tun, damit ich mich wohlfühle? Immer dann, wenn sie etwas erfolgreich umsetzen, erhöht das wiederum ihre Selbstwirksamkeit und damit ihre Zufriedenheit. (Siehe S. 57 ff.)

▶ Es geht nicht darum, ständig Riesenprojekte umzusetzen, aber bauen Sie mehr Aktivität in Ihren Alltag ein, auch körperliche: Benutzen Sie die Treppe statt des Aufzugs. Fühlen Sie Ihren Körper. Entdecken Sie alte Hobbys neu: Es macht Freude, die Geige aus dem längst verstaubten Koffer zu holen oder wieder einmal zu malen. Entscheiden Sie sich im Zweifelsfall dafür, selbst zu kochen, statt den Pizza-Service zu rufen. Gehen Sie unter Leute. Setzen Sie sich Ziele.

Werte/Sinn Wertvorstellungen und Ideale sind wichtig, um Ziele zu formulieren, denen man mit Tatendrang nachgehen kann. Dabei sind soziale Werte wie Vertrauen und Mitgefühl bedeutsamer als Werte, die sich alleine auf Macht oder Leistung beziehen, sagt die Sozialpsychologin Andrea Abele. Aber auch soziale Werte machen nicht per se glücklich, sondern vor allem dann, wenn man sie durch eigene Tatkraft umsetzen kann. Abele hat dazu spannende Forschung vorgelegt: Nur die Kombination aus sozialen, uneigennützigen Werten (wie Vertrauen, Ehrlichkeit, Höflichkeit, Menschlichkeit, Altruismus) mit aktiven Eigenschaften (wie Beharrlichkeit, Tatendrang, Kompetenz, Hilfsbereitschaft, Fairness und Leistungsfähigkeit) führt zu großer Lebenszufriedenheit. »Die Menschen, die beides haben, sind am zufriedensten mit ihrem Leben«, sagt Abele. Denn die Werte motivieren zwar, sie fördern also den Tatendrang. Erst die Charaktereigenschaften aber sorgen dafür, dass der Mensch diese Kraft auch mobilisieren kann, um seine wertebestimmten Ziele zu erreichen. Aus diesem Grund steigert Erfolg zwar die Lebenszufriedenheit, sagt Abele, aber beruflicher Erfolg nur dann, wenn er in einem sozialen Kontext und im Einklang mit Wertvorstellungen steht. Vertreter der Positiven Psychologie sagen: Die ethisch geprägten Grundtugenden wie Weisheit, Mut, Menschlichkeit, Gerechtigkeit und Mäßigung sind ebenso grundlegend für die menschliche Natur wie der aufrechte Gang. (Siehe S. 196 f. und 203 ff.)

> ▶ Denken Sie an Dinge aus Ihrem Alltag, die Sie nicht so gerne tun. Fragen Sie sich, warum Sie sie trotzdem tun. Ob es jemandem hilft, wozu es gut ist. Überlegen Sie, was Sie selbst davon haben und welche Auswirkungen es hätte, wenn Sie die Wäsche nicht mehr waschen, die Angebote für die Firmenkunden nicht mehr schreiben oder Ihre Tante im Altenheim nicht mehr besuchen würden. Für die meisten Tätigkeiten wird Ihnen auf diese Weise klar werden, welchen Sinn sie haben; Sie werden sie künftig vielleicht mit mehr Liebe oder Überzeugung ausführen können. Wenn Ihren Tätigkeiten aber keinerlei Sinn abzugewinnen ist: Lassen Sie sie!

Realitätssinn Ziele können wahnsinnig zufrieden machen – wenn man sie denn erreicht. Wenn man sie ständig verfehlt, mindert das zweifelsohne das Wohlbefinden. Deshalb trägt ein gesunder Realitätssinn erheblich zu einem zufriedenen Leben bei. »Wer Chancen und Risiken realitätsnah einschätzt und keine Luftschlösser baut, besitzt eine hohe Resilienz und kann schwierige Situationen besser bewältigen«, sagt der Psychologe Friedrich Lösel von der Universität Erlangen-Nürnberg. Auch ist man leichter zufrieden, wenn man keine zu hohen Erwartungen und Forderungen an seine Lebenszufriedenheit hat oder an einzelne Zufriedenheitsbereiche wie das Arbeitsleben oder die Partnerschaft. »Die Ansprüche, die heutzutage an die Leidenschaft gestellt werden, würden selbst die heißeste Flamme ersticken«, sagt die Paartherapeutin Sandra Konrad aus Hamburg. »Wer ernsthaft davon ausgeht, auch nach 25 Jahren noch so übereinander herzufallen wie am Anfang der Beziehung, wird jede Abweichung ängstlich und enttäuscht beobachten.« Für den Job gilt Ähnliches: Gerade diejenigen, die voller Idealismus ihren Beruf ergriffen haben, sind schnell enttäuscht. Wer dagegen weiß, dass der Arbeitsalltag auch im Traumjob seine Höhen und Tiefen mit sich bringt, und Probleme einkalkuliert, der kann die guten Seiten genießen, ohne dass die schlechten ihn auffressen. »Ob ein Job zufrieden macht, hängt vor allem von der subjektiven Bewertung ab«, betont Andrea Abele. Positiv ist: Der Realitätssinn nimmt gemeinhin mit dem Alter zu, denn die gewonnene Lebensklugheit trägt zu einer wirklichkeitsnahen Einschätzung bei. Mit solcher Lebensklugheit bemerkte der Gründer der Berliner Universität, Wilhelm von Humboldt, einmal: »Die meisten Menschen machen sich selbst bloß durch übertriebene Forderungen an das Schicksal unzufrieden.« (Siehe S. 114)

▶ Denken Sie an einschneidende Situationen in Ihrem Leben zurück. Sagen Sie dabei nicht: »Ach, war ich dumm!« oder »Wie konnte ich das nur tun!«. Die Umstände und Sie waren damals so. Auch in Zukunft wird es immer wieder Situationen geben, in denen Sie nicht optimal handeln werden. Auch werden Sie Ihre persönlichen Ziele nicht immer so umsetzen, wie Sie sich das erträumen. Kalkulieren Sie die Schwierigkeiten, die auftreten werden, von vornherein ein. Überlegen Sie sich Strategien, wie Sie damit umgehen können.

Gewissenhaftigkeit Gewissenhaftigkeit klingt zunächst nicht so attraktiv, dass man sie mit Zufriedenheit in Verbindung bringen würde. Aber solange ein Mensch nicht pedantisch oder gar perfektionistisch ist, sondern sich seinen Aufgaben mit Freude und Engagement widmet, trägt das zu seiner Zufriedenheit bei. Der positive Einfluss der Gewissenhaftigkeit, sagen Elisabeth Hahn und Frank Spinath, sei wahrscheinlich darauf zurückzuführen, dass diese Eigenschaft meist mit hoher Strukturiertheit gepaart sei, »was bei der Bewältigung der Anforderungen des täglichen Lebens hilft und so zu einem höheren Wohlbefinden beitragen könnte«. (Siehe S. 56)

▶ Erledigen Sie Ihre Aufgaben und Pflichten mit mehr Hingabe. Jeden Tag muss man viele unangenehme Dinge tun. Das schmutzige Geschirr mit Sorgfalt abzuwaschen, die Wäsche ordentlich aufzuhängen und den Papierkram in Ruhe zu sortieren, macht trotzdem zufriedener, als dies gehetzt und lieblos zu tun. Das positive Gefühl, das beim gewissenhaften Erledigen von Alltagsdingen entsteht, wird Sie motivieren, auch anderes mit mehr Sorgfalt zu bedenken.

Kritikfähigkeit   Wer kritikfähig ist, ist zufriedener. Denn spätestens, wenn man als kleiner Mensch einen Kindergarten besucht, fängt es an mit der Beurteilung von außen, die nicht immer freundlich sein wird. Dann ist es hilfreich, wenn man Kritik einstecken kann und, sofern sie berechtigt und konstruktiv ist, sein Leben oder sein Verhalten mit Hilfe dieses Feedbacks zum Besseren verändert. Zufrieden kann es auch machen, wenn man die eigenen Denkweisen immer mal wieder selbstkritisch betrachtet und vor allem seine negativen »Glaubenssätze« überprüft: »Ich kann einfach nicht organisieren!« »Ich bin nicht gut im Diskutieren!« Stimmt das überhaupt? Wer selbstbewusst ist, kennt sich meist gut, sagt die Hamburger Philosophin Ina Schmidt. Ein genauer Blick lohnt sich somit. (Siehe S. 97 f. und 184)

▶ Tagtäglich bietet das Leben genügend Gelegenheit, seine Kritikfähigkeit zu trainieren. Natürlich ist es nicht wirklich schön, wenn andere sagen, was sie an einem auszusetzen haben. Aber man sollte sich immer klarmachen: Feedback, selbst negatives, kann sehr förderlich sein. »Ich habe kein Problem mit Kritik, aber sie muss mir gefallen«, hat der Schriftsteller Mark Twain mal so schön ironisch gesagt. Zu diesem Gefallen kann man selbst beitragen. Wichtig ist es, eine Distanz zu dem Gesagten einzunehmen: Sehen Sie Kritik nicht als persönlichen Angriff. Denken Sie über das nach, was Ihr Gegenüber sagt, ohne gleich zum Gegenangriff überzugehen. Entscheiden Sie dann selbst und mit Abstand, was Sie von den Anmerkungen annehmen. Wahrscheinlich gibt es einige Punkte, aus denen Sie etwas lernen können. Das ist wertvoll. Man kann anderen Menschen, sofern sie ihre Kritik nicht bösartig oder destruktiv formulieren, deshalb sogar dankbar sein, dass sie den Mut aufbringen, ihre Gedanken zu äußern.

Wohlwollen Gleichwohl sollte man es mit der Kritik aber nicht übertreiben. Es ist mit Blick auf das eigene Selbstbewusstsein keine gute Strategie, jedes negative Feedback überaus ernst zu nehmen, jedes Lob aber kleinzumachen, indem man sich sagt, dass das Gegenüber bestimmt nur höflich sein wollte. Wohlwollen nicht nur anderen, sondern auch sich selbst gegenüber steigert die Zufriedenheit. Es gilt, insgesamt mehr auf Stärken als auf Schwächen zu achten. Zufriedene Menschen sind nicht so kritisch, sie lassen auch mal fünf gerade sein und übersehen manches unangenehme Detail einfach, sagt Todd Kashdan. Anders gesagt: Sie erteilen dem Streben nach Perfektion eine Absage. (Siehe S. 119 ff.)

▶ Blicken Sie gnädiger auf sich und auf andere. Lästern Sie nicht über Kollegen oder Freunde. Lästern übt vor allem darin, auf das Negative zu achten – zunächst bei anderen, aber auch bei sich selbst. Üben Sie, das Gute in den Menschen und in Ihrer eigenen Person zu sehen. Schreiben Sie drei positive Eigenschaften eines Menschen auf, den Sie nicht besonders gernhaben. Weg mit dem Defizitblick – auch auf sich selbst!

Dankbarkeit Nicht umsonst beginnt der römische Kaiser und Philosoph Marc Aurel, einer der letzten Vertreter der Stoa, seine Lebenserinnerungen (›Selbstbetrachtungen‹) mit einer langen Liste von Menschen, denen gegenüber er Dankbarkeit empfindet. Seinem Großvater, seinem Vater, seiner Mutter, seinem Erzieher und vielen weiteren Begleitern – ihnen allen dankt er für das, was sie ihm mitgegeben haben. Dankbarkeit stärkt nicht nur die psychische und körperliche Widerstandskraft; sie sorgt auch für langfristige Zufriedenheit, sagt Willibald Ruch. Auch wenn man mit einer Situation hadert, kann man sich überlegen, was man an anderer Stelle Gutes im

Leben erfahren hat. Was man erreicht hat und worauf man stolz ist. Welche Krisen man schon bewältigt hat und was man heute besser kann als früher. Womöglich erinnert man sich auch an Momente, in denen sich gezeigt hat, dass Umwege und Schwierigkeiten doch zu etwas gut waren. »Lerne schätzen, was du (gehabt) hast!«, sagt deshalb Nobelpreisträger Kahneman. Zufrieden macht es auch, sich konkret zu überlegen, wer und was bei den bisherigen Erfolgen und Annehmlichkeiten im Leben geholfen hat. »Seinen Dank sollte man dann möglichst nicht für sich behalten, sondern ihn auch ausdrücken«, empfiehlt Ruch. (Siehe S. 25 und 114 f.)

▶ Schreiben Sie jeden Abend drei Dinge auf, für die Sie dankbar sind. Das können Dinge sein, die sich ganz allgemein auf Ihr Leben beziehen. Förderlich ist aber eine gewisse Abwechslung: Was genau ist an diesem Tag Gutes geschehen? Für welche Details können Sie dankbar sein? Eine solche Liste hätte die Seminarleiterin, die sich vor allem an die verletzenden Worte des einzigen Kritikers erinnert (siehe S. 96 f.), womöglich dazu gebracht, sich statt des unangenehmen Feedbacks die vielen guten Begegnungen und Rückmeldungen in Erinnerung zu rufen. Seien Sie auch im Umgang mit Menschen dankbar. Drücken Sie Ihre Dankbarkeit aus, wenn Ihnen jemand Gutes getan hat. Schreiben Sie Menschen, denen Sie schon immer etwas Freundliches sagen wollten.

Weg von den neuronalen Trampelpfaden

Die Liste an möglichen Übungen ist lang. Aber der Vorteil ist: Viele dieser Eckpfeiler eines zufriedenen Lebens trainieren sich gegenseitig. Es gibt bei den meisten Zufriedenheits-Zutaten positive Rückkopplungsschleifen: Wer etwas Gutes tut, wird Dankbarkeit ernten. Das macht ihn zufriedener und erhöht wiederum die Wahrscheinlichkeit, dass er erneut etwas Gutes tut. Oder: Wer es wagt, mit etwas Neuem anzufangen, wird dabei auch positive Erfahrungen machen. So erlangt er mehr Kompetenz und Autonomie, wodurch neben Zufriedenheit auch ein größeres Selbstwertgefühl entsteht, was es wiederum erleichtert, Neues auszuprobieren.

Diese Erfahrungen beeinflussen auf Dauer das Denken: »Es zeigt sich, dass einfache positive Emotionen es verändern, wie Menschen denken und sich verhalten. So verstärken sie psychologische Ressourcen wie Optimismus und Resilienz«, stellten Barbara Fredrickson und Thomas Joiner von der University of North Carolina schon vor einigen Jahren fest. Die alten negativen Denkmuster werden verlassen, man blickt automatisch positiver auf das Leben.

Aber Achtung! Umgekehrt kann man auch negative Feedbackschleifen etablieren, wenn man in negativen Denkmustern verharrt. Nervenzellen sind faul. Obwohl es in unserem Gehirn 100 Billionen Verbindungen zwischen ihnen gibt, schicken sie ihre Signale immer über dieselben Synapsen. Auch deshalb ist es so wichtig, neue Wege zu beschreiten und neue Überlegungen anzustellen: So verlassen unsere Gedanken die neuronalen Trampelpfade, auf denen sie neue Ereignisse sonst in das immer selbe, oft negative Licht hüllen.

5 Zu guter Letzt

Wir sind nicht fürs andauernde Glücklichsein gemacht. Momente des Glücks sind ungeheuer reizvoll – gleich ob unsere Hormone durch akutes Verliebtsein, wegen eines Erfolgs, nach der Shoppingtour oder im Drogenrausch Hochstimmung verbreiten. Aber sie halten nur eine überschaubare Zeit vor. In einem real existierenden Leben ist das große Glück nur hin und wieder anzutreffen. Schon Sigmund Freud schrieb: »Man möchte sagen, die Absicht, dass der Mensch ›glücklich‹ sei, ist im Plan der ›Schöpfung‹ nicht enthalten.« Der Mensch sei nun einmal so angelegt, dass er nur den Kontrast intensiv genießen könne und fortdauerndes Glück ein »Gefühl von lauem Behagen« hervorrufe. »Somit«, so Freud, »sind unsere Glücksmöglichkeiten schon durch unsere Konstitution beschränkt.«

Mit dieser Konstitution müssen wir – wohl oder übel – zurechtkommen. Wohl? Oder übel? So übel ist das gar nicht. Der Mensch hat aus guten Gründen nur beschränkten Zugang zum Glück. Wir wären sonst wohl mit nichts mehr hinter dem Ofen hervorzulocken; oder würden, wie die Ratten in dem berühmten Belohnungsexperiment, eines Tages vor lauter Glück zusammenbrechen. Das real existierende Leben mit all seinen Höhen und Tiefen, mit Freude und Trauer, mit Lust und Frust ist doch wunderbar. Es lehrt uns, die guten Momente intensiv zu genießen und uns mit Hilfe der schlechten für die nächste Krise zu trainieren. Allein unsere Haltung entscheidet darüber, dass wir unser Dasein mehr wohl als übel finden und wir eher zufrieden als unzufrieden damit sind.

Statt ständig mit dem Schicksal zu hadern, können wir uns aktiv für mehr Zufriedenheit entscheiden. Manchmal mag das bedeuten, dass wir uns aus Einsicht oder Kampfesunlust den Gegebenheiten anpassen; manchmal aber sind wir zur Auseinandersetzung bereit – am besten vor allem dann, wenn wir auch die Gelegenheit dazu haben, die Umstände in unserem Sinne zu verändern. Genügend Werkzeuge, die uns einen klugen Umgang mit diesen verschiedenen Wegen zu mehr Zufriedenheit eröffnen, gibt uns die moderne Psychologie an die Hand. Das sind keine trüben Aussichten. Ein Leben in Zufriedenheit, es ist letztlich das größte Glück.

Anhang

Verzeichnis der genannten Fachleute

Abele-Brehm, Andrea, Prof. Dr., Lehrstuhl Sozialpsychologie und Genderforschung, Universität Erlangen-Nürnberg

Allport, Gordon, Ph. D., Sozialpsychologe, Mitbegründer der humanistischen Psychologie, ehem. Harvard University, Cambridge (Massachusetts), 1967 verstorben

Amendt, Günter, Dr., Sozialwissenschaftler mit den Schwerpunkten Sexualaufklärung (›Das Sex Buch‹) und Drogen, ehem. freier Mitarbeiter der Abteilung für Sexualforschung im Universitätsklinikum Hamburg-Eppendorf und Vorstand der Deutschen Gesellschaft für Sexualforschung, 2011 verstorben

Argyle, Michael, Professor für Sozialpsychologie, Pionier der Erforschung nonverbaler Ausdrucksformen, ehem. Oxford University, 2002 verstorben

Asendorpf, Jens, Prof. Dr. em., Institut für Psychologie, Persönlichkeitspsychologie, Humboldt-Universität, Berlin

Bayda, Ezra, Zen-Lehrer, Zen Center, San Diego (Kalifornien)

Betsch, Cornelia, Dr., Scientific Manager of the Center of Empirical Research in Economics and Behavioral Sciences, Abt. für Sozial-, Organisations- und Wirtschaftspsychologie, Fachgebiet Psychologie, Universität Erfurt

Binswanger, Mathias, Prof. Dr., Institute for Competitiveness and Communication, Hochschule für Wirtschaft, Fachhochschule Nordwestschweiz, Otten (Kanton Solothurn)

Boehm, Julia, Ph. D., Assistant Professor, Crean College of Health and Behavioral Sciences, Department of Psychology, Chapman University, Orange (Kalifornien)

Bose, Dorothee von, Moderation, Kommunikationsberaterin und -trainerin, München

Boswell, Wendy, Ph. D., Professor of Management, Management Department, Mays Business School, Texas A & M University, College Station (Texas)

Boyce, Chris, Dr., Behavioural Science Center, University of Stirling, Schottland; auch an der University of Manchester tätig

Brandstätter-Morawietz, Veronika, Prof. Dr., Abteilung Allgemeine Psychologie (Motivation), Psychologisches Institut, Universität Zürich

Brandtstädter, Jochen, Prof. Dr. em., Fachbereich Psychologie, Abteilung Entwicklungspsychologie, Universität Trier

Brickman, Philip, Ph. D., ehem. Professor am Institut für Psychologie, Northwestern University, Evanston (Illinois), 1982 verstorben

Brisch, Karl Heinz, Dr., Abteilung Pädiatrische Psychosomatik und Psychotherapie, Kinderklinik und Poliklinik, Dr. von Haunersches Kinderspital der Ludwig-Maximilians-Universität München

Brockmann, Hilke, Prof. Dr., Happiness Research Group, School of Humanities and Social Sciences, Jacobs University Bremen

Carr, Deborah, Ph. D., Professor of Sociology, School of Social Work, Department of Sociology, Rutgers University, New Brunswick (New Jersey)

Caspi, Avshalom, Ph. D., Professor of Psychology and Neuroscience, Psychiatry & Behavioral Sciences, Duke University, Durham (North Carolina)

Chan, Micaela, Center for Vital Longevity, Park Aging Mind Laboratory, Behavioral and Brain Sciences, University of Texas, Dallas (Texas)

Cheng, Helen, Dr., Faculty of Policy and Society, Department of Lifelong and Comparative Education, Institute of Education, University of London

Cohen, Daniel, Prof. Dr., Département d'économie, École d'économie de Paris

Corssen, Jens, Dipl.-Psychologe, München

Corts, Arnd, Trainer und Coach, Schwerpunkt Downshifting, Lebensziele, Hagen

Csikszentmihalyi, Mihaly, Ph. D., Quality of Life Research Center, Professor of Psychology and Management, Claremont Graduate University, Claremont (Kalifornien) und Professor em., Department of Psychology, University of Chicago

DePaulo, Bella, Ph. D., Visiting Professor in Social Psychology, Psychology and Brain Sciences, University of California, Santa Barbara (Kalifornien)

Diener, Edward F., Ph. D., Professor em. des Department of Psychology, Division Social-Personality, University of Illinois, Urbana-Champaign (Illinois)

Dutton, Jane, Ph. D., Professor of Business Administration and Psychology, Management and Organizations Department, Ross School of Business, University of Michigan, Ann Arbor (Michigan)

Easterlin, Richard, Ph. D., Professor of Economics, University of Southern California, Los Angeles (Kalifornien)

Ehrenreich, Barbara, Journalistin, Alexandria (Virginia)

Eid, Michael, Prof. Dr., Fachbereich Erziehungswissenschaft und Psychologie, Arbeitsbereich Methoden und Evaluation, Freie Universität Berlin

Feinman, Saul, Ph. D., Professor em., Department of Family and Consumer Sciences, University of Wyoming, Laramie (Wyoming)

Fiedler, Klaus, Dr., Abteilung für Sozialpsychologie, Institut für Psychologie, Universität Heidelberg

Firebaugh, Glenn, Ph. D., Professor of American Institutions, Sociology, and Demography, Department of Sociology and Criminology, Pennsylvania State University, University Park (Pennsylvania)

Forgas Joseph, Ph. D., Sc. D., Scientia Professor, School of Psychology, University of New South Wales, Sydney

Franke, Andreas, Prof. Dr. Dr., Professur für Medizin in Sozialer Arbeit, Bildung und Erziehung, Fachbereich Soziale Arbeit, Bildung und Erziehung, Hochschule Neubrandenburg

Frankl, Viktor, Prof. Dr., ehem. Klinik für Neurologie und Psychiatrie, Universität Wien, Österreich, 1997 verstorben

Fredrickson, Barbara, Ph. D., Professor of Psychology, Positive Emotions and Psychophysiology Laboratory, University of North Carolina, Chapel Hill (North Carolina)

Furnham, Adrian, Ph. D., Professor of Psychology, Clinical, Educational & Health Psychology, Division of Psychology and Language Sciences, University College London

Gable, Shelly, Ph. D., Professor of Psychology, Emotion, Motivation, Behavior, and Relationships Lab, Psychological and Brain Sciences, University of California, Santa Barbara

Gaschler, Gabriele, Dr., Ärztehaus Gaschler, Oy-Mittelberg

Gigerenzer, Gerd, Prof. Dr., Forschungsbereich Adaptives Verhalten und Kognition, Max-Planck-Institut für Bildungsforschung, Berlin

Hahn, Elisabeth, Dr., Abt. für Differentielle Psychologie und psychologische Diagnostik, Universität des Saarlandes, Saarbrücken

Harkness, Kate, Ph. D., Professor of Psychology, Mood Research Lab, Psychology Department, Queen's University, London

Headey, Bruce, Ph. D., Associate Professor, Melbourne Institute of Applied Economic and Social Research, Faculty of Business and Economics, University of Melbourne

Hochschild, Arlie, Ph. D., Professor em., Sociology Department, University of California, Berkeley

Höfer, Thomas, Dr., Leiter Fachgruppe 31 »Transport gefährlicher Güter«, Bundesinstitut für Risikobewertung

Holt-Lunstad, Julianne, Ph. D., Associate Professor, College of Family, Home and Social Sciences, Department of Psychology, Brigham Young University, Provo (Utah)

Hüther, Gerald, Prof. Dr., Neurobiologische Präventionsforschung, Klinik und Poliklinik für Psychiatrie und Psychotherapie, Universitätsmedizin Göttingen

Joiner, Thomas, Dr., Department of Psychology, The Florida State University, Tallahassee (Florida)

Jordan, Alexander, Ph. D., Adjunct Assistant Professor of Business Administration, Tuck School of Business, Dartmouth College, Hanover (New Hampshire)

Junker, Thomas, Prof. Dr., Lehrstuhl für die Ethik der Biowissenschaften, Fakultät für Biologie, Universität Tübingen

Kabat-Zinn, Jon, Ph. D., Professor em., Stress Reduction Clinic und Center for Mindfulness in Medicine, Health Care, and Society an der University of Massachusetts Medical School, Worcester (Massachusetts)

Kahneman, Daniel, Prof. Dr. em., Professor of Psychology and Public Affairs, Woodrow Wilson School, Princeton University, Princeton (New Jersey)

Kaluza, Gert, Prof. Dr., GKM-Institut für Gesundheitspsychologie, Marburg

Kappas, Arvid, Prof. Dr., Lehrstuhl für Psychologie und Methoden, Fakultät für Psychologie, Jacobs University, Bremen

Kashdan, Todd, Ph. D., Professor am Center for the Advancement of Well-Being, George Mason University, Fairfax (Virginia)

Kasten, Hartmut, Prof. Dr. Dr., Entwicklungspsychologe, Frühpädagoge und Familienforscher, ehem. Staatsinstitut für Frühpädagogik, München und Universität München

Konrad, Sandra, Dr., Praxis für Paar- und Familientherapie, Hamburg

Kubzansky, Laura, Ph. D., Professor of Social and Behavioral Sciences, Harvard School of Public Health, Boston (Massachusetts)

Laureys, Steven, Dr. Dr., Coma Science Group, Cyclotron Research Center und Abteilung für Neurologie, Universitätskrankenhaus Lüttich

Leary, Mark, Ph. D., Professor of Psychology and Neuroscience, Direktor des Interdisciplinary Behavioral Research Center, Duke University, Durham (North Carolina)

Leménager, Tagrid, Dr., Klinik Abhängiges Verhalten und Suchtmedizin, Zentralinstitut für Seelische Gesundheit, Mannheim

Ley, Katharina, Dr., Psychoanalytikerin und Soziologin, Bern

Lieb, Klaus, Prof. Dr., Klinik für Psychiatrie und Psychotherapie, Universitätsmedizin Mainz

Lösel, Friedrich, Prof. Dr. em., ehrenamtlich dem Lehrstuhl für Psychologische Diagnostik, Methodenlehre und Rechtspsychologie, Universität Erlangen-Nürnberg zugeordnet; Institute of Criminology, University of Cambridge, Cambridge

Luhmann, Maike, Prof. Dr., Methoden der Persönlichkeitspsychologie, Abteilung Psychologie, Humanwissenschaftliche Fakultät, Universität Köln

Lukas, Elisabeth, Psychotherapeutin und Psychologin, eine der bekanntesten Nachfolgerinnen Viktor Frankls, langjährige Leiterin des Süddeutschen Instituts für Logotherapie, Fürstenfeldbruck

Lykken, David, Ph. D., ehem. Professor des Department of Psychology, University of Minnesota, Minneapolis (Minnesota), und einer der verantwortlichen Wissenschaftler der ›Minnesota Twin Family Study‹, verstorben 2006

Lyubomirsky, Sonja, Ph. D., Professor of Psychology, Positive Activities and Well-Being Laboratory, Department of Psychology, University of California, Riverside

Malinow, Robert, Ph. D., Professor am Center for Neural Circuits and Behavior, Health Sciences, Section of Neurobiology, Division of Biological Sciences, University of California, San Diego (Kalifornien)

Manolis, Chris, Ph. D., ehem. Professor of Marketing, Xavier University, Cincinnati (Ohio), verstorben 2013

Mayring, Philipp, Prof. Dr., Institut für Psychologie, Abteilung für Angewandte Psychologie und Methodenforschung, Alpen-Adria-Universität Klagenfurt

Mello, Anthony de, Jesuitenpriester, Gründer des Institute of Pastoral Counseling and Spirituality am De-Nobili-College, Pune, verstorben 1987

Morrien, Birgitt, Business Coach, COP Coaching, Organisation, Public Relations, Köln

Muffels, Ruud, Prof. Dr., Social and Behavioral Sciences, Fachbereich Soziologie, Universität Tilburg

Myers, David, Ph. D., Professor of Psychology, Hope College, Holland (Michigan)

Neels, Petra, Dipl.-Päd., Praxis für Psychotherapie, Oldenburg

Neumann, Inga, Prof. Dr., Lehrstuhl für Neurobiologie und Tierphysiologie, Fakultät für Biologie und Vorklinische Medizin, Universität Regensburg

Noll, Heinz-Herbert, Dr., ehem. Leiter des Zentrums für Sozialindikatorenforschung, Leibniz-Institut für Sozialwissenschaften (GESIS), Mannheim

Oettingen, Gabriele, Prof. Dr., Lehrstuhl für Pädagogische Psychologie und Motivation, Fakultät für Psychologie und Bewegungswissenschaft, Universität Hamburg und Motivation Lab, Department of Psychology, New York University, New York (New York)

Olds, James, Ph. D., ehem. Professor am Department of Psychology, University of Michigan und California Institute of Technology, Entdecker des Belohnungssystems im Gehirn, verstorben 1976

Olshansky, Stuart Jay, Ph. D., Professor am Institute of Epidemiology, School of Public Health, University of Illinois at Chicago, Chicago (Illinois)

Ortmann, Andreas, Ph. D., Professor of Experimental and Behavioural Economics, School of Economics, Australian School of Business, University of New South Wales, Sydney

Oswald, Andrew, Ph. D., Professor of Economics, Division of Social Sciences, University of Warwick, Coventry

Pfaller, Robert, Prof. Dr., Professur für Philosophie, Universität für angewandte Kunst, Wien

Pratt, Michael, Ph. D., Professor of Management and Organization Department,

Carroll School of Management, Boston College, Chestnut Hill (Massachusetts)

Proto, Eugenio, Ph. D., Associate Professor of Economics, Division of Social Sciences, University of Warwick, Coventry

Przyrembel, Hildegard, Prof. Dr., ehem. Direktorin der Abteilung Lebensmittelsicherheit, Bundesinstitut für Risikobewertung und ehem. Vorsitzende der Nationalen Stillkommission

Raab, Markus, Prof. Dr. Dr., Leiter der Abteilung Leistungspsychologie, Psychologisches Institut, Deutsche Sporthochschule Köln

Riedel-Heller, Steffi, Prof. Dr., Direktorin des Instituts für Sozialmedizin, Arbeitsmedizin und Public Health, Medizinische Fakultät, Universität Leipzig

Roberts, James, Ph. D., Ben H. Williams Professor of Marketing, Hankamer School of Business, Baylor University, Waco (Texas)

Roberts, Robert E., Ph. D., Professor of Health Promotion & Behavioral Sciences, Michael & Susan Dell Center for Healthy Living, University of Texas, Austin (Texas)

Rosso, Brent, Ph. D., Assistant Professor of Management, Jake Jabs College of Business & Entrepreneurship, Montana State University, Bozeman (Montana)

Roth, Gerhard, Prof. Dr. Dr., Institut für Hirnforschung, Fachbereich für Biologie und Neurobiologie, Universität Bremen

Ruch, Willibald, Prof. Dr., Leiter der Fachrichtung Persönlichkeitspsychologie und Diagnostik, Psychologisches Institut, Universität Zürich

Ruckriegel, Karlheinz, Prof. Dr., Management-Institut, Fakultät für Betriebswirtschaft, Technische Hochschule Nürnberg

Sachse, Rainer, Prof. Dr., Leiter des Instituts für Psychologische Psychotherapie, Bochum

Scheidt, Carl Eduard, Prof. Dr., Leiter der Sektion für psychoanalytische Psychosomatik, Klinik für Psychosomatische Medizin und Psychotherapie, Universitätsklinikum Freiburg

Schilling, Anne, Geschäftsführerin der Elly Heuss-Knapp Stiftung, Deutsches Müttergenesungswerk, Berlin

Schmid, Wilhelm, Philosoph und apl. Professor am Seminar für Philosophie, Universität Erfurt

Schmidt, Ina, Dr., Philosophin, Reinbek

Schneiderman, Kim, Psychotherapeutin und Autorin, New York City

Schnell, Tatjana, Prof. Dr., Empirische Sinnforschung, Institut für Psychologie, Universität Innsbruck

Schütz, Astrid, Prof. Dr., Lehrstuhl für Persönlichkeitspsychologie und Psychologische Diagnostik, Kompetenzzentrum für Angewandte Personalpsychologie, Universität Bamberg

Schwab, Katja, Dipl.-Psych., Verhaltens- und Kommunikationstrainerin, Berlin

Schwandt, Hannes, Dr., Assistant Professor, Economics of Child and Youth Development, Department of Economics, Universität Zürich

Schwartz, Barry, Ph. D., Dorwin P. Cartwright Professor of Social Theory and Social Action, Department of Psychology, Swarthmore College, Swarthmore

Seligman, Martin, Ph. D., Zellerbach Family Professor of Psychology, Director of the Positive Psychology Center, Department of Psychology, University of Pennsylvania, Philadelphia (Pennsylvania)

Selye, Hans, Ph. D., M. D., D. Sc., ehem. McGill University, Montreal, Kanada, 1982 verstorben

Sharot, Tali, Ph. D., Associate Professor of Cognitive Neuroscience, Department of Experimental Psychology, Division of Psychology and Language Sciences, Faculty of Brain Sciences, University College London

Siahpush, Mohammad, Ph. D., Professor am Department of Health Promotion, Social & Behavioral Health, Center for the Advancement of Health, University of Nebraska Medical Center, Omaha (Nebraska)

Sieverding, Monika, Prof. Dr., Genderwissenschaften und Gesundheitspsychologie, Institut für Psychologie, Universität Heidelberg

Silva, Phil, Dr., em. Director of the Dunedin Multidisciplinary Health & Development Research Unit, Department of Psychology, University of Otago, Dunedin (Neuseeland)

Snyder, Solomon, M. D., Professor of Pharmacology and Molecular Sciences, Department of Neuroscience, Johns Hopkins University School of Medicine, Baltimore (Maryland)

Specht, Jule, Dr., Juniorprofessorin für Persönlichkeitspsychologie und Psychologische Diagnostik, Fachbereich für Erziehungswissenschaft und Psychologie, Freie Universität Berlin

Spinath, Frank, Prof. Dr., Abt. für Differentielle Psychologie und Psychologische Diagnostik, Universität des Saarlandes, Saarbrücken

Spitzer, Manfred, Prof. Dr., Ärztlicher Direktor des Universitätsklinikums Ulm

Stangl, Werner, Prof. Dr., Abteilung für Pädagogik und Pädagogische Psychologie, Johannes-Kepler-Universität Linz

Steger, Michael, Ph. D., Associate Professor am Laboratory for the Study of Meaning and Quality of Life, Applied Social and Health Psychology, Department of Psychology, College of Natural Sciences, Colorado State University, Fort Collins (Colorado)

Steptoe, Andrew, Ph. D., Professor, Psychobiology Group, Department of Epidemiology and Public Health, University College London

Stevenson, Betsey, Ph. D., Associate Professor of Public Policy, Gerald R. Ford School of Public Policy, University of Michigan, Ann Arbor (Michigan), und Mitglied des Council of Economic Advisors der Obama-Regierung

Swann, William, Ph. D., Professor of Social and Personality Psychology, Department of Psychology, University of Texas, Austin (Texas)

Tellegen, Auke, Ph. D., Professor em., Department of Psychology, University of Minnesota, Minneapolis (Minnesota)

Umberson, Debra, Ph. D., Professor of Sociology und Direktorin des Population Research Center, University of Texas, Austin (Texas)

Unger, Hans-Peter, Dr., Zentrum für Seelische Gesundheit, Chefarzt der Abteilung Psychiatrie, Psychotherapie und Psychosomatik, Asklepios-Klinikum Harburg

Verleger, Silvia, Hebamme, Berlin

Wagner, Gert Georg, Prof. Dr., Empirische Wirtschaftsforschung und Wirtschaftspolitik, Fakultät Wirtschaft und Management, TU Berlin und Vorstandsmitglied des Deutschen Instituts für Wirtschaftsforschung, Berlin

Weick, Stefan, Dr., Abteilung Dauerbeobachtung der Gesellschaft, Leibniz-Institut für Sozialwissenschaften (GESIS), Mannheim

Weiss, Alexander, Ph. D., Scottish Primate Research Group, Department of Psychology, School of Philosophy, Psychology and Language Sciences, University of Edinburgh, Edinburgh

Wharton, Christopher, Ph. D., Associate Professor, Julie Ann Wrigley Global Institute of Sustainability, College of Health Solutions, Arizona State University, Tempe (Arizona)

Wolfers, Justin, Ph. D., Professor of Economics and Public Policy, Department of Economics and Gerald R. Ford School of Public Policy, University of Michigan, Ann Arbor (Michigan)

Zurhorst, Eva-Maria, Beziehungsberaterin und Autorin, Berlin

Literaturverzeichnis

1 Die aufreibende Suche nach dem Glück

Schmid W (2007): Glück. Alles, was Sie darüber wissen müssen, und warum es nicht das Wichtigste im Leben ist. Insel Verlag, Frankfurt am Main, Leipzig.

Weshalb wir das große Glück nicht finden

Deutsches Institut für Wirtschaftsforschung: Sozio-oekonomisches Panel 2013. Die Daten für 2014 lagen zum Zeitpunkt der Drucklegung noch nicht vor.

Asimov I (1998): Die exakten Geheimnisse unserer Welt. Bausteine des Lebens. Droemer Knaur Verlag, München.

Brickman P, Coates D und Janoff-Bulman R (1978): Lottery Winners and Accident Victims: Is Happiness Relative? Journal of Personality and Social Psychology, Bd. 36, S. 917–927.

Viciano A (2012): Interview mit Daniel Cohen: Glückssuche: »Wettbewerb kann nur ein Teil des Lebens sein«. Spiegel online, 29. Dezember.

Pfaller R (2012): Wofür es sich zu leben lohnt. Elemente materialistischer Philosophie. S. Fischer Verlag, Frankfurt am Main.

Was uns die Glücksforschung trotzdem lehrt

Diener E, Lucas RE und Oishi S (2002): Subjective Well-Being: The Science of Happiness and Life Satisfaction. In: Snyder CR und Lopez SJ (Hrsg.): Handbook of Positive Psychology. Oxford University Press, S. 63–73.

Firebaugh G und Schroeder MB (2009): Does Your Neighbor's Income Affect Your Happiness? American Journal of Sociology, Bd. 115, S. 805–831.

Firebaugh G und Tach L (2012). Income, Age, and Happiness in America. In: Marsden PV (Hrsg.): Social Trends in American Life: Findings from the General Social Survey since 1972. Princeton University Press, Princeton, New Jersey.

Marmot MG, Bosma H, Hemingway H, Brunner E und Stansfeld S (1997): Contribution of Job Control and Other Risk Factors to Social Variations in Coronary Heart Disease Incidence. The Lancet, Bd. 350, S. 235–239.

Olshansky SJ (2011): Aging of US Presidents. Journal of the American Medical Association, Bd. 306, S. 2328–2329.

Rodin J (1986): Aging and Health: Effects of the Sense of Control. Science, Bd. 233, S. 1271–1276.

Rowe JW und Kahn RL (1987): Human Aging: Usual and Successful: Science, Bd. 237, S. 143–149.

Weshalb Zufriedenheit erstrebenswerter ist als Glück

Forgas JP (2013): Don't Worry, Be Sad! On the Cognitive, Motivational, and Interpersonal Benefits of Negative Mood. Current Directions in Psychological Science, Bd. 22, S. 225–232.

Forgas JP und Tan HB (2013): Mood Effects on Selfishness Versus Fairness: Affective Influences on Social Decisions in the Ultimatum Game. Social Cognition, Bd. 31, S. 504–517.

Forgas JP (1999). On Feeling Good and Being Rude. Affective Influences on Language Use and Requests. Journal of Personality and Social Psychology, Bd. 76, S. 928–939.

Hu H, Real E, Takamiya K, Kang MG, Ledoux J, Huganir RL, Malinow R (2007): Emotion Enhances Learning Via Norepinephrine Regulation of AMPA-Receptor Trafficking. Cell, Bd. 131, S. 160–173.

Schwab K (2013) Das kleine Handbuch für mehr Gelassenheit im Alltag. Kreuz Verlag, Freiburg im Breisgau.

Kaluza G (2004): Stressbewältigung. Trainingsmanual zur psychologischen Gesundheitsförderung. Springer Medizin Verlag, Heidelberg.

2 Selbsttest: Wie zufrieden bin ich?

Diener E, Emmons RA, Larsen RJ und Griffin S (1985): The Satisfaction With Life Scale, Journal of Personality Assessment, Bd. 49, S. 71–75.

Tennant R, Hiller L, Fishwick R, Platt S, Joseph S, Weich S, Parkinson J, Secker J und Stewart-Brown S (2007): The Warwick-Edinburgh Mental Well-Being Scale (WEMWBS): Development and UK Validation, Health and Quality of Life Outcomes, Bd. 5, S. 63.

3 Die Wissenschaft der Zufriedenheit

Zufriedenheit als Wesenszug

Feinman, S (1978): The Blind as ›Ordinary People‹. Visual Impairment and Blindness, Bd. 2, S. 231–238.

Easterlin RA (1974): Does Economic Growth Improve the Human Lot? In: David PA und Reder MW (Hrsg.): Nations and Households in Economic Growth: Essays in Honor of Moses Abramovitz. Academic Press, Inc., New York, S. 89–125.

Suh E, Diener E und Fujita F (1996): Events and Subjective Well-Being: Only Recent Events Matter. Journal of Personality and Social Psychology, Bd. 70, S. 1091–1102.

Luhmann M, Hofmann W, Eid M und Lucas RE (2012): Subjective Well-Being and Adaptation to Life Events: a Meta-Analysis. Journal of Personality and Social Psychology, Bd. 102, S. 592–615.

Luhmann M und Eid M (2009): Does it Really feel the Same? Changes in Life Satisfaction Following Repeated Life Events. Journal of Personality and Social Psychology, Bd. 97, S. 363–381.

Lyubomirsky S und Della Porta MD (2012): Boosting Happiness, Buttressing Resilience: Results from Cognitive and Behavioral Interventions. In: Reich JW,

Zautra AJ und Hall J (Hrsg.): Handbook of Adult Resilience: Concepts, Methods, and Applications. Guilford Press, New York.

Headey B, Muffels R und Wagner GG (2010): Long-Running German Panel Survey Shows that Personal and Economic Choices, not just Genes, Matter for Happiness. Proceedings of the National Academy of Sciences of the USA, Bd. 107, S. 17922–17926. Anmerkung: Im Titel sprechen die Autoren zwar von »happiness«, in der Arbeit geht es aber um die Lebenszufriedenheit der Deutschen, die »life satisfaction«.

Bruno MA, Bernheim JL, Ledoux D, Pellas F, Demertzi A und Laureys S (2011): A Survey on Self-Assessed Well-Being in a Cohort of Chronic Locked-in Syndrome Patients: Happy Majority, Miserable Minority. British Medical Journal Open, Bd. 1, S. e000039.

John OP, Naumann LP und Soto CJ (2008): Paradigm Shift to the Integrative Big-Five Trait Taxonomy. In: John OP, Robins RW und Pervin LA (Hrsg.): Handbook of Personality Theory and Research, S. 114–117.

Diener E und Seligman MEP (2002): Very Happy People. Psychological Science, Bd. 13, S. 80–83.
Anmerkung: »Very happy« sind in dieser Studie Menschen mit einem hohen subjektiven Wohlbefinden.

Spinath FM und Hahn E (2013): Wovon unsere Lebenszufriedenheit abhängt. Spektrum der Wissenschaft Spezial: Biologie – Medizin – Hirnforschung, Bd. 2, S. 72–79.

Specht J (2015): Psychologie des hohen Lebensalters. Aus Politik und Zeitgeschichte, Bd. 38–39, S. 3–10.

Caspi A und Silva PA (1995): Temperamental Qualities at Age Three Predict Personality Traits in Young Adulthood: Longitudinal Evidence from a Birth Cohort. Child Development, Bd. 66, S. 486–498.

Peterson C, Ruch W, Beermann U, Park N und Seligman MEP (2007): Strenghts of Character, Orientations to Happiness, and Life Satisfaction. The Journal of Positive Psychology, Bd. 2, S. 149–156.

Ruch W, Proyer RT, Harzer C, Park N, Peterson C und Seligman MEP (2010): Values in Action Inventory of Strengths (VIA-IS): Adaptation and Validation of the German Version and the Development of a Peer-Rating Form. Journal of Individual Differences, Bd. 31, S. 138–149.

Réthy L (2015): Jule Specht forscht über Glück und das Alter, Berliner Morgenpost, 2. Februar.

Specht J, Egloff B und Schmukle SC (2011): Stability and Change of Personality Across the Life Course: The Impact of Age and Major Life Events on Mean-Level and Rank-Order Stability of the Big Five. Journal of Personality and Social Psychology, Bd. 101, S. 862–882.

Specht J (2015): Psychologie des hohen Lebensalters. In: Aus Politik und Zeitgeschichte, Bd. 38/39, S. 3–10.

Boyce CJ, Wood AM und Powdthavee N (2012): Is Personality Fixed? Personality Changes as Much as »Variable« Economic Factors and More Strongly Predicts Changes to Life Satisfaction. Social Indicators Research, Bd. 111, S. 287–305.

Gene fürs Wohlgefühl
Furnham A und Cheng H (2000): Lay Theories of Happiness. Journal of Happiness Studies, Bd. 1, S. 227–246.
Lykken D und Tellegen A (1996): Happiness is a Stochastic Phenomenon. Psychological Science, Bd. 7, S. 186–189.
Weiss A, Inoue-Murayama M, Hong K-W, Inoue E, Udono T, Ochiai T, Matsuzawa T, Hirata S und King JE (2009): Assessing Chimpanzee Personality and Subjective Well-Being in Japan. American Journal of Primatology, Bd. 71, S. 283–292.
Proto E und Oswald AJ (2014): National Happiness and Genetic Distance: A Cautious Exploration. Diskussionspapier des Forschungsinstituts zur Zukunft der Arbeit Nr. 8300. http://ftp.iza.org/dp8300.pdf

Die Rastlose: Wenn einem kein Partner gut genug ist
Konrad S (2015): Liebe machen. Piper Verlag, München.

Was sich im Körper abspielt: Die Chemie der Zufriedenheit
Roth G (aufgezeichnet von Reinberger S): Was passiert im Gehirn, wenn wir glücklich sind? Auf: www.dasgehirn.info
Stallknecht M (2015): Reden wir über Geld mit Martin Grubinger. Süddeutsche Zeitung, 22. Mai.

Der Hirndoper: Wie gefährlich es ist,
von seinem Geist immer mehr zu verlangen
Volkow ND, Fowler JS, Logan J, Alexoff D, Zhu W, Telang F, Wang G-J, Jayne M, Hooker JM, Wong C, Hubbard B, Carter P, Warner D, King P, Shea C, Xu Y, Muench L und Apelskog-Torres K (2009): Effects of Modafinil on Dopamine and Dopamine Transporters in the Male Human Brain: Clinical Implications. Journal of the American Association, Bd. 301, S. 1148–1154.
Greely H, Sahakian B, Harris J, Kessler RC, Gazzaniga M, Campbell P und Farah MJ (2008): Towards Responsible Use of Cognitive-Enhancing Drugs by the Healthy. Nature, Bd. 456, S. 702–705.
Amendt G (2003): No Drugs. No Future. Drogen im Zeitalter der Globalisierung. Europa Verlag, Zürich.
Battleday RM und Brem A-K (2015): Modafinil for Cognitive Neuroenhancement in Healthy Non-Sleep-deprived Subjects: A Systematic Review. European Neuropsychopharmacology, Bd. 25, S. 1865–1881.
Franke AG und Lieb K (2009): Missbrauch von Psychopharmaka zum Hirndoping. CME-Artikel. Info: Neurologie & Psychiatrie, Bd. 11, S. 42–51.

Missmut in der Midlife-Crisis

Blanchflower DG und Oswald AJ (2008): Is Well-Being U-shaped Over the Life Cycle? Social Science & Medicine, Bd. 66, S. 1733–1749.

Stone AA, Schwartz JE, Broderick JE und Deaton A (2010): A Snapshot of the Age Distribution of Psychological Well-Being in the United States. Proceedings of the National Academy of Sciences of the USA, Bd. 107, S. 9985–9990.

Weiss A, King JE, Inoue-Murayama M, Matsuzawa T und Oswald AJ (2012): Evidence for a Midlife Crisis in Great Apes Consistent with the U-Shape in Human Well-Being. Proceedings of the National Academy of Sciences of the USA, Bd. 109, S. 19949–19952.

Schwandt H (2013): Unmet Aspirations as an Explanation for the Age U-shape in Human Wellbeing. SOEP Paper on Multidisciplinary Panel Data Research, Nr. 580.

Der weibliche Makel: Weshalb Frauen so häufig unter Selbstzweifeln leiden und fast nie mit sich zufrieden sind

Wharton CM, Adams T und Hampl JS (2008): Weight Loss Practices and Body Weight Perceptions Among US College Students. Journal of American College Health, Bd. 56, S. 579–584.

Markey CN und Markey PM (2006): Romantic Relationships and Body Satisfaction Among Young Women. Journal of Youth and Adolescence, Bd. 35, S. 271–279.

Sieverding M (2003): Frauen unterschätzen sich: Selbstbeurteilungs-Biases in einer simulierten Bewerbungssituation. Zeitschrift für Sozialpsychologie, Bd. 34, S. 147–160.

Stevenson B und Wolfers J (2009): The Paradox of Declining Female Happiness. American Economic Journal: Economic Policy. Bd. 1, S. 190–225.

Carr D, Freedman VA, Cornman JC und Schwarz N (2014): Happy Marriage, Happy Life? Marital Quality and Subjective Well-Being in Later Life. Journal of Marriage and Family, Bd. 76, S. 930–948.

Was zufriedene Menschen anders machen

Kashdan TB und Steger MF (2007): Curiosity and Pathways to Well-Being and Meaning in Life: Traits, States, and Everyday Behaviors. Motivation and Emotion, Bd. 31, S. 159–173.

Kashdan TB (2013): Mindfullness, Acceptance, and Positive Psychology: The Seven Foundations of Well-Being. Context Press, Oakland.

Lyubomirsky S, Sheldon KM und Schkade D (2005): Pursuing Happiness: The Architecture of Sustainable Change. In: Review of General Psychology, Bd. 9, S. 111–131.

Anmerkung: Lyubomirsky gibt ihrer Arbeit den Titel »Happiness«, testet aber in Wirklichkeit die Lebenszufriedenheit.

Lyubomirsky S (2005): Eight Steps Toward a More Satisfying Life. Time Magazine, Nr. 165.

Argyle M und Furnham A (1983): Sources of Satisfaction and Conflict in Long-Term Relationships. Journal of Marriage and Family, Bd. 45, S. 481–493.

Powdthavee N (2008): Putting a Price Tag on Friends, Relatives, and Neighbours: Using Surveys of Life Satisfaction to Value Social Relationships. The Journal of Socio-Economics, Bd. 37, S. 1459–1480.

Schulze G (2003): Die beste aller Welten. Wohin bewegt sich die Gesellschaft im 21. Jahrhundert? Hanser Verlag, München.

Köcher R und Raffelhüschen B (2013): Deutsche Post Glücksatlas. Knaus Verlag, München.

Kahneman D und Deaton A (2010). High Income Improves Evaluation of Life but not Emotional Well-Being. Proceedings of the National Academy of Sciences of the USA, Bd. 107, S. 16489–16493.

Gable SL, Gonzaga GC und Strachman A (2006): Will You Be There for Me When Things Go Right? Supportive Responses to Positive Event Disclosures. Journal of Personality and Social Psychology, Bd. 91, S. 904–917.

Der Genügsame: Wie man auch in einfachen Verhältnissen zufrieden sein kann

Noll H-H und Weick S (2015): Consumption Expenditures and Subjective Well-Being: Empirical Evidence from Germany. International Review of Economics, Bd. 62, S. 101–119.

Zufrieden zu sein ist gesund

Dote K, Sato H, Tateishi H, Uchida T und Ishihara M (1991): Myocardial Stunning Due to Simultaneous Multivessel Coronary Spasms: A Review of Five Cases. Journal of Cardiology, Bd. 21, S. 203–214.

Yusuf S, Hawken S, Ôunpuu S, Dans T, Avezum A, Lanas F, McQueen M, Budaj A, Pais P, Varigos J und Lisheng L (2004): Effect of Potentially Modifiable Risk Factors Associated with Myocardial Infarction in 52 Countries (the INTERHEART Study): Case-Control Study. The Lancet, Bd. 364, S. 937–952.

Boehm JK und Kubzansky LD (2012): The Heart's Content: The Association Between Positive Psychological Well-Being and Cardiovascular Health. Psychological Bulletin, Bd. 138, S. 655–691.

Diener E und Chan M Y (2011): Happy People Live Longer: Subjective Well-Being Contributes to Health and Longevity. Applied Psychology: Health and Well-Being, Bd. 3, S. 1–43.

Koivumaa-Honkanen H, Honkanen R, Viinamäki, H, Heikkilä K, Kaprio J und Koskenvuo M (2000): Self-Reported Life Satisfaction and 20-Year Mortality in Healthy Finnish Adults. American Journal of Epidemiology, Bd. 152, S. 983–991.

Liu B, Floud S, Pirie K, Green J, Peto R, Beral V, for the Million Women Study Collaborators (2015): Does Happiness Itself Directly Affect Mortality? The Prospective UK Million Women Study. The Lancet online, 9. Dezember.

Höfer T, Przyrembel H und Verleger S (2004): New Evidence for the Theory of the Stork. Paediatric and Perinatal Epidemiology, Bd. 18, S. 88–92.

Xu J und Roberts RE (2010): The Power of Positive Emotions: It's a Matter of Life or Death – Subjective Well-Being and Longevity Over 28 Years in a General Population. Health Psychology, Bd. 29, S. 9–19.

House JS, Landis KR und Umberson D (1988): Social Relationships and Health, Bd. 241, S. 540–545.

Holt-Lunstad J, Smith TB und Layton JB (2010): Social Relationships and Mortality Risk: A Meta-analytic Review. Public Library of Science Medicine, Bd. 7, S. e1000316. doi:101371/journal.pmed.1000316.

Steptoe A, Deaton A und Stone AA (2014): Subjective Wellbeing, Health and Aging. The Lancet, Bd. 385, S. 640–648.

Koivumaa-Honkanen H, Honkanen R, Koskenvuo M, Viinamäki H und Kaprio J (2002): Life Dissatisfaction as a Predictor of Fatal Injury in a 20-Year Follow-up. Acta Psychiatrica Scandinavica, Bd. 105, S. 444–450.

Grant N, Wardle J und Steptoe A (2009): The Relationship Between Life Satisfaction and Health Behavior: A Cross-cultural Analysis of Young Adults. International Journal of Behavioural Medicine, Bd. 16, S. 259–268.

Koivumaa-Honkanen H, Koskenvuo M, Honkanen RJ, Viinamäki H, Heikkilä K und Kaprio J (2004). Life Dissatisfaction and Subsequent Work Disability in an 11-Year Follow-up. Psychological Medicine, Bd. 34, S. 221–228.

Lyrra T, Törmäkangas TM, Read S, Rantanen T und Berg S (2006): Satisfaction with Present Life Predicts Survival in Octogenarians. Journal of Gerontology. Series B, Psychological Sciences and Social Sciences, Bd. 61, S. 319–326.

Siahpush M, Spittal M und Singh GK (2008): Happiness and Life Satisfaction Prospectively Predict Self-rated Health, Physical Health, and the Presence of Limiting, Long-term Health Conditions. American Journal of Health Promotion. Bd. 23, S. l8–26.

Die Friedvolle: Wie es einer Rheumapatientin gelang,
trotz Schmerzen zufrieden zu sein

O'Leary A, Shoor S, Lorig K und Holman HR (1988): A Cognitive-Behavioral Treatment for Rheumatoid Arthritis. Health Psychology, Bd. 7, S. 527–544.

4 Wie man Zufriedenheit lernen kann

Strack F, Martin LL und Stepper S (1988): Inhibiting and Facilitating Conditions of the Human Smile: A Nonobtrusive Test of the Facial Feedback Hypothesis. Journal of Personality and Social Psychology, Bd. 54, S. 768–777.

Ehrenreich B (2010): Smile or Die. Wie die Ideologie des positiven Denkens die Welt verdummt. Verlag Antje Kunstmann, München.

Der offensive und der defensive Weg

Bayda E (2013): Wahres Glück: Der Zen-Weg zu tiefer Zufriedenheit. Arbor Verlag, Freiburg.

Boswell WR, Boudreau JW und Tichy J (2005): The Relationship between Employee Job Change and Job Satisfaction: The Honeymoon-Hangover Effect. Journal of Applied Psychology, Bd. 90, S. 882–892.

Schneiderman K (2013): https://www.psychologytoday.com/blog/the-novel-perspective/201310/compare-and-despair.

Jordan AH, Monin B, Dweck CS, Lovett BJ, John OP und Gross JJ (2011): Misery Has More Company Than People Think: Underestimating the Prevalence of Others' Negative Emotions. Personality and Social Psychology Bulletin, Bd. 37, S. 120–135.

Die Einsichtigen

Freud S (1917): Trauer und Melancholie. Internationale Zeitschrift für Ärztliche Psychoanalyse, Bd. 4, S. 288–301.

Die Kunst des Loslassens

Brandtstädter J (2015): Positive Entwicklung: Zur Psychologie gelingender Lebensführung, Springer Spektrum, Heidelberg.

Ley K (2010): Die Kunst des guten Beendens. Wie große Veränderungen gelingen. Kreuz Verlag, Freiburg im Breisgau.

Schöps C (2011): Warum uns Veränderungen so schwerfallen. Stern gesund leben, 15. Januar.

Sloterdijk P (2014): Der ästhetische Imperativ: Schriften zur Kunst. Suhrkamp Verlag, Berlin.

Kabat-Zinn J (2013): Im Alltag Ruhe finden: Meditationen für ein gelassenes Leben. Knaur Verlag, München.

Der Pfennigfuchser: Wie der Versuch finanzieller Optimierung
den Blick vom Wesentlichen ablenkt

Hardt C (2009): Interview mit Gerd Gigerenzer: »Wir sollten dem Bauch vertrauen«. Handelsblatt, 8. Juni.

Wie wichtig es ist, eigene Ziele zu verfolgen

Volland B (2009): Der lange Weg zum Selbst. Stern, 20. Mai.

Peterson C und Seligman MEP (2005): Orientations to Happiness and Life Satisfaction: The Full Life Versus the Empty Life. Journal of Happiness Studies, Bd. 6, S. 25–41.

Schnell T (2009): The Sources of Meaning and Meaning in Life Questionnaire (SoMe): Relations to Demographics and Well-Being. The Journal of Positive Psychology, Bd. 4, S. 483–499.

Berndt C (2013): Resilienz – Das Geheimnis der psychischen Widerstandskraft. Was uns stark macht gegen Stress, Depressionen und Burn-out. dtv Verlagsgesellschaft, München.

Lang A-S (2015): »Er erhielt sich seine Würde«: Eine Gedenkveranstaltung im Dachauer Schloss erinnert an den Psychiater Viktor Frankl, der im KZ inhaftiert war. Seine Schülerin Elisabeth Lukas beschreibt den außergewöhnlichen Mann. Süddeutsche Zeitung, 26. März.

Boyle PA, Barnes LL, Buchman AS und Bennett DA (2009): Purpose in Life is Associated with Mortality Among Community-Dwelling Older Persons. Psychosomatic Medicine, Bd. 71, S. 574–579.

Kappes HB und Oettingen G (2011): Positive Fantasies about Idealized Futures Sap Energy. Journal of Experimental Social Psychology, Bd. 47, S. 719–729.

Oettingen G (2012): Future Thought and Behaviour Change. European Review of Social Psychology, Bd. 23, S. 1–63.

Gleich C (2010): Wie unser Bauch unseren Kopf überlistet. Welt, 2. Oktober.

Gigerenzer G (2008): Bauchentscheidungen. Die Intelligenz des Unbewussten und die Macht der Intuition. Goldmann Verlag, München.

Ritter SM und Dijksterhuis A (2014): Creativity – The Unconscious Foundations of the Incubation Period. Frontiers in Human Neurosciences, Bd. 8, Art. 215, S. 1–10.

Rosso BD, Dekas KH und Wrzesniewski A (2010): On the Meaning of Work: A Theoretical Integration and Review. Research in Organizational Behavior, Bd. 30, S. 91–127.

Nink M (2014): Engagement Index. Die neuesten Daten und Erkenntnisse aus 13 Jahren Gallup-Studie. Redline Verlag, München.

Steger MF, Dik BJ und Duffy RD (2012): Measuring Meaningful Work: The Work and Meaning Inventory (WAMI). Journal of Career Assessment, Bd. 20, S. 322–337.

Abele AE, Hagmaier T und Spurk D (2015): Does Career Success Make You Happy? The Mediating Role of Multiple Subjective Success Evaluations. Journal of Happiness Studies, S. 1–19.

Berg JM, Dutton JE und Wrzesniewski A (2013): Job Crafting and Meaningful Work. In: Dik BJ, Byrne ZS und Steger MF (Hrsg.): Purpose and Meaning in the Work Place. American Psychological Association Press, Washington, S. 81–104.

Die Unausgelastete: Weshalb zu viel Freizeit unzufrieden macht
Manolis C und Roberts JA (2012): Subjective Well-Being Among Adolescent Consumers: The Effects of Materialism, Compulsive Buying, and Time Affluence. Applied Research in Quality of Life. Bd. 7, S. 117–135.

Die Zutaten zum Zufriedensein

Seligman ME und Csikszentmihalyi M (2000): Positive Psychology. An Introduction. The American Psychologist, Bd. 55, S. 5–14.

Ruch W, Proyer RT, Harzer C, Park N, Peterson C und Seligman MEP (2010): Values in Action Inventory of Strengths (VIA-IS): Adaptation and Validation of the German Version and the Development of a Peer-Rating Form. Journal of Individual Differences, Bd. 31, S. 138–149.

Die Internetadresse des ›Values in Action‹-Tests lautet: www.charakterstaerken. org. Wer den Test machen will, muss sich registrieren. Damit trägt er – anonym – auch zur Forschung der Universität Zürich bei.

Seligman MEP, Steen TA, Park N und Peterson C (2005): Positive Psychology Progress: Empirical Validation of Interventions. American Psychologist, Bd. 60, S. 410–421.

Duan W, Ho SMY, Tang X, Li T und Zhang Y (2014): Character Strength-based Intervention to Promote Satisfaction with Life in the Chinese University Context. Journal of Happiness Studies, Bd. 15, S. 1347–1361.

Layous K, Chancellor J und Lyubomirsky S (2014): Positive Activities as Protective Factors against Mental Health Conditions. Journal of Abnormal Psychology, Bd. 123, S. 3–12.

Kinzelmann F (2015): Smartphone-Verbot auf Klassenfahrt: »12 000 Nachrichten auf meinem Handy – völlig verrückt«. Spiegel online, 29. Oktober.

Wilhelm K (2014): »Glück kann unaufmerksam und verführbar machen«: Der Psychologieprofessor Joseph Forgas ist überzeugt: Um ein zufriedenes Leben führen zu können, sollte man auch negativen Emotionen einen Platz einräumen. Psychologie heute, Januar-Heft, S. 30.

Diener E und Lucas RE (1999): Personality and Subjective Well-Being. In: Kahneman D, Diener E und Schwarz N: Well-Being: The Foundation of Hedonic Psychology, Russell Sage Foundation, New York, S. 213–229.

Abele AE (2014): Pursuit of Communal Values in an Agentic Manner: A Way to Happiness? Frontiers in Psychology, Personality and Social Psychology. Doi: 103389/fpsyg.2014.01320.
Anmerkung: Abele spricht im Titel ihrer Arbeit zwar von Glück (»happiness«), aber die Forschung beschäftigt sich mit der Lebenszufriedenheit (»life satisfaction«).

Fredrickson BL und Joiner T (2002); Positive Emotions Trigger Upward Spirals Toward Emotional Well-Being. Psychological Science, Bd. 13, S. 172–175.

5 Zu guter Letzt

Freud S (1930): Das Unbehagen in der Kultur. Reclam Verlag, Berlin.

Personenregister

A

Abele, Andrea 205, 222, 224
Allport, Gordon 53
Amendt, Günter 81
Argyle, Michael 116
Asendorpf, Jens 56f., 59

B

Bayda, Ezra 163
Betsch, Cornelia 200, 202
Bierce, Ambrose 26
Binswanger, Mathias 103
Boehm, Julia 129
Bose, Dorothee von 95, 97, 105
Boswell, Wendy 165f.
Boyce, Chris 60
Brandstätter-Morawietz, Veronika 194
Brandtstädter, Jochen 11, 177f., 180, 182, 184
Brickman, Philip 22
Brisch, Karl Heinz 179f.
Brockmann, Hilke 19, 29, 87

C

Carr, Deborah 104f.
Caspi, Avshalom 57
Chan, Micaela 130
Cheng, Helen 61
Clinton, Bill 28
Cohen, Daniel 22, 26, 28
Corssen, Jens 158
Corts, Arnd 92f.
Csikszentmihalyi, Mihaly 37

D

Dalai Lama 158
Deaton, Angus 118

DePaulo, Bella 160
Descartes, René 201
Diener, Ed 41, 53, 55ff., 59, 127, 129f., 138, 214, 218
Dittberner, Philipp 39
Dutton, Jane 205

E

Easterlin, Richard 49
Edwards, Michael 192
Ehrenreich, Barbara 148
Eid, Michael 50
Einstein, Albert 201
Epiktet 181

F

Feinman, Saul 48
Fiedler, Klaus 34
Firebaugh, Glenn 27
Forgas, Joseph 33f., 217
Franke, Andreas 82
Frankl, Victor 195f.
Franklin, Benjamin 121
Fredrickson, Barbara 228
Freud, Sigmund 174, 229
Furnham, Adrian 61

G

Gable, Shelly 118f.
Gaschler, Gabriele 108, 110f.
Gigerenzer, Gerd 189f.
Grubinger, Martin 77
Gutzkow, Karl 18

H

Hahn, Elisabeth 52, 56, 64f., 68, 216, 218, 224
Harkness, Kate 120
Headey, Bruce 51, 214

Heidegger, Martin 177
Hesse, Hermann 180
Hirschhausen, Eckart von 19
Hochschild, Arlie 104
Höfer, Thomas 131
Holt-Lunstad, Julianne 134
Humboldt, Wilhelm von 114, 224
Hüther, Gerald 80

J
James, William 164
Joiner, Thomas 228
Jordan, Alexander 169
Junker, Thomas 101

K
Kabat-Zinn, Jon 185
Kahneman, Daniel 25, 28, 117f.,
    202, 221, 227
Kaluza, Gert 182, 191
Kappas, Arvid 201
Kashdan, Todd 112ff., 121, 147,
    196f., 215, 226
Kasten, Hartmut 167
Konrad, Sandra 71, 223
Kubzansky, Laura 129

L
Laotse 37
Laureys, Steven 51f.
Leary, Mark 161
Leménager, Tagrid 21
Ley, Katharina 179
Lieb, Klaus 82f.
Lösel, Friedrich 223
Luhmann, Maike 50
Lukas, Elisabeth 195f.
Lykken, David 50, 62f.
Lynch, Peter 190
Lyubomirsky, Sonja 51, 115,
    209f., 215

M
Malinow, Robert 35
Manolis, Chris 208f.
Marc Aurel 226
Mark Twain 225
Mayring, Philipp 11
Mello, Anthony de 23
Montaigne, Michel de 24
Montesquieu, Charles de 169
Morrien, Birgitt 96, 98, 101f., 105
Muffels, Ruud 51
Mundle, Götz 81
Myers, David 201

N
Neels, Petra 174
Neumann, Inga 20
Niebuhr, Reinhold 159
Noll, Heinz-Herbert 124

O
Obama, Barack 28
Odbert, Henry 53
Oettingen, Gabriele 198f.
Olds, James 19f.
Olshansky, Stuart Jay 29
Ortmann, Andreas 189f.
Oswald, Andrew 66f., 85

P
Panizzon, Leandro 79
Pfaller, Robert 24
Platon 176f., 184
Pratt, Michael 204
Proto, Eugenio 66f.
Przyrembel, Hildegard 131

R
Raab, Markus 201
Riedel-Heller, Steffi 135
Rilke, Rainer Maria 209
Roberts, James 209

Roberts, Robert E. 133
Rosso, Brent 203
Roth, Gerhard 74ff., 121
Rousseau, Jean-Jacques 160
Ruch, Willibald 22, 57f.,
    118, 211ff., 219, 221f.,
    226f.
Ruckriegel, Karlheinz 117

S
Sachse, Rainer 181, 185
Scheidt, Carl Eduard 129
Schiller, Friedrich 178
Schilling, Anne 108
Schmid, Wilhelm 15, 19
Schmidt, Ina 184, 225
Schneiderman, Kim 168
Schnell, Tatjana 194, 196f.
Schroeder, Matthew 27
Schulze, Gerhard 116
Schütz, Astrid 97f., 218
Schwab, Katja 36
Schwandt, Hannes 89
Schwartz, Barry 72, 103
Seligman, Martin 53, 55, 57, 115,
    210ff., 215
Selye, Hans 36
Sharot, Tali 84f.
Siahpush, Mohammad 139f.
Sieverding, Monika 99ff.
Silva, Phil 57

Snyder, Solomon 73
Sokrates 175ff., 181, 184, 196
Specht, Jule 59ff.
Spinath, Frank 56, 216, 218,
    224
Spitzer, Manfred 18
Stangl, Werner 61
Steger, Michael 113, 204f.
Steptoe, Andrew 136f.
Stevenson, Betsey 102
Swann, William 161

T/U/V
Tellegen, Auke 62f.
Umberson, Debra 134
Unger, Hans-Peter 135
Verleger, Silvia 131

W
Wagner, Gert Georg 51
Washington, George 29
Weick, Stefan 124
Weiss, Alexander 63f., 86f.
Wharton, Christopher 99
Wolfers, Justin 102

X/Z
Xenophon 184
Xu, Jingping 133
Zurhorst, Eva-Maria 96

Sachregister

A

Adrenalin 18
Aggressivität 73, 83, 86
Akzeptanz 147, 217
Altruismus 115, 119, 215, 222
Amphetamine 79
Angst 23, 31, 53 ff., 71, 73, 81, 97,
   102, 108, 127, 147, 154 f., 179 ff.,
   200, 217, 223
Arbeitslosigkeit 50, 135

B

Belohnung(ssystem) 11, 18, 22,
   74 f., 80, 135, 155, 208, 229
Belohnungszentrum 20
Beruf 13, 27, 30, 36, 51, 57, 72, 76,
   84 f., 87, 90, 92 f., 96, 99 f., 103,
   105, 110, 117, 122, 128, 135,
   141, 149, 157 f., 165, 183, 195 f.,
   204 f., 214, 222 f.
Beziehungen (siehe auch Netzwerk,
   soziales) 26, 55, 71 f., 96, 115 ff.,
   119, 134, 138, 205, 214 f., 222
Big Five 53 f., 57, 62
Bindung(sfähigkeit) 55, 58, 134,
   174, 179 f., 212, 214
Botenstoffe 19, 74, 76, 129, 136,
   179
Broken-Heart-Syndrom (siehe auch
   Herz) 128
Burn-out 12, 82, 92, 108, 124, 126,
   135, 165

C/D

Charakterstärken (siehe auch Stärken) 57 f., 154, 210–214, 218 f.
Cortisol 18, 129
Dankbarkeit 58, 114 f., 185,
   210, 212 ff., 219, 226 f.

Depression 12, 32 ff., 67, 108, 115,
   120, 128, 161, 165, 178, 210,
   212 f.
Disstress 36
Dopamin 18, 65, 74 f., 80, 82, 147
Downshifting 92 f.
Dysphorie 33

E

Ecstasy 82
Einsamkeit 71, 116 f., 134, 169,
   181, 203, 208, 214
Endorphine 65, 74
English Longitudinal Study of
   Ageing 136
Enthusiasmus 58, 214, 221
Erbanlagen 62, 64 ff., 68
Euphorie 10, 18–21, 23, 25, 36 ff.,
   50, 67, 70, 74, 79, 82, 84
Eurobarometer 66, 102
Eustress 36
Existenzielle Indifferenz 194
Extraversion, Extrovertiertheit
   53–56, 59, 62, 218

F

Flow 37, 76 f.
Freunde(skreis) 24, 62, 74, 88, 90 f.,
   98, 105, 113, 116–119, 133 f.,
   147, 153, 160, 168 f., 180, 190 f.,
   196, 214, 218, 226
Frust(ration) 28 f., 31, 57, 136 f.,
   165, 229

G

Gedankenschleifen (siehe auch
   Ruminierendes Denken) 178
Gehirndoping 81 ff.
Gelassenheit 12, 60, 66, 73, 77,

120, 142f., 155, 159, 161, 170, 177f., 180–184, 211, 220f.
Gene 47, 61–69, 84, 180
Gesundheit 13, 21, 28f., 41, 48, 99, 103, 110, 127f., 131–135, 137–140, 148, 153, 155, 176
Gewissenhaftigkeit 53–57, 59f., 62, 154, 157, 224f.
Glücksforschung 25
Glückshormone 18, 41, 65, 67, 74f.

H
Hedonistische Tretmühle 23
Herz(erkrankungen) 73, 77, 82, 128f., 132, 138
Hilfsbereitschaft 114ff., 222
Hoffnung 25, 32, 58, 88, 114, 130, 167, 179, 182, 195, 210, 214, 218f.
Honeymoon-Hangover-Effekt 165
Hormone 18f., 31, 34, 38f., 66, 73f., 76f., 136, 220, 229
Humor 130, 214, 219

I
Immunsystem 129, 139
Interheart-Studie 128
Intuition 102, 112, 199–203

K
Kohärenz 197, 200
Konsum 21, 117, 123f., 132, 166, 209
Kreativität 10, 34, 58, 110, 200, 217
Kritikfähigkeit 213, 218, 225

L
Lebensentwurf 178
Lebenserwartung 29, 66, 86, 130–133, 138
Lebenskonzept 174, 176
Lebensqualität 41, 139, 208

Lebenszufriedenheit 25, 50f., 56, 58f., 63, 65, 68, 115ff., 124, 130, 133, 138, 149, 194, 213, 218f., 222f.
LSD 81

M
Melancholie 32ff., 217
Methylphenidat 79–82, 84
Midlife-Crisis 84ff.
Million Women Study 131ff.
Modafinil 78–82
Motivation 18, 20, 36, 75, 114, 198f., 203, 222, 225
Multioptionsgesellschaft (siehe auch Wahlmöglichkeiten) 191

N
Nächstenliebe 115, 215
Narkolepsie 78
Netzwerk, soziales (siehe auch Beziehungen) 116, 133, 218f., 221
Neugier 58, 112–115, 126f., 179, 210, 213ff., 219
Neurostimulanzien 10
Neurotizismus 53f., 56, 60, 62

O
Offenheit 33, 53, 55f., 60, 62, 114, 182, 216f., 219
Optimierung 9, 12f., 23f., 79, 81, 83, 186, 188, 191f., 220
Optimismus 89, 129f., 132, 138, 198, 210, 218f., 228
Orientierung 196f., 200

P
»Paradox of Choice« (siehe auch Wahlmöglichkeiten) 103
Partnerschaft 13, 39, 45, 48, 57, 85, 87, 97f., 104, 116, 119, 128, 133, 138, 149, 179f., 196, 218, 223

Perfektionismus 95, 120 f., 181, 184, 224, 226
Persönlichkeitsfaktoren 54 ff., 59
Pessimismus 120 f.
Positive Psychologie 210, 223
Psychoneuroimmunologie 129

R
Realitätssinn 114, 147, 210, 223 f.
Reflektierte Indifferenz 182
Resilienz 51, 195, 213, 223, 228
Ritalin 79 f., 82 f.
Ruminierendes Denken (*siehe auch* Gedankenschleifen) 161

S
Sabbatical 182 f.
Scheinkorrelation 131 f.
Schlüsselstrategien 12
Schwächen 210 ff., 226
Schwermut 35
Selbstbewusstsein 10, 95, 98, 169 f., 183 f., 210, 214, 216, 218, 225 f.
Selbstbild 98 f., 101, 149, 156, 218
Selbsteinschätzung 82, 100 f., 160
Selbsterkenntnis 160, 184
Selbstfürsorge 136
Selbstkonzept 161
Selbstliebe 160
Selbstvertrauen 97, 183
Selbstwertgefühl 12, 36, 50, 58, 61, 97 f., 149, 164 f., 218, 228
Selbstwirksamkeit 143, 183 f., 214, 221 f.
Serotonin 66 f., 73 f., 80
Set-Point-Theorie 50
Solidarität 101, 115, 167, 215
Sozialkompetenz 136
Sozio-oekonomisches Panel 17, 27, 51, 59, 89
Speed 82

Stärken (*siehe auch* Charakterstärken) 58, 204, 211 ff., 226
Stoa 12, 162, 181, 226
Stress 15 f., 18 f., 28 f., 36, 56, 60, 65, 72, 77, 82, 93, 103, 110, 128 f., 135, 182, 185, 204, 208, 220
Stresshormone 18, 35, 77, 129
»Subjective Well-Being« 25
Sucht 16, 20 f., 25, 74, 80, 84

T
Tatendrang 58, 214, 219, 221 f.
Traurigkeit 31 ff., 34 f., 73, 91, 102, 147, 157, 169, 217
Trübsinn 33 ff.

U / V
Umweltfaktoren 62, 64 f., 68
Unfallrisiko 137
Values-in-Action-Test 211
Vergleich 11, 26 ff., 49, 66, 87 f., 97 ff., 101, 114 f., 167 ff.
Verträglichkeit 53, 55, 60, 62
Vertrauen 222

W
Wahlmöglichkeiten (*siehe auch* Multioptionsgesellschaft) 72, 103, 112, 156, 158, 178, 197, 199, 220
Werte, Wertvorstellungen 30, 117, 127, 196, 222 f.
Wettbewerb 26, 159, 168
Wohlstandsparadoxon 49, 118
Wohlwollen 105, 163, 214, 226
Work-Life-Balance 48, 126
World Happiness Report 66

Z
Zufriedenheitsgen 65 ff.
Zufriedenheitshormon 67, 80
Zugehörigkeit 52, 197, 200
Zwillingsstudien 62–65, 130, 137 ff.

Dank

Nach so vielen Buchseiten ist man ja doch ganz froh, eine Schaffenspause einlegen zu können. Aber die Danksagung ist noch nicht geschrieben. Verzichtbar? Wahrscheinlich. Und doch: Danke zu sagen, sich dankbar zu zeigen, macht doch so zufrieden! Schon deshalb ist es gut, sich jetzt noch einmal aufzuraffen und sich wertschätzend an die vielen Menschen zu erinnern, deren Unterstützung dieses Buch zu dem gemacht hat, was es ist.

Allen voran gebührt mein Dank Katharina Festner, meiner Lektorin, die mich wie schon bei unserem ersten gemeinsamen Projekt ›Resilienz‹ mit ihrer großen Erfahrung im Buchmachen beeindruckt hat. Während mir als Zeitungsjournalistin bei 256 Buchseiten manchmal schwindlig wird, hat Frau Festner stets den Überblick bewahrt, zielsicher alle unnötigen Doppelungen im Manuskript gefunden und auch manchen Widerspruch. (Immerhin nur zwei.)

Danke auch an meinen Literaturagenten Michael Gaeb, ohne den ich mit dem Buchschreiben wohl niemals angefangen hätte und der nicht drängelnd, aber doch deutlich darauf hingewiesen hat, dass er nach dem Erfolg von ›Resilienz‹ gerne bald wieder etwas von mir lesen möchte.

Bereichert haben mich natürlich auch die zahlreichen Experten, die ihre Forschungsergebnisse und ihr Fachwissen mit mir geteilt haben. Und besonders dankbar bin ich allen Menschen, die mir von ihrem Leben erzählt haben und die Leser dieses Buches – anonym oder wie Katrin Becker und Felix Quadflieg mit Klarnamen – an ihren Erfahrungen teilhaben lassen. Ihre Erlebnisse bereichern das Buch sehr, machen es menschlicher und lebendiger.

Der größte Dank aber gebührt meinem Mann, Peter Keulemans, der sich stets aufrichtig mit mir über meine beruflichen Erfolge freut und für diese selbst oft genug zurücksteckt. Seine Großzügigkeit und seine Bereitschaft, sich mehr als ohnehin schon um unsere beiden Töchter zu kümmern, haben es mir erst ermöglicht, dieses Buch zu schreiben – noch dazu, ohne dass unser aller Zufriedenheit darunter gelitten hätte.